鄂州瓦窑咀窑址

本书写作出版得到湖北省重点文物保护专项资金、武汉大学长江文明考古研究院科研专项经费资助

武汉大学历史学院
武汉大学长江文明考古研究院 编
鄂州市博物馆

曹昭 编著

武汉大学出版社
WUHAN UNIVERSITY PRESS

图书在版编目(CIP)数据

鄂州瓦窑咀窑址/武汉大学历史学院,武汉大学长江文明考古研究院,鄂州市博物馆编;曹昭编著. —武汉:武汉大学出版社,2024.3
ISBN 978-7-307-24331-6

Ⅰ.鄂…　Ⅱ.①武…　②武…　③鄂…　④曹…　Ⅲ.窑址(考古)—介绍—鄂州　Ⅳ.K878.5

中国国家版本馆 CIP 数据核字(2024)第 056178 号

责任编辑:李　程　　　责任校对:李孟潇　　　版式设计:马　佳

出版发行:**武汉大学出版社**　　(430072　武昌　珞珈山)
　　　　　(电子邮箱:cbs22@ whu.edu.cn 网址:www.wdp.com.cn)
印刷:武汉精一佳印刷有限公司
开本:880×1230　1/16　印张:22　字数:447 千字　插页:2
版次:2024 年 3 月第 1 版　　2024 年 3 月第 1 次印刷
ISBN 978-7-307-24331-6　　定价:159.00 元

目　录

插图目录

第一章　概　述

第一节　地理环境与历史沿革

一、地理环境

鄂州市位于湖北省东南部，长江中游南岸，西与武汉毗邻，东与黄石相接，北依长江与黄冈隔水相望(图一)。地理位置介于东经 114°32′~115°05′、北纬 30°00′~30°06′之间，面积 1596 平方千米。下辖鄂城区、华容区、梁子湖区、葛店经济技术开发区和临空经济区。

鄂州地处江汉平原与鄂东山地过渡地带，东南高、西北低、中间低平，海拔 11.7~485.8 米，最高点位于汀祖镇"四峰山"，最低点位于梁子湖"梁子门"。境内分布有山地、丘陵、平原三大地形区。山地集中在东南部和西南部，海拔多为 200~300 米，东南山地为幕阜山余脉，有四峰山、白雉山等，西南有沼山、莲花山等。丘陵主要分布在东部和南部，海拔 25~55 米，因久经剥蚀，呈树枝状分布，垄岗相间。平原以滨江、滨湖为主，北部、东北部平原沿长江南岸作条状分布，西部、南部平原依梁子湖、鸭儿湖、三山湖等湖泊呈块状断续分布，海拔多在 40 米以下。①

---

① 《鄂州市志》，中华书局，2000 年，第 66~67 页。

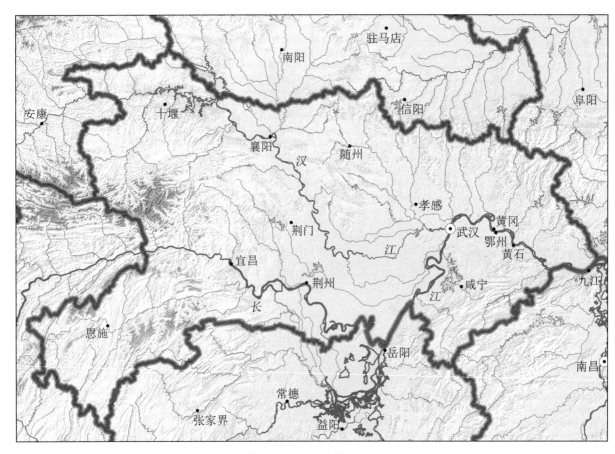

图一 鄂州地理位置示意图

鄂州属亚热带季风气候区，冬冷夏热，四季分明，雨量充沛，光照充足。境内矿产资源富集，主要有煤、铁、铜、钼、硬石膏、沸石、膨润土、花岗岩等。①

二、历史沿革

早在五千多年前的屈家岭文化时期，鄂州这片土地上就有人类繁衍生息，鄂城区的雨台山、华容区的和尚山都发现了这一时期的文化遗存。

鄂州地区，春秋、战国时期属楚。秦时为鄂县，属南郡。汉承秦制，沿为鄂县，属江夏郡。汉武帝元封五年（前106年），置"刺史部十三州"②，江夏郡属荆州。

曹魏黄初二年（221年），孙权自公安都鄂，取"以武而昌"之义，改鄂县为武昌县，分江

---

① 《鄂州市志》，中华书局，2000年，第78页。
② 《汉书》卷六《武帝纪》，中华书局，1962年，第197页。

夏郡立武昌郡，筑武昌城①，这是"武昌"之名的开始。黄龙元年（229 年）四月，孙权在武昌称帝，武昌为国都。同年九月，迁都建业（今南京市），大将军陆逊辅佐太子孙登留守武昌，武昌为陪都②。甘露元年（265 年）九月，后主孙皓迁都武昌，宝鼎元年（266 年）十二月，还都建业③。三国时期，武昌既是孙吴的国都或陪都，又是郡县治所，政治军事地位达到了历史最高峰。

西晋时期，武昌仍为武昌郡治所，先后属荆州、江州。东晋仍属江州，并一度为江州州治。南朝刘宋时期，属郢州，州治在夏口（今武汉市武昌区），武昌的政治军事地位逐渐被夏口取代。萧梁时期，属从郢州分置的北新州。南朝陈时，复属郢州。

隋平陈后，改郢州为鄂州。隋炀帝嗣位后，改州为郡，鄂州又改为江夏郡，统江夏、武昌、永兴、蒲圻四县④。

唐高祖武德四年（621 年），又改江夏郡为鄂州。贞观元年（627 年），依山川形势分全国为十道，鄂州属江南道。开元二十一年（733 年），又改十道为十五道，鄂州属江南西道。天宝元年（742 年），改鄂州为江夏郡。乾元元年（758 年），复改江夏郡为鄂州⑤。五代仍属鄂州。

北宋时期，武昌县属荆湖北路鄂州。南宋时期，武昌县升为武昌军，后改名寿昌军。元代，武昌县隶属于武昌路。明清时期，属武昌府。民国二年（1913 年），武昌县改名寿昌县，后又改名鄂城县。1960 年，撤销鄂城县，设立鄂城市。次年又恢复鄂城县。1979 年，鄂城县、市分设，划属黄冈地区。1983 年，合鄂城市、鄂城县、黄州镇，成立鄂州市。

第二节　窑址概况

瓦窑咀窑址位于鄂州市鄂城区凤凰街道办事处司徒村 5 组瓦窑咀湾，西北距三国孙吴都城吴王城遗址约 3 千米、距鄂州市政府约 1.5 千米，北距长江约 2.3 千米。中心地理坐标为北纬30°23′16″，东经 114°54′17″，海拔 16 米。遗址位于洋澜湖东岸的二、三级台地上，西、南、东三面为湖水所环绕（图二）。

---

① 《三国志·吴书》卷四十七《吴主传》，中华书局，1982 年，第 1121 页。
② 《三国志·吴书》卷四十七《吴主传》，中华书局，1982 年，第 1134~1135 页。
③ 《三国志·吴书》卷四十八《三嗣主传》，中华书局，1982 年，第 116~1166 页。
④ 《隋书》卷三十一《地理志》，中华书局，2019 年，第 1007 页。
⑤ 《旧唐书》卷四十《地理志》，中华书局，1975 年，第 1610 页。

图二 瓦窑咀窑址地理位置示意图

洋澜湖古称南浦、南湖、长湖、五丈湖等①，是自然形成的淡水湖泊，湖面东西长约 2.5 千米，南北宽约 1.5 千米，水域面积 213 万平方米。洋澜湖周边地层岩性为黏土，呈黄色、黄褐色，局部红褐色，局部见网纹状高岭土②。《太平御览》引《武昌记》曰："武昌长湖通江。"③《太平寰宇记》亦载："五丈湖，在(武昌)县东。有长湖通江南……"④洋澜湖丰富的陶土、瓷土资源，优越的地理位置，便利的水上交通为瓦窑咀窑址的烧造提供了得天独厚的条件。

1979 年 3 月，鄂州市博物馆对瓦窑咀窑址进行考古调查，发现了三处窑炉遗迹，并采集到陶罐、盆、钵、筒瓦、板瓦、瓷碗，以及筒形支烧具等遗物⑤。从采集的陶瓷器、窑具等遗物看，窑址的年代为六朝早期。

1981 年，湖北省人民政府将瓦窑咀窑址列为省级文物保护单位。

① 《(乾隆)武昌县志》"南湖条"，《中国地方志集成·湖北府县志辑》第 33 辑，江苏古籍出版社、上海书店、巴蜀书社，2001 年，第 24 页。
② 《洋澜湖志》编纂委员会：《洋澜湖志》，长江出版社，2019 年，第 22 页。
③ (宋)李昉：《太平御览》卷六十六，中华书局，1960 年，313 页。
④ (宋)乐史撰，王文楚等点校：《太平寰宇记》卷一百一十二，中华书局，2007 年，第 2281 页。
⑤ 鄂城县博物馆：《湖北鄂城县新庙瓦窑嘴窑址调查》，《考古》1983 年第 3 期。

第三节　考古发掘概况

一、发掘经过

　　为了进一步弄清窑址的年代、产品特征、烧造工艺等，并配合吴王城遗址保护规划编制，获国家文物局批准(考执字〔2016〕第258号)，武汉大学历史学院考古系、鄂州市博物馆于2016年9月至2017年4月对瓦窑咀窑址作了主动性考古发掘。发掘领队为武汉大学历史学院王然教授，参加发掘的有武汉大学历史学院考古系研究生曹昭、王含、钱程、周昱岐、戴小萌、刘德凯、周静怡、何洪远，以及鄂州市博物馆葛雯、徐劲松、徐景松、王友昌等。

　　根据考古调查和勘探情况，本次发掘选在堆积相对丰富的瓦窑咀湾西岸，分为北、中、南三个发掘区(图三)，按象限法共布探方12个，规格基本为10米×10米，但因受地形限制，某些

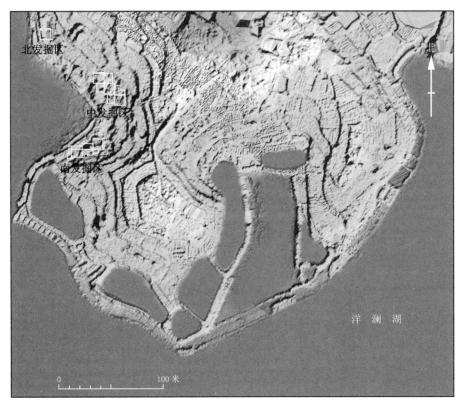

图三　瓦窑咀窑址发掘区及探方分布图

探方的实际规格偏小，累计发掘面积942平方米。其中，北发掘区布设探方1个，编号ⅡT0505，加上扩方，实际发掘面积108平方米。中发掘区位于北发掘区东南50米，布设探方7个，编号为IT0101、IT0201、ⅣT0101、ⅣT0201、ⅣT0202、ⅣT0301、ⅣT0302，除IT0101、ⅣT0201、ⅣT0302的规格为10米×10米外，其余探方因受地形限制，均不足10米×10米，中发掘区实际发掘面积为509平方米。南发掘区位于中发掘区以南30米，布设探方5个，编号为ⅢT0106、ⅢT0107、ⅢT0206、ⅢT0207、ⅣT0106，除ⅣT0106的规格为10米×10米外，其余探方均不足10米×10米，另外加上扩方，南发掘区实际发掘面积为325平方米。

二、遗迹、遗物概述

1. 遗迹

本次发掘共发现遗迹67个，包括窑炉8座、房址1座、灰坑54个、灰沟3条、水井1口。

揭露的8座窑炉中，除1座为龙窑外，其余均为馒头窑。龙窑保存较差，仅残存部分青灰色窑底，平面形状为长条形，残长5、宽1.2米。馒头窑根据其平面形制又可分为椭圆形窑和马蹄形窑。椭圆形窑共5座，此型窑炉一般在窑室后部设置三个烟道，属于半倒焰窑。窑室长度多为4.3~4.8米，宽一般为2~2.6米。马蹄形窑共2座，此型窑炉的窑室底部均不见烟道痕迹，推测排烟孔当位于窑顶，属于升焰窑。窑室长度为2.15~2.2米，宽0.63~1.95米。馒头窑均为半地穴式窑炉，窑顶已不复存在，窑壁和窑底均烧结成青灰色，其外为红烧土渲染带。窑壁光滑，修筑窑室时应进行过加工。窑室外一般设有椭圆形或近圆形操作坑。

房址仅发现1座，编号F1。平面形状为长方形，由柱洞、垫土、排水沟等部分构成，排水沟环绕在房屋基址外侧。F1东南10米内发现有两座窑炉，F1应属于与陶瓷烧造有关的作坊类遗迹。

灰坑的平面形状一般为圆形或椭圆形，多分布在窑炉遗迹附近。其中，H5形制特殊，由三部分组成，中部平面略呈圆形，坑口长2.5、宽2.3、深0.54米；东部和西部均呈沟状，东部沟长1.89、宽0.37、深0.17米，西部沟长4.9、宽1.44、深0.4米；坑底整体呈东高西低的坡状，其功能当为过滤池。H7平面形状为椭圆形，弧壁，圜底。坑口东西最大径12.3、南北最大径9、深0.4米。坑内堆积在湿润状态下为黑褐色，晒干后呈白色，土质细腻、较纯净，此类堆积当为制作瓷器的高岭土。H7的功能当为练泥池。

灰沟的平面形状为长条沟状或曲尺形，弧壁或斜直壁，平底。其中，G2 开口于 Y3 操作坑的底部，并与 F1 的排水沟相连。

水井仅发现 1 口，编号 J1。平面形状为圆形，直壁，井口直径 1.3 米。由于地下水位高，J1 发掘到 2 米深时即中止。井内填土为青灰色黏土，较纯净。

2. 遗物

出土遗物以陶器和窑具为主，另有部分青瓷器和砖瓦。窑具以筒形支烧具最为常见，仅有极少量盂形支烧具和三足间隔具。

陶器以泥质灰陶为主，也有部分泥质黄陶和泥质红陶。器形包括陶敛口双竖系罐、侈口双竖系罐、敛口无系罐、直颈无系罐、釜形罐、折沿盆、敛口盆、甑、灯、砚、猪、狗、鸭等，其中，又以敛口双竖系罐和折沿盆最为常见。敛口双竖系罐，宽唇内斜，斜直颈，溜肩，肩部置对称牛鼻状竖系，上腹圆鼓，下腹弧收，平底或平底内凹。侈口双竖系罐，短颈，鼓肩，肩部置对称牛鼻状竖系，圆鼓腹，平底或平底内凹。敛口无系罐，宽厚唇，唇外起一圈凸棱，溜肩，肩部以下残缺。直颈无系罐多为直口，宽唇，直颈，广肩或溜肩，肩部以下残缺。釜形罐多为宽仰折沿，束颈，溜肩，扁鼓腹，平底或圜底。折沿盆一般为宽平折沿，斜弧腹，平底。敛口盆多为敛口，鼓肩，斜弧腹内收，平底。甑一般为折沿，深弧腹，平底内凹，底部有圆形箅孔。灯由承柱和承盘两部分构成，承柱略高于承盘。砚呈圆形，下附三足。猪、狗、鸭的数量较少，均为写实性动物形象。器物装饰方面，敛口双竖系罐流行装饰由弦纹间隔的竖线纹地纵向波折纹、网格纹或单纯的竖线纹。侈口双竖系罐的肩部饰凹弦纹，部分器物的双系上模印叶脉纹。敛口无系罐和直颈无系罐一般装饰竖线纹地重圈菱形纹。釜形罐流行装饰网格纹、弦纹。折沿盆的上腹部流行装饰二至三圈凹弦纹，部分陶盆的沿面饰一圈竖线纹地网格纹。敛口盆的口沿外一般装饰竖线纹地网格纹或间断竖线纹。甑的外壁饰间断竖线纹或间断竖线纹地纵向波折纹。

青瓷器的釉多呈青黄色，也有部分呈酱褐色、黑色或青绿色。釉层大多较薄，胎釉结合差，大部分釉已经脱落。胎质较为致密、细腻。除少部分器物的胎呈灰色或灰白色外，多数器物的胎呈红褐色。青瓷器的器类包括盘口壶、直颈横系罐、竖系罐、敛口无系罐、直颈无系罐、双唇罐、碗。盘口壶为细长颈，广肩，鼓腹，肩部置对称牛鼻形竖系。直颈横系罐为直口，短直颈，圆鼓腹，肩部置四个或两个对称的桥形横系。竖系罐为直颈，广肩，肩部残留两个并列的牛鼻形竖系。敛口无系罐为敛口，宽厚唇，溜肩、鼓腹。直颈无系罐为宽唇，直颈，广肩，肩部以下残。双唇罐的外唇敞，内唇上部残缺、下部外扩，溜肩，弧腹。碗为弧腹、平底。器物装饰方面，盘口壶的肩部流行装饰水波纹，腹部饰密集的凹弦纹。罐的外壁流行装饰席纹，也有部分装饰菱形纹或细密的方格纹。盘口壶和竖系罐的系钮上均模印叶脉纹。碗的外口沿下流行刻划一圈凹弦纹，有的还在内底心饰同心圆纹或几何纹。

瓦窑咀窑址的陶瓷器以轮制为主，模制为辅。器物的主体一般为轮制，器耳等附件则用模制。器物的装饰主要使用模印和刻划。模印可分为滚印、拍印、压印等三种。陶敛口双竖系罐、折沿盆、敛口盆、甑等器物上装饰的竖线纹地纵向波折纹、网格纹或单纯的竖线纹系用印模滚印而成，这种滚印的装饰手法见于三国西晋时期越窑青瓷的生产中[①]。陶敛口无系罐和直颈无系罐装饰的竖线纹地重圈菱形纹，陶釜形罐装饰的网格纹，青瓷罐上装饰的席纹、菱形纹和方格纹等，则是拍印而成。部分器耳上装饰的叶脉纹为压印而成。青瓷盘口壶上装饰的水波纹，以及大多数器物上都有的弦纹，主要使用刻划的方式制作而成。

第四节　资料整理与报告编写

瓦窑咀窑址的室内整理工作开始于 2017 年 9 月，结束于 2018 年 11 月。器物拼对与修复由张志平、冯春兰、何洪远、杜倩倩完成，器物卡片、统计等工作由何洪远、杜倩倩完成，器物和遗迹线图分别由许鑫涛、左智绘制，器物照片由熊跃泉拍摄，标本检测由李清临完成。

报告按照北、中、南三个发掘区分别叙述。每个发掘区先介绍地层堆积与出土遗物的情况，再按单位分别介绍发掘区内发现的遗迹和出土的遗物。需要说明的是，部分遗迹存在合并、销号的情况，因此，遗迹编号与遗迹的数量并不完全一致。如 G3 根据判断实为 F1 的散水，H37 为 Y8 的操作坑，H42 为 Y6 的操作坑，H63 由于被地下水淹没并未发掘，H3、H4、H10、H12、H21、H44、H51、H56 并未出土遗物，根据现场判断应属于地层堆积。因此，上述遗迹皆作销号处理，不会出现在报告中。

---

① 郑嘉励、张盈：《三国西晋时期越窑青瓷的生产工艺及相关问题——以上虞尼姑婆山窑址为例》，《东方博物》第三十五辑，浙江大学出版社，2010 年。

第二章　北发掘区文化遗存

第一节　地层堆积

北发掘区地层堆积可分为五层，以 II T0505 东壁剖面为例介绍如下（图四）。

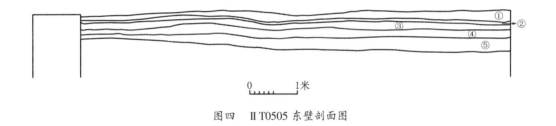

0　　　　　　1米

图四　II T0505 东壁剖面图

第①层：灰褐色土，土质疏松，包含大量植物根茎，夹杂较多的塑料袋、红烧土块和少量陶瓷片。陶瓷片以晚期青花瓷片为主。该层厚 0.05~0.25 米，为现代耕土层。

第②层：深黄色土，土质较疏松，包含陶瓷片，同时夹杂较多的塑料袋、红烧土块等。陶瓷片以晚期青花瓷片为主，也有唐宋青瓷片、陶片等。该层厚 0.05 米左右，为现代农耕翻土形成的扰乱层。

第③层：深黄灰色土，土质较致密，包含陶瓷片。陶瓷片以明清青花瓷片为主，也有唐宋青瓷片、陶片等。该层厚 0.1~0.25 米，为明清文化层。

第④层：浅黄灰色土，较纯净，土质较致密，包含少量唐宋青瓷片。该层厚 0.1~0.2 米，为唐宋文化层。

第⑤层：灰白色土，夹大量褐色斑点，土质致密，包含少量六朝陶瓷片，以及大量砖块与红烧土块。该层厚 0.1~0.3 米，为六朝文化层。

第二节　文化遗迹与出土遗物

北发掘区共发现遗迹 5 个，包括窑炉 1 座、灰坑 3 个、灰沟 1 条(图五)。

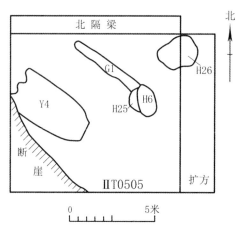

图五　北发掘区探方及遗迹分布图

一、窑炉

仅 1 座，即 Y4。

Y4 位于 ⅡT0505 西部，开口于 ⅡT0505⑤层下，打破生土层，窑底距地表约 0.7 米。Y4 为半倒焰窑，平面形状呈椭圆形，通长 4.8、宽 2.3 米，自东向西依次由窑门、火膛、窑床、烟道等部分构成(图六；彩版一，1)。窑门两边为砖砌，中间封堵物无存，内宽 0.85、残高 0.4 米。火膛平面略呈梯形，左右壁外弧，西宽东窄，内宽 1~1.76、进深 0.6 米，低于窑床约 0.2 米，底部呈青灰色，已烧结。火膛后为窑床，窑床与火膛交接处铺垫一层青砖以加固。窑床也呈梯形，西宽东窄，左右两壁外弧，长 3.3、内宽 1.86~2.3 米，窑床壁保存较差，残高 0.3 米。窑床面整体较平坦，西部略高于东部，呈青灰色，已烧结，窑床东部嵌有两排青砖。窑床后部尚存烟道 3 条，南部一条大部分已被农耕破坏，余下两条烟道宽 0.15、进深 0.2、残高 0.05 米，烟道底部为红烧土面。窑壁呈青灰色，已烧结，厚 0.03~0.1 米。窑内堆积呈黑灰色，土质致密，堆积形状为西薄东厚的坡状，厚 0.1~0.6 米，包含有大量红烧土块、砖块、窑壁与窑顶的坍塌物，以及少量陶片。出土陶片的可辨器形有敛口双竖系罐。

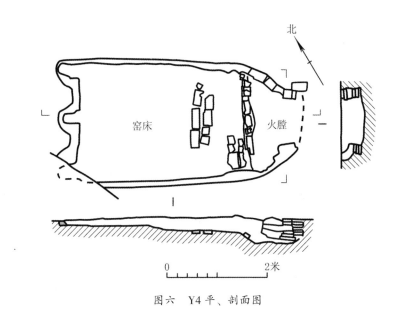

图六　Y4 平、剖面图

陶敛口双竖系罐　1 件。

Y4：1，泥质红褐陶。敛口，宽唇内斜，斜直颈，溜肩，双系残缺。器身饰由弦纹间隔的竖线纹地纵向波折纹。口径 16.5、残高 4.9 厘米（图七，1）。

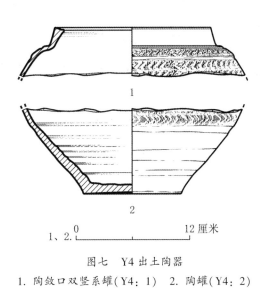

图七　Y4 出土陶器
1. 陶敛口双竖系罐(Y4：1)　2. 陶罐(Y4：2)

陶罐　1件。

Y4：2，泥质灰陶。仅存下半部。斜弧腹内收，平底。腹部饰竖线纹地纵向波折纹。底径10.2、残高8.8厘米(图七，2)。

二、灰坑

共3个，分别为H6、H25、H26。

1. H6

H6位于ⅡT0505东部，开口于ⅡT0505⑤层下，打破H25和G1，坑口距地表0.5米。H6平面形状为近椭圆形，斜壁，近平底，坑壁与坑底均不光滑。坑口长2、宽1.04米，坑底距坑口深0.4米(图八)。坑内填土为黄灰色夹黄斑土，包含有少量红烧土颗粒和陶片。出土遗物中无可辨器形。

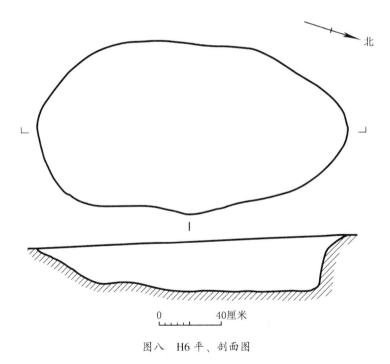

北

0 　　40厘米

图八　H6平、剖面图

2. H25

H25位于ⅡT0505东部，开口于ⅡT0505⑤层下，东部被H6打破，并打破G1，坑口距地表

0.5米。平面形状为近圆形，斜壁，近平底，坑壁与坑底均不光滑。坑口残长1.5、残宽0.55米，坑底距坑口深0.2米（图九）。坑内填土为黄灰色夹红斑土，包含有少量陶片、砖块、红烧土块和草木灰。出土遗物的可辨器形有陶敛口双竖系罐、折沿盆。

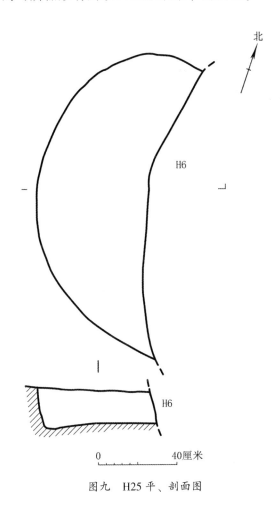

图九 H25平、剖面图

陶敛口双竖系罐 1件。

H25：1，泥质灰陶。敛口，宽唇内斜，斜直颈，溜肩，双系残缺。肩部饰由弦纹间隔的竖线纹地纵向波折纹。口径17.7、残高4.6厘米（图一〇，1）。

陶折沿盆 1件。

H25：2，泥质红陶。宽平折沿略下翻，弧腹。上腹部饰两周凹弦纹。口径37.8、残高4厘米（图一〇，2）。

砖 1件。

H25：3，泥质灰陶。平面饰叶脉纹、钱纹。宽14.8、厚4.1、残长9.1厘米（图一〇，3）。

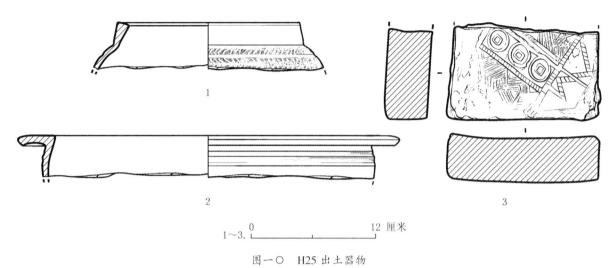

图一〇　H25 出土器物

1. 陶敛口双竖系罐(H25:1)　2. 陶折沿盆(H25:2)　3. 砖(H25:3)

3. H26

H26 位于 ⅡT0505 东北部，开口于 ⅡT0505⑤层下，打破生土层，坑口距地表 0.5 米。H26 平面形状不甚规则，斜壁，近平底，坑底偏中心处向下凹陷，坑壁与坑底均不光滑。坑口东西长 2.4、南北宽 1.9、坑底距坑口深 0.2 米(图一一)。坑内填土呈浅灰色，土质较致密，包含有较多陶片、红烧土块，以及少量青砖。出土陶片的可辨器形有敛口双竖系罐、折沿盆。

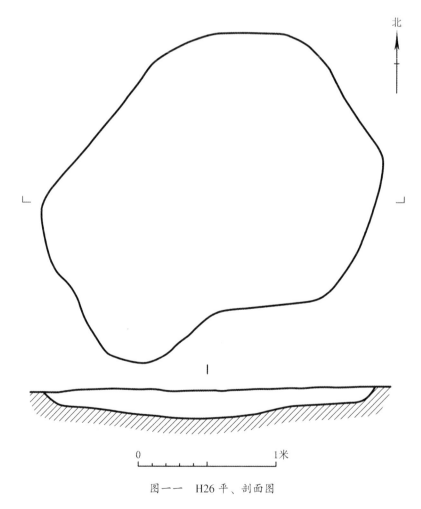

北

图一一　H26 平、剖面图

陶敛口双竖系罐 2件。敛口，唇宽平，斜直颈，溜肩，双系残缺。

H26：1，泥质灰陶。器身饰由弦纹间隔的竖线纹地短斜线纹。口径20.8、残高4.5厘米（图一二，1）。

H26：2，泥质红陶。器身饰竖线纹地网格纹。口径16.6、残高7.4厘米（图一二，2）。

陶折沿盆 2件。均为泥质灰陶。平折沿，尖圆唇，斜弧腹。上腹饰二至三周凹弦纹。

H26：3，平折沿略下翻。口径40.8、残高6.8厘米（图一二，3）。

H26：4，口径43.3、残高4.1厘米（图一二，4）。

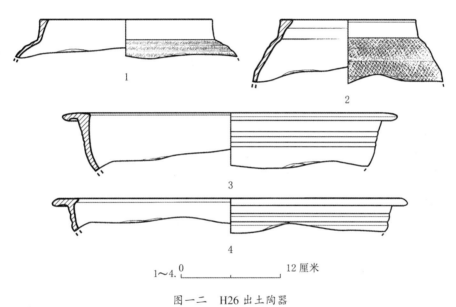

图一二 H26出土陶器

1、2. 陶敛口双竖系罐(H26：1、2) 3、4. 陶折沿盆(H26：3、4)

三、灰沟

仅1条，即G1。

G1位于ⅡT0505北部。开口于ⅡT0505⑤层下，打破生土，东南部被H6和H25打破。G1平面形状为长条形，斜壁，近平底，坑壁与坑底均不光滑。沟口残长4.4、宽0.69、深0.3米（图一三）。沟内填土为青灰色，包含有大量红烧土块和少量草木灰。出土大量陶片、砖、瓦，可辨器形有陶敛口双竖系罐、折沿盆、敛口盆等（图一四）。

陶敛口双竖系罐 2件。敛口，厚唇，溜肩，肩部以下残。

G1：2，泥质红陶。肩部双系残缺。肩部饰弦纹、网格纹带。口径24.2、残高4.9厘米（图一四，1）。

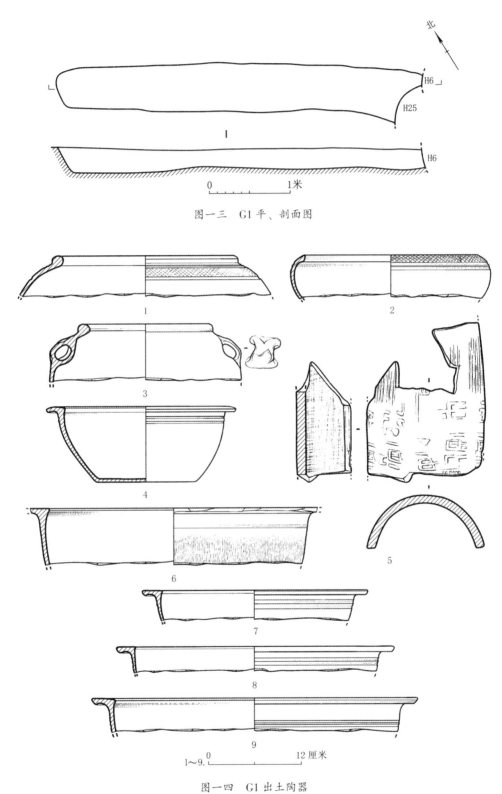

图一三　G1 平、剖面图

图一四　G1 出土陶器

1、3. 陶敛口双竖系罐（G1：2、1）　2. 陶敛口盆（G1：9）

4、6、7、8、9. 陶折沿盆（G1：4、5、7、8、6）　5. 陶筒瓦（G1：10）

G1：1，泥质黄陶。肩部置对称牛鼻形竖系。口径 16.7、残高 7.2 厘米(图一四，3)。

陶折沿盆　6 件。平折沿，尖圆唇，斜弧腹，平底。

G1：3，泥质黄陶。平折沿略下翻。沿面饰一圈竖线纹地网格纹，肩部饰三周凹弦纹。口径 34.6、底径 16.9、高 14.2 厘米(图一五；彩版一一，1)。

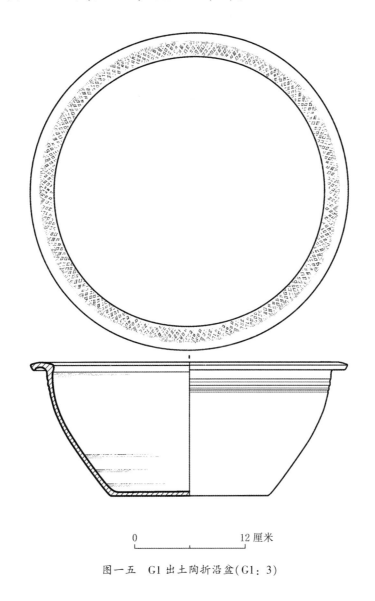

图一五　G1 出土陶折沿盆(G1：3)

G1：4，泥质黄陶。平折沿略下翻。肩部饰两周凹弦纹。口径 24.6、底径 13.1、高 9.5 厘米 (图一四，4；彩版一一，2)。

G1：5，泥质黄陶。口沿外侧和上腹部以下残缺。上腹部饰细密的竖线纹。口径 37.3、残高 7.2 厘米(图一四，6)。

G1：7，泥质黄陶。肩部以下残。肩部饰两周凹弦纹。口径 29.1、残高 3.8 厘米(图一四，7)。

G1：8，泥质红陶。肩部以下残。肩部饰两周凹弦纹。口径 35.9、残高 3.2 厘米(图一四，8)。

G1：6，泥质黄陶。肩部以下残。肩部饰两周凹弦纹。口径 42.2、残高 4.1 厘米(图一四，9)。

陶敛口盆　1件。

G1：9，泥质黄陶。敛口，鼓肩，斜弧腹，上腹以下残。口沿外饰一周竖线纹地网格纹，其下再饰两周凹弦纹。口径 22.1、残高 5.6 厘米(图一四，2)。

陶筒瓦　1件。

G1：10，泥质黄陶。正面模印阳线文字和竖条纹，文字内容不明。残长 20、宽 15.1、高 6.6 厘米(图一四，5)。

第三章　中发掘区文化遗存

第一节　地层堆积与出土遗物

一、地层堆积

中发掘区的地层堆积可分为十二层，以ⅣT0201北壁剖面为例介绍如下（图一六）。

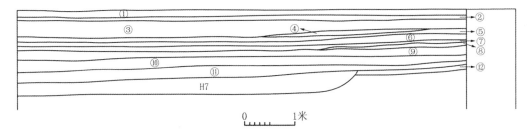

图一六　ⅣT0201 北壁剖面图

第①层：深褐色沙土，土质疏松，包含大量农作物根茎。该层厚0.15米，为现代耕土层。

第②层：黄褐色黏土，土质较致密。出土遗物包括灰陶片、青瓷片、近现代瓷片。该层厚0.05~0.1米，为近现代地层。

第③层：黄灰色夹黑斑黏土，土质较致密。出土遗物有灰陶片、青瓷片、青花瓷片。该层厚 0.2~0.35 米，为明清文化层。

第④层：黄色粉沙土，土质较疏松，基本无包含物。该层厚 0~0.05 米，推测为明清时期淤积层。

第⑤层：深黄灰色黏土，土质较致密。出土遗物包括灰陶片、青白瓷片、青花瓷片。该层厚 0.03~0.12 米，为明清文化层。

第⑥层：深褐色夹黑色大斑点黏土，土质较致密。出土遗物包括青白瓷片、青瓷片、白瓷片、灰陶片、陶瓦等。该层厚 0.06~0.24 米，为宋代文化层。

第⑦层：黄灰色黏土，土质较致密。出土遗物包括青白瓷片、青瓷片、白瓷片、灰陶片等。该层厚 0~0.22 米，为宋代文化层。

第⑧层：黄色粉沙土，土质较疏松。出土遗物有青白瓷片、灰陶片。该层厚 0~0.1 米，为宋代文化层。

第⑨层：灰黄色夹黑色大斑点黏土，土质较致密。出土遗物有青瓷片、白瓷片、灰陶片、砖块、陶筒瓦残片等。该层厚 0~0.2 米，为唐代文化层。

第⑩层：灰白色黏土，土质较致密，包含有较多红烧土颗粒。出土遗物有瓷片、灰陶片、陶筒瓦残片等。该层厚 0.1~0.25 米，为唐代文化层。

第⑪层：灰黄色黏土，土质较致密，包含有大量红烧土颗粒。出土遗物有瓷片、灰陶片、陶筒瓦残片等。该层厚 0.08~0.3 米，为六朝文化层。

第⑫层：浅黄灰色夹红褐色斑点黏土，土质较致密。出土遗物包括大量陶片、瓷片、陶筒瓦残片。该层厚 0.03~0.25 米，为六朝文化层。

二、出土遗物

中发掘区第①至⑩层为唐宋及其以后的地层堆积，未发现属于这一时期的遗迹。地层中出土遗物较少，并且以晚期陶瓷片为主。这里仅介绍第⑪层和第⑫层的出土遗物。

1. 第⑪层出土遗物

陶敛口双竖系罐　2 件。敛口，宽唇内斜，斜直颈，肩部双系残缺。

ⅣT0301⑪：2，泥质红陶。鼓肩。器身饰由弦纹间隔的竖线纹。口径 22、残高 5.2 厘米（图一七，1)。

ⅣT0201⑪：3，泥质灰陶。溜肩。器身纹饰模糊，仅可辨两周凹弦纹。口径 17.1、残高 5.8 厘米(图一七，2)。

陶敛口无系罐　1 件。

ⅣT0201⑪：4，泥质红陶。敛口，宽厚唇，唇外起一圈凸棱，溜肩，肩部以下残缺。器身拍印竖线纹地重圈菱形纹。口径 34.8、残高 5.8 厘米(图一七，5)。

陶直颈无系罐　1 件。

ⅣT0301⑪：1，泥质红陶。直口，宽唇外斜，斜直颈，广肩。颈部饰两周凹弦纹，肩部饰一周凹弦纹。口径 35.6、残高 6.5 厘米(图一七，6)。

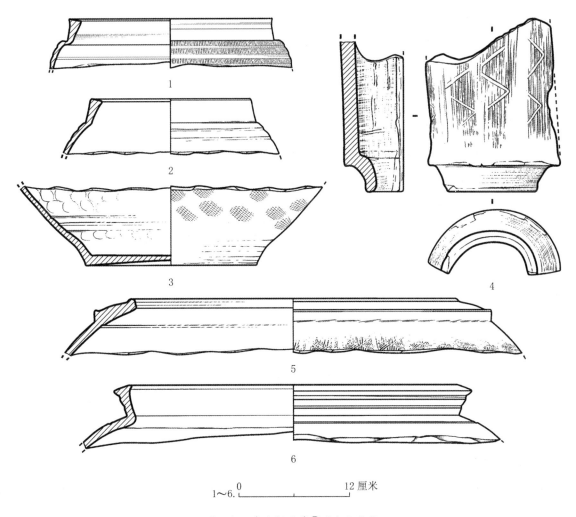

图一七　中发掘区第⑪层出土陶器

1、2. 陶敛口双竖系罐(ⅣT0301⑪：2、ⅣT0201⑪：3)　3. 陶罐(ⅣT0201⑪：2)

4. 陶筒瓦(ⅣT0201⑪：1)　5. 陶敛口无系罐(ⅣT0201⑪：4)　6. 陶直颈无系罐(ⅣT0301⑪：1)

陶罐　1件。残存底部。

ⅣT0201⑪：2，夹砂灰陶。斜直腹内收，平底内凹，内腹壁有密集的指窝痕。外壁拍印方格纹。底径18.7、残高8.6厘米(图一七，3)。

陶筒瓦　1件。

ⅣT0201⑪：1，泥质灰陶。凸面饰竖线纹地波折纹，凹面饰布纹。残长18.2、宽14.5、高6.8厘米(图一七，4)。

2. 第⑫层出土遗物

青瓷直颈横系罐　1件。

ⅠT0101⑫：1，青黄釉，灰白胎，胎釉结合差，胎体致密。直口，短直颈，溜肩，圆鼓腹，肩部置四个两两对称的桥形横系。内腹壁有密集的指窝痕。器身饰细密的网格纹。口径14.5、腹径2.8、残高15.8厘米(图一八，3；彩版一一，3)。

陶敛口双竖系罐　1件。

ⅣT0201⑫：3，泥质灰陶。敛口，宽唇内斜，斜直颈，溜肩，上腹圆鼓，肩部双系残缺。器身饰由弦纹间隔的竖线纹地大网格纹。口径16.4、残高8.6厘米(图一八，4)。

陶直颈无系罐　1件。

ⅣT0301⑫：2，泥质红陶。直口，宽唇稍外斜，直颈，广肩。颈部饰两周凹弦纹，肩部饰一周凹弦纹。口径42.4、残高6.7厘米(图一八，1)。

陶敛口无系罐　1件。

ⅣT0301⑫：3，泥质红陶。敛口，宽厚唇，唇外起一圈凸棱，溜肩，肩部以下残缺。口径39.1、残高5.2厘米(图一八，2)。

陶罐　2件。仅存底部。均为泥质灰陶。斜直腹内收。

ⅠT0101⑫：2，平底内凹。器身饰竖线纹。底径14.8、残高7.9厘米(图一八，5)。

ⅠT0101⑫：3，平底。底径15.5、残高3.1厘米(图一八，6)。

陶折沿盆　1件。

ⅣT0201⑫：2，泥质灰陶。平折沿，上腹微弧。上腹饰两周凹弦纹。口径31、残高4厘米(图一八，7)。

陶敛口盆　1件。

ⅣT0301⑫：4，泥质灰陶。敛口，鼓肩，弧腹内收。口沿外有一周凹弦纹。口径20.3、残高3.8厘米(图一八,8)。

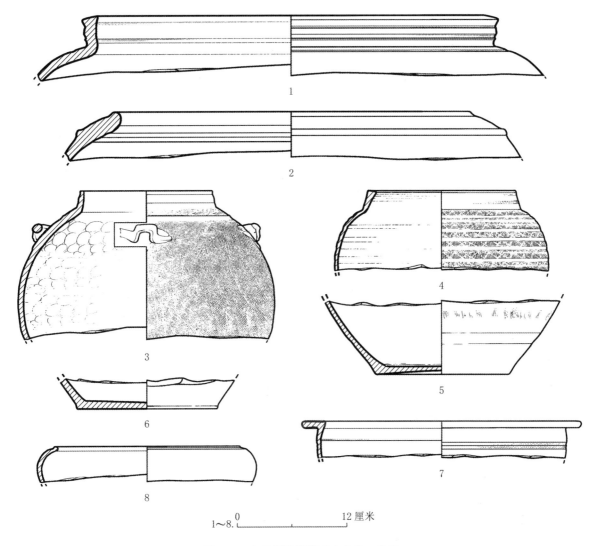

图一八　中发掘区第⑫层出土陶、瓷器

1. 陶直颈无系罐(ⅣT0301⑫:2)　2. 陶敛口无系罐(ⅣT0301⑫:3)　3. 青瓷直颈横系罐(ⅠT0101⑫:1)
4. 陶敛口双竖系罐(ⅣT0201⑫:3)　5、6. 陶罐(ⅠT0101⑫:2、3)　7. 陶折沿盆(ⅣT0201⑫:2)
8. 陶敛口盆(ⅣT0301⑫:4)

陶筒瓦　3件。均为泥质灰陶。

ⅣT0301⑫:1,凸面饰竖线纹地几何纹,凹面饰布纹。残长24.4、宽11.8、高7.2厘米(图一九,1)。

ⅣT0201⑫:1,凸面饰竖线纹地波折纹,凹面饰布纹。长31.5、宽15.8、高10.2厘米(图一九,2)。

ⅠT0101⑫:4,凸面饰绳纹,凹面饰布纹。长31.8、宽21、高9厘米(图一九,3)。

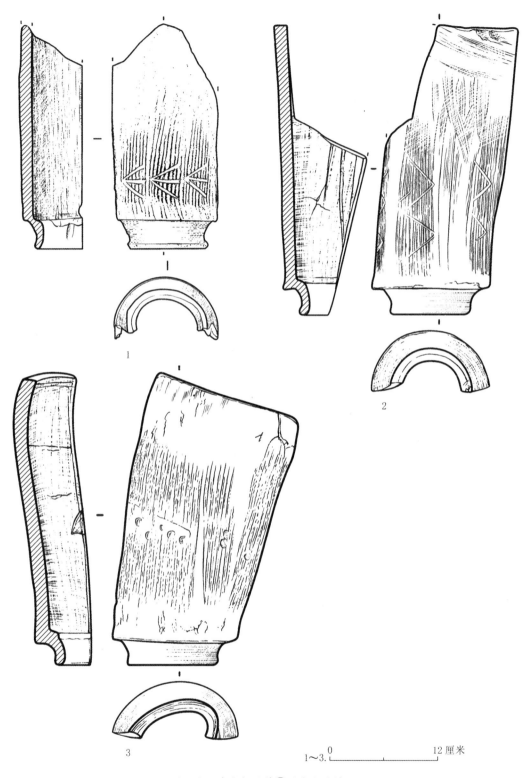

图一九　中发掘区第⑫层出土陶筒瓦
1. ⅣT0301⑫：1　2. ⅣT0201⑫：1　3. ⅠT0101⑫：4

第二节　文化遗迹与出土遗物

中发掘区共发现遗迹 17 个，包括窑炉 2 座、房址 1 座、灰坑 12 个、灰沟 1 条、水井 1 口（图二〇）。

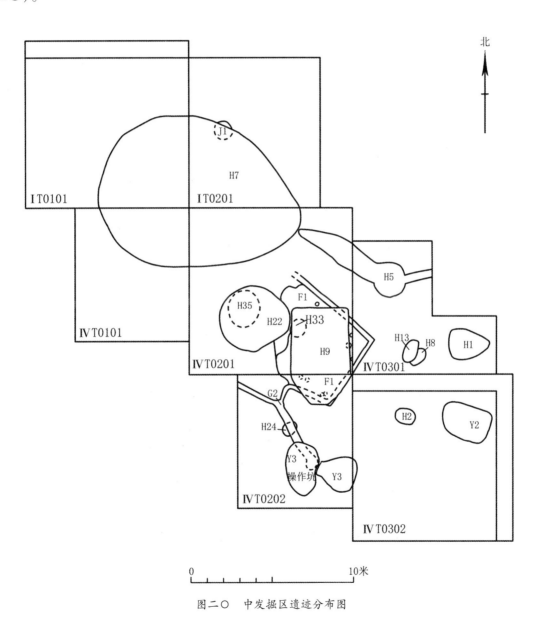

图二〇　中发掘区遗迹分布图

一、窑炉

共 2 座，即 Y2、Y3。

1. Y2

Y2 位于IVT0302 东北部，开口于中发掘区⑩层下，打破生土层，窑底距地表 0.2~0.6 米。Y2 依原有地势而建，保存较差，窑壁基本不存，仅余窑底，窑底中部还被一条现代沟打破。从残存痕迹看，Y2 平面形状为椭圆形，全长 2.88、宽 1.92 米。Y2 的窑底结构尚可分辨出火膛和窑床两部分，西部为火膛，较窑床低，尚存青灰色烧结面，火膛内靠近窑床一侧砌有两层青砖，摆放不甚整齐。东部为窑床，较高，原生的窑床面已被全部破坏，仅存红烧土渲染面。因 Y2 保存较差，烟囱等设施已不存。Y2 在清理完IVT0302 内第⑩层堆积后即露出，仅余窑底，窑内填土无存，也没有出土陶瓷片等遗物(图二一；彩版一，2)。

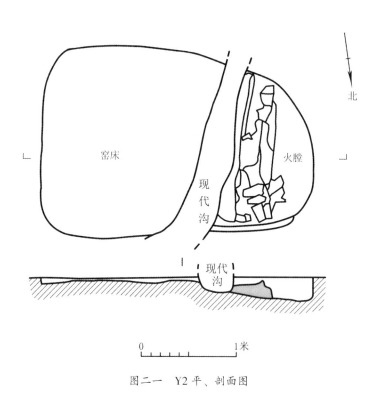

图二一 Y2 平、剖面图

2. Y3

Y3 位于ⅣT0202 东南部，部分伸入ⅣT0302 内，开口于中发掘区第⑫层下，打破 G2。Y3 由窑室和操作坑两部分构成，窑室又可分为窑床、火膛、窑门等三部分。Y3 的窑室底部不见烟道痕迹，推测排烟孔当位于窑顶，属于升焰窑。窑室平面呈马蹄形，通长 2.15、最宽处 1.95 米。窑床平面似梳背形，西边较直，其余三边外弧，自西向东逐渐变窄，除南壁尚存部分窑壁外，其余部分仅剩窑底。窑床宽 1.95、进深 0.74、残高 0.1 米。火膛平面大致呈等腰梯形，西窄东宽，斜壁，平底，口大底小。火膛内壁为青灰色烧结面，外壁为原生的红烧土渲染带。火膛底宽 0.54~1.58、进深 1.42 米，火膛深 0.66 米。窑门主要由两块条砖封堵，窑门宽 0.63、高 0.46、厚 0.12 米。操作坑为椭圆形，弧壁，平底，南北最大径 3.19、东西最大径 2、深 0.3 米（图二二；彩版二，1、2；彩版三，1、2）。Y3 火膛内的堆积可分为五层，第①层为黄灰色土，厚 0.1~0.15 米，出土有大量陶片、砖瓦等。第②层为深褐色土，厚 0.1~0.15 米，出土大量陶片。第③层为红褐色土，厚 0.11~0.17 米，出土较多砖块。前三层推测为废弃堆积。第④层为

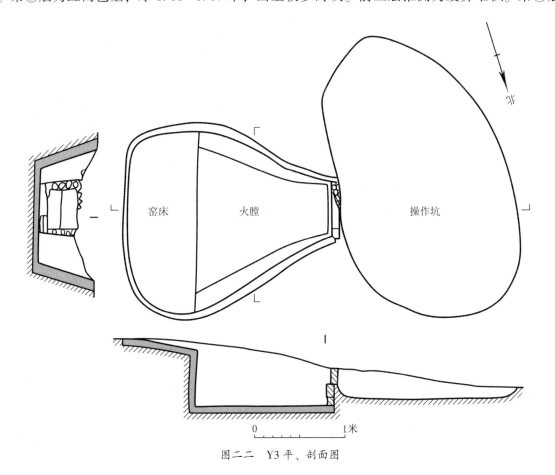

窑床　火膛　操作坑

0 　　　　1米

图二二　Y3 平、剖面图

红烧土面，厚 0.14~0.2 米，出土有支烧具、陶片、砖块等，推测为坍塌面。第⑤层为黑色灰烬，厚 0.05~0.08 米。灰烬下为火膛底部，为青黄色烧结面。Y3 操作坑内填土为深褐色，土质较致密，包含大量红烧土块、陶片、残砖和少量青瓷片。Y3 出土遗物的可辨器形有青瓷竖系罐、敛口无系罐、陶敛口双竖系罐、敛口无系罐、折沿盆、敛口盆、灯、筒瓦、筒形支烧具等。

青瓷竖系罐　1 件。

Y3 操作坑：1，釉已剥落，红褐胎，胎质较致密。残存肩部，局部破损变形，系过烧形成。颈肩交界处饰两道凹弦纹，其下饰方格纹。肩部残留一对并列的牛鼻形竖系，系上模印叶脉纹（图二三，2）。

青瓷敛口无系罐　1 件。

Y3 操作坑：2，残存口沿，略扭曲变形。青黄釉，釉层较薄，胎釉结合较差，红褐色胎，胎土较细腻，胎质致密。敛口，宽厚唇，唇外起一圈凸棱（图二三，1）。

青瓷罐　1 件。残存底部。

Y3：37，红褐胎，胎体致密。内壁施青黄釉，积釉处呈黑色（彩版一一，4）。

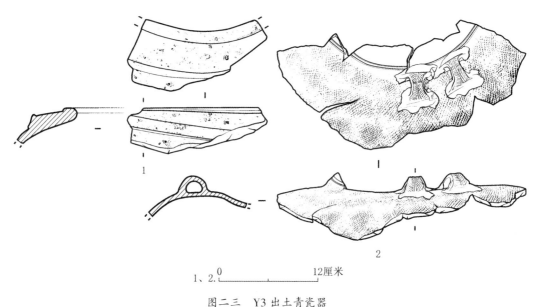

图二三　Y3 出土青瓷器
1. 青瓷敛口无系罐（Y3 操作坑：2）　2. 青瓷竖系罐（Y3 操作坑：1）

陶敛口双竖系罐　22 件。敛口，宽唇内斜，也有少量平唇的，斜直颈，除少数为鼓肩外，多为溜肩，肩部置对称牛鼻状竖系，上腹圆鼓，下腹弧收，平底。

Y3：36，泥质灰陶。残存口沿，肩部双系残缺。纹饰磨损不清。口径 25.2、残高 5.4 厘米（图二四，1）。

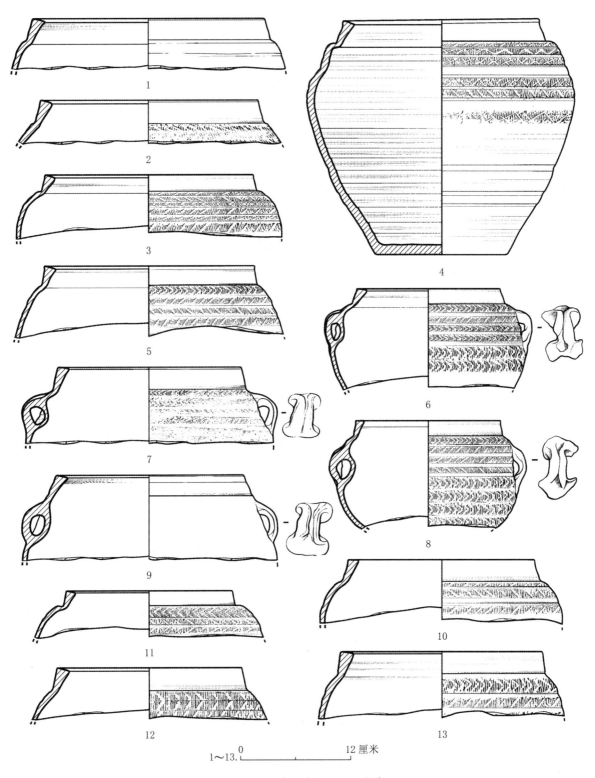

1～13. 0 _____ 12 厘米

图二四　Y3 出土陶敛口双竖系罐

1. Y3：36 2. Y3：10 3. Y3：5 4. Y3：1 5. Y3：7 6. Y3：6 7. Y3：11 8. Y3：4
9. Y3：12 10. Y3：18 11. Y3：26 12. Y3：27 13. Y3：21

Y3：10，泥质灰陶。残存口沿，肩部双系残缺。器身饰竖线纹地纵向波折纹。口径23.7、残高4.7厘米(图二四，2)。

Y3：5，泥质灰陶。残存上半部，肩部双系残缺。器身饰由弦纹间隔的竖线纹地纵向波折纹。口径22.7、残高6.7厘米(图二四，3)。

Y3：1，泥质红陶。肩部双系残缺。上腹部饰由弦纹间隔的竖线纹地大网格纹。口径21.6、底径14.4、高24.9厘米(图二四，4)。

Y3：7，泥质红陶。残存上半部，肩部双系残缺。器身饰由弦纹间隔的竖线纹地纵向波折纹。口径22.9、残高7.4厘米(图二四，5)。

Y3：6，泥质灰陶。残存上半部。器身饰由弦纹间隔的竖线纹地纵向波折纹。口径15.7、残高10.4厘米(图二四，6)。

Y3：11，泥质灰陶。残存上半部。器身饰由弦纹间隔的竖线纹地纵向波折纹。口径19.9、残高8.1厘米(图二四，7)。

Y3：4，泥质灰陶。残存上半部，宽平唇。器身饰由弦纹间隔的竖线纹地纵向波折纹。口径16、残高11.3厘米(图二四，8)。

Y3：12，泥质灰陶。纹饰磨损不清。口径20.3、残高9厘米(图二四，9)。

Y3：18，泥质灰陶。残存上半部，肩部双系残缺，宽平唇。器身饰由弦纹间隔的竖线纹地纵向波折纹。口径20.5、残高6.7厘米(图二四，10)。

Y3：26，泥质红陶。残存口沿，鼓肩，肩部双系残缺。器身饰由弦纹间隔的竖线纹地纵向波折纹。口径18.1、残高4.9厘米(图二四，11)。

Y3：27，泥质灰陶。残存口沿，肩部双系残缺。器身饰竖线纹地纵向波折纹。口径20.1、残高5.4厘米(图二四，12)。

Y3：21，泥质灰陶。残存上半部，肩部双系残缺。器身饰由弦纹间隔的竖线纹地纵向波折纹。口径22.2、残高7厘米(图二四，13)。

Y3：8，泥质红陶。残存上半部。器身饰由弦纹间隔的竖线纹地纵向波折纹。口径26.5、残高8厘米(图二五，1)。

Y3：14，泥质灰陶。残存上半部。器身饰由弦纹间隔的竖线纹地纵向波折纹。口径21.2、残高8厘米(图二五，2)。

Y3：24，泥质灰陶。残存上半部。器身饰由弦纹间隔的竖线纹地纵向波折纹。口径24.8、残高7.2厘米(图二五，3)。

Y3：19，泥质灰陶。残存口沿，肩部双系残缺。器身饰由弦纹间隔的竖线纹地纵向波折纹。

口径 22.9、残高 4.2 厘米(图二五，4)。

　　Y3：30，泥质红陶。残存口沿，肩部双系残缺。器身饰竖线纹地纵向波折纹。口径 21、残高 5.3 厘米(图二五，5)。

　　Y3 操作坑：6，泥质灰陶。残存上半部。器身饰竖线纹地短斜线纹。口径 18.6、残高 8 厘米(图二五，6)。

　　Y3：34，泥质红陶。残存口沿，鼓肩，肩部双系残缺。器身饰竖线纹地纵向波折纹。口径 14.9、残高 3.2 厘米(图二五，7)。

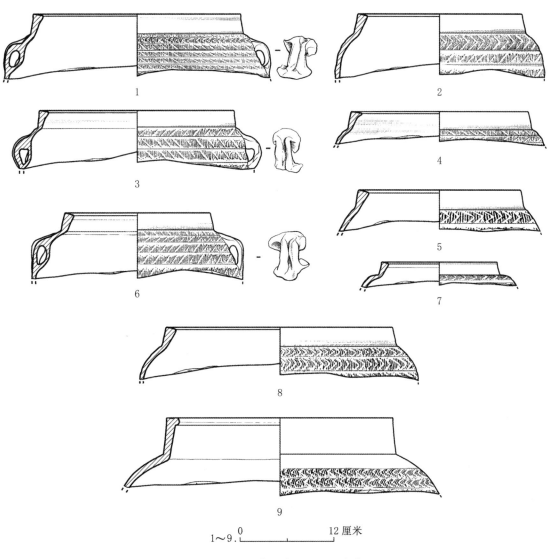

图二五　Y3 出土陶敛口双竖系罐

1. Y3：8　2. Y3：14　3. Y3：24　4. Y3：19　5. Y3：30　6. Y3 操作坑：6　7. Y3：34

8. Y3：31　9. Y3 操作坑：5

Y3：31，泥质红陶。残存口沿，肩部双系残缺。器身饰竖线纹地纵向波折纹。口径29、残高5.8厘米(图二五，8)。

Y3操作坑：5，泥质灰陶。残存口沿，宽平唇，唇面有一圈凹槽，斜直颈较长，鼓肩。器身饰竖线纹地纵向波折纹。口径29、残高9.6厘米(图二五，9)。

陶敛口无系罐　2件。均为泥质红陶。敛口，宽厚唇，唇外起一圈凸棱，肩部以下残缺。

Y3：2，口径32.3、残高7.3厘米(图二六，1)。

Y3：3，口径34.8、残高2.6厘米(图二六，3)。

陶罐　2件。均为泥质灰陶。仅剩下半部，斜弧腹内收。

Y3：13，平底内凹。底径11.7、残高12.8厘米(图二六，4)。

Y3：9，平底。腹部饰竖线纹地短斜线纹。底径12.1、残高9.6厘米(图二六，5)。

陶折沿盆　1件。

Y3：15，泥质灰陶。平折沿，弧腹。上腹部饰两周凹弦纹。口径31.8、残高4.8厘米(图二六，2)。

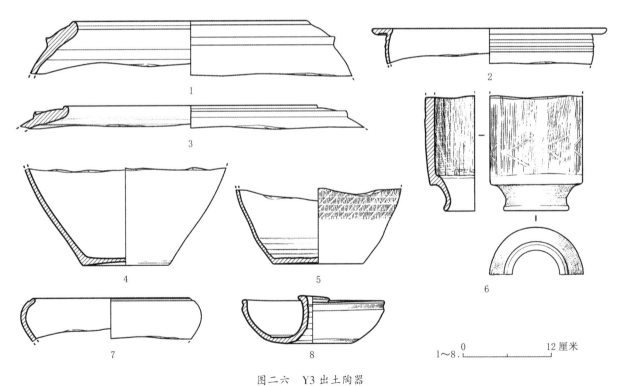

图二六　Y3出土陶器

1、3. 陶敛口无系罐(Y3：2、3)　2. 陶折沿盆(Y3：15)　4、5. 陶罐(Y3：13、9)　6. 陶筒瓦(Y3操作坑：3)

7. 陶敛口盆(Y3操作坑：4)　8. 陶灯(Y3：16)

陶敛口盆 1件。

Y3操作坑：4，泥质灰陶。敛口，鼓肩，弧腹。口沿外有一周凹弦纹。口径21.4、残高5.6厘米(图二六，7)。

陶灯 1件。

Y3：16，泥质灰陶。由承柱和承盘两部分构成。承柱和承盘系一体烧造而成。承柱略高于承盘，为侈口，中空，喇叭状底。承盘为直口，斜弧腹，平底中空。承盘口沿外有一周凹槽。直径19.4、高6.3厘米(图二六，8；彩版一一，5)。

陶筒瓦 1件。

Y3操作坑：3，泥质灰陶。凸面饰竖线纹地"V"字纹，凹面饰布纹。残长14.9、宽12.2、高6.9厘米(图二六，6)。

陶筒形支烧具 12件。 器表一般呈深灰色或青灰色，胎多呈红褐色，胎体坚硬。上下通透，托面与器壁的截面呈"T"字形，底部一般有一圈指窝痕。

Y3：23，器表局部残留一层较薄的黑褐色窑汗。束腰，腹中部有二个对称的椭圆形穿孔，底外撇、呈斜削状。托面直径16.2、高11.5厘米(图二七，1)。

Y3操作坑：8，泥质灰色硬陶。托面平坦，束腰，底残。托面直径20.1、残高14.2厘米(图二七，2)。

Y3：25，底部一圈呈砖红色。托面稍内斜，束腰，腹壁上有两个对称的圆形穿孔，底外撇。托面直径17.6、高7.2厘米(图二七，3)。

Y3：28，器表局部残留一层较薄的黑褐色窑汗。托面内斜，束腰，底外撇、呈斜削状。托面直径16.7、高3.4厘米(图二七，4；彩版一一，6)。

Y3：29，器表局部残留一层较薄的黑褐色窑汗。托面内斜，束腰，腹壁上有两个对称的椭圆形穿孔，底外撇、呈斜削状。托面直径16、高3.2厘米(图二七，5；彩版一二，1)。

Y3：32，底部一圈呈砖红色。托面平坦，腹壁外墙内斜、内墙较直，腹壁上有两个对称的圆形穿孔。托面直径17.8、高3.1厘米(图二七，6)。

Y3：33，器表局部残留一层较薄的黑褐色窑汗。托面内凹，束腰，腹壁上有两个对称的圆形穿孔，底残。托面直径16.2、残高9.4厘米(图二七，7)。

Y3：35，器壁较直，腹壁中部有四个对称的长方形穿孔，底外撇、呈斜削状。托面中部有一圈凹槽。托面直径20、高23.2厘米(图二七，8；彩版一二，2)。

Y3：17，器表残留有黑褐色窑汗。腹壁较直，腹中部有四个对称的椭圆形穿孔，底外撇、呈斜削状。托面直径16.4、高13厘米(图二七，9；彩版一二，3)。

　　Y3 操作坑：7，托面平坦，束腰，腹壁中部有四个两两对称的椭圆形穿孔，底外撇。托面直径 16.5、高 7 厘米(图二七，10)。

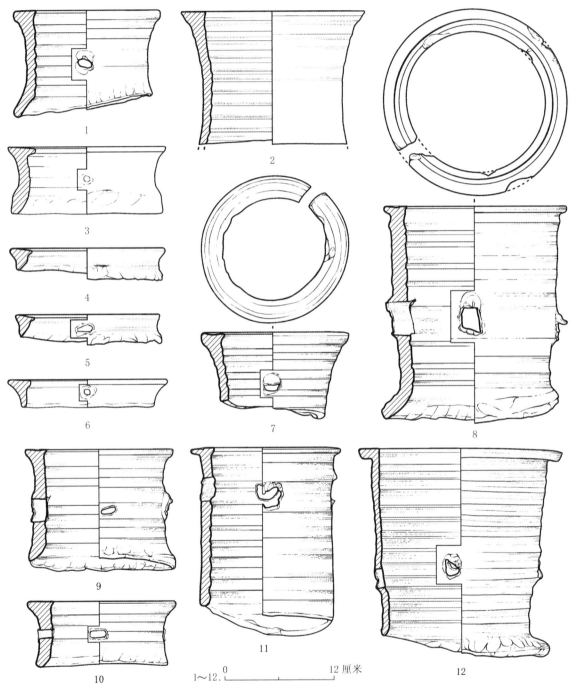

图二七　Y3 出土陶筒形支烧具

1. Y3：23　2. Y3 操作坑：8　3. Y3：25　4. Y3：28　5. Y3：29　6. Y3：32　7. Y3：33　8. Y3：35
9. Y3：17　10. Y3 操作坑：7　11. Y3：20　12. Y3：22

Y3：20，底部一圈呈砖红色。器壁较直，腹壁上部有四个对称的不规则椭圆形穿孔，底呈斜削状。托面中部有一圈凹槽。托面直径16.5、高20.2厘米(图二七，11；彩版一二，4)。

Y3：22，底部呈砖红色。器壁较直，腹壁中下部有四个对称的不规则椭圆形穿孔，底呈斜削状。托面直径22.3、高22.4厘米(图二七，12；彩版一二，5)。

二、房址

中发掘区发现房屋基址一处，即F1。

F1位于ⅣT0201东南部，部分伸入ⅣT0301和ⅣT0202内。F1开口于中发掘区⑫层下，同时被H9、H22、H33打破，开口距地表约1.5米。F1平面形状为长方形，由柱洞、垫土、排水沟等部分构成。F1现存部分长6.22米，宽5.33米，垫土厚0.03~0.05米。F1南侧有四个柱洞，东侧和北侧各有两个柱洞，西侧情况不明。柱洞平面形状近圆形，直壁，平底，柱洞直径0.2~0.3米，深0.1~0.15米。F1的北、东、南三侧环绕排水沟，南侧排水沟往南呈90°转弯后与G2汇合。排水沟北部长6.31

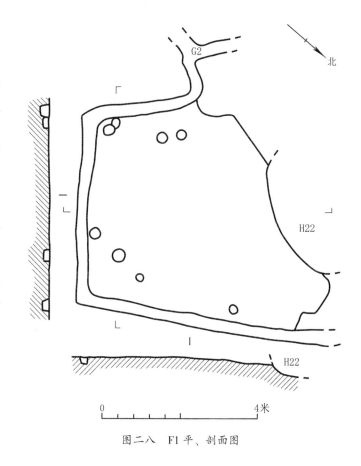

图二八 F1平、剖面图

米，东部长4.62米，南部长2.93米，宽为0.3米，深度约0.26米，斜直壁，平底(图二八)。F1垫土为浅灰白色夹黄色斑点土。柱洞内填土为灰黄色土，大部分柱洞内置有砖块。排水沟内填土为灰黄色，夹杂部分陶片、砖瓦等，可辨器形有陶敛口双竖系罐、釜形罐、筒瓦、筒形支烧具等。

陶敛口双竖系罐 1件。

F1：4，泥质灰陶。敛口，宽唇内斜，斜直颈，鼓肩，上腹圆鼓，肩部置牛鼻状竖系。器体变形严重。器身饰由弦纹间隔的竖线纹(图二九，3)。

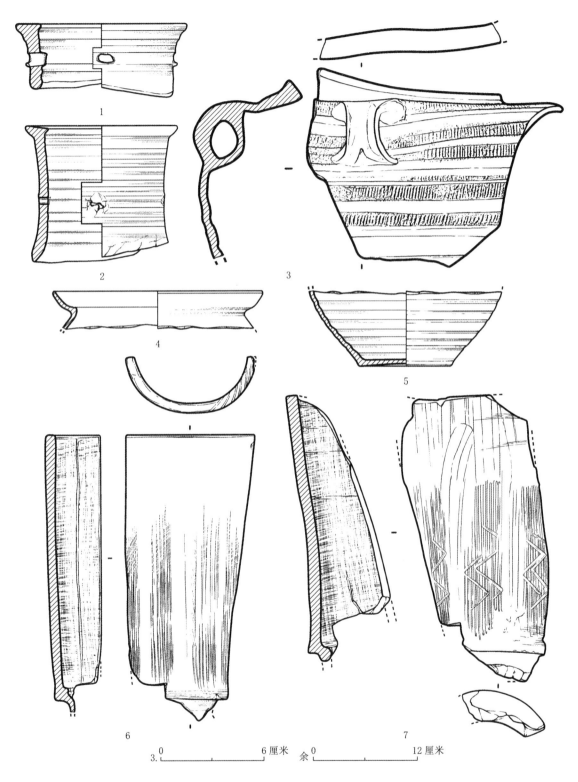

图二九　F1 出土陶器

1、2. 陶筒形支烧具(F1:6、7)　3. 陶敛口双竖系罐(F1:4)　4. 陶釜形罐(F1:3)

5. 陶罐(F1:5)　6、7. 陶筒瓦(F1:2、1)

陶釜形罐　1件。

F1：3，夹砂红陶。残存口沿。敞口，宽沿内凹，束颈，溜肩。口径24.4、残高4.3厘米（图二九，4）。

陶罐　1件。残存底部。

F1：5，泥质灰陶。弧腹内收，平底内凹。底径10.7、残高8.3厘米（图二九，5）。

陶筒瓦　2件。均为泥质灰陶。

F1：2，凸面饰竖线纹，凹面饰布纹。残长31.6厘米（图二九，6）。

F1：1，凸面饰竖线纹地波折纹，凹面饰布纹。残长32.1厘米（图二九，7）。

陶筒形支烧具　2件。均为泥质灰陶。上下通透，托面与器壁的截面呈"T"字形，腹壁较直，底呈斜削状。

F1：6，托面平坦，腹中部有四个两两对称的椭圆形穿孔。托面直径19.8、高8.2厘米（图二九，1）。

F1：7，托面内斜，中腹部偏下有四个两两对称的不规则形穿孔，底外撇。托面直径17.6、高15.4厘米（图二九，2；彩版一二，6）。

三、灰坑

共12个，分别为H1、H2、H5、H7、H8、H9、H13、H22、H24、H30、H33、H35。

1. H1

H1位于Ⅳ T0301东南部，开口于中发掘区⑫层下，打破生土层，坑口距地表0.3米。平面形状为近梨形，直壁，圜底，坑底呈东高西低坡状。坑壁和坑底有修整痕迹。坑口东西长2.3、南北宽1.66、坑底距坑口深0.4米（图三〇）。坑内填土为灰褐色黏土，土质较致密，包含较多红烧土颗粒、陶片、砖瓦，呈水平状。出土遗物的可辨器形有陶敛口双竖系罐、直口罐、折沿盆、灯、筒瓦等。

陶敛口双竖系罐　4件。敛口，宽唇，溜肩，肩部置对称牛鼻状竖系，肩部以下残。

H1：5，泥质灰陶。宽唇内斜，斜直颈，肩部双系残缺。器身饰由弦纹间隔的竖线纹地纵向波折纹。口径21.5、残高6.1厘米（图三一，1）。

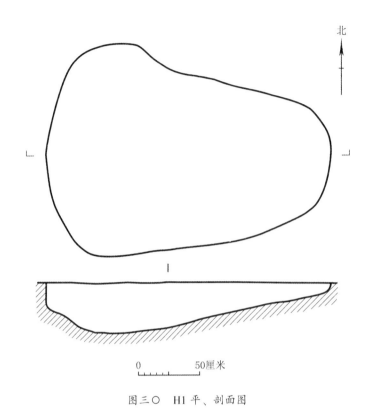

北

0 ____ 50厘米

图三〇 H1 平、剖面图

H1：9，泥质红陶。宽平唇，直颈。肩部饰间断竖线纹。口径20.2、残高4厘米(图三一，3)。

H1：7，泥质灰陶。宽唇稍内斜，直颈。器身饰由弦纹间隔的竖线纹地大网格纹。口径21.5、残高6.3厘米(图三一，5)。

H1：6，泥质红陶。宽唇内斜，斜直颈。器身饰由弦纹间隔的竖线纹地大网格纹。口径21.8、残高6.1厘米(图三一，6)。

陶直颈无系罐 1件。

H1：4，泥质灰陶。直口，宽唇，直颈较高，溜肩，肩部以下残。唇面饰一周凹弦纹。肩部内壁有密集的手指按压痕迹。口径31.4、残高6.5厘米(图三一，11)。

陶罐 1件。仅存底部。

H1：8，泥质灰陶。下腹斜直，平底内凹。罐身拍印多组方格纹。底径18、残高6.5厘米(图三一，2)。

陶折沿盆 3件。均为泥质灰陶。折沿，尖圆唇。上腹部饰三周凹弦纹。

H1：3，口沿和底均残，弧腹内收。口径残长29.2、残高11.8厘米(图三一，7)。

H1：1，仰折沿略下翻，上腹微弧。口径45.5、残高6.7厘米(图三一，9)。

H1：2，平折沿，上腹微弧。沿面饰一周网格纹。口径44、残高6.7厘米(图三一，10)。

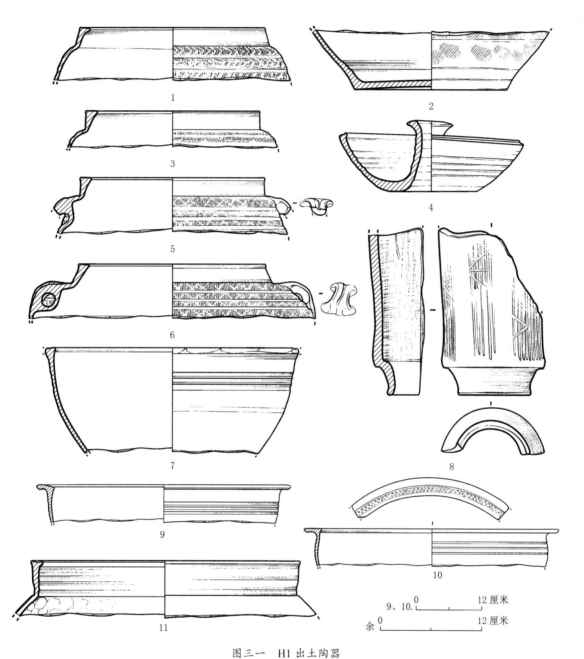

图三一 H1 出土陶器

1、3、5、6. 陶敛口双竖系罐(H1: 5、9、7、6) 2. 陶罐(H1: 8) 4. 陶灯(H1: 10)

7、9、10. 陶折沿盆(H1: 3、1、2) 8. 陶筒瓦(H1: 11) 11. 陶直颈无系罐(H1: 4)

陶灯 1件。

H1: 10，泥质灰陶。由承柱和承盘两部分构成。承柱高于承盘，为侈口，中空，喇叭状底。承盘为敛口，沿面有一周凹弦纹，斜弧腹，平底中空。承盘直径21.7、高8.1厘米(图三一，4；彩版一三，1)。

陶筒瓦 1件。

H1：11，泥质黄陶。凸面饰竖线纹地几何纹，凹面饰布纹。残长19、宽12.2、高6.7厘米（图三一，8）。

2. H2

H2位于ⅣT0302北部，开口于中发掘区⑩层下，打破生土层，坑口距地表约0.8米。平面形状为近椭圆形，弧壁，圜底。坑壁与坑底均不光滑。坑口东西长1.25、南北宽1、坑底距坑口深0.1米（图三二）。坑内填土为青灰色黏土，土质较致密，包含少量陶片、石块和红烧土颗粒，呈水平状。出土遗物中无可辨器形。

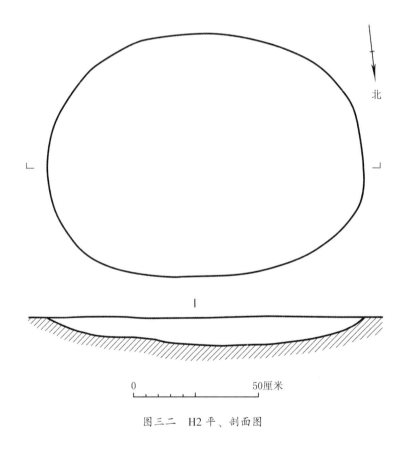

北

0   50厘米

图三二 H2平、剖面图

3. H5

H5位于ⅣT0301北部，向东伸入探方东壁外，向西伸入ⅣT0201内，开口于中发掘区⑫层下，打破生土层，坑口距地表深 1.1 米。H5 由三部分组成，中部平面略呈圆形，弧壁，圜底，坑底呈东高西低的坡状；东部为沟状，直边，直壁，沟底亦呈东高西低的坡状；西部亦呈沟状，弧壁，平底。坑壁和坑底无修整痕迹。中部坑口长 2.5、宽 2.3、坑底距坑口深 0.54 米；东部沟长 1.89、宽 0.37、沟底距沟口深 0.17 米；西部沟长 4.9、宽 1.44、沟底距沟口深 0.4 米（图三三；彩版四，1）。H5 内填土为灰色夹褐色斑点黏土，土质较致密，呈水平状。出土有较多陶片、砖瓦、窑具等，可辨器形有陶敛口双竖系罐、侈口双竖系罐、直颈无系罐、敛口无系罐、釜形罐、折沿盆、敛口盆、灯、筒瓦、板瓦、筒形支烧具等。H5 形制特殊，其功能当为过滤池。

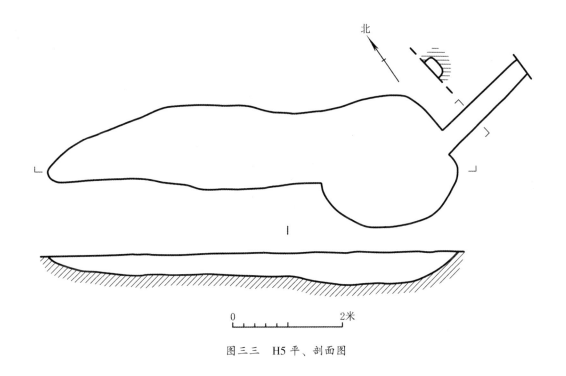

图三三　H5 平、剖面图

陶敛口双竖系罐　29 件。敛口，宽唇，斜直颈，肩部置对称牛鼻状竖系，上腹圆鼓，下腹弧收。

H5：3，泥质红陶。宽唇内斜，溜肩，肩部双系残，平底。上腹饰由弦纹间隔的竖线纹。口径 22.9、底径 13.5、高 23.5 厘米（图三四，1；彩版一三，2）。

H5：64，泥质灰陶。残存口沿，变形较严重。肩部饰由弦纹间隔的竖线纹地纵向波折纹（图三四，2）。

H5：4，泥质灰陶。口沿及上腹部因过烧产生一定变形，宽唇内斜，鼓肩，平底。上腹部饰由弦纹间隔的竖线纹地纵向波折纹。口径 16.4、底径 10.6、高 18 厘米（图三四，3；彩版一三，3）。

　　H5：7，泥质灰陶。宽唇稍内斜，溜肩，平底。上腹饰竖线纹地纵向波折纹。口径 22、底径 14.7、高 22.7 厘米（图三四，4；彩版一三，4）。

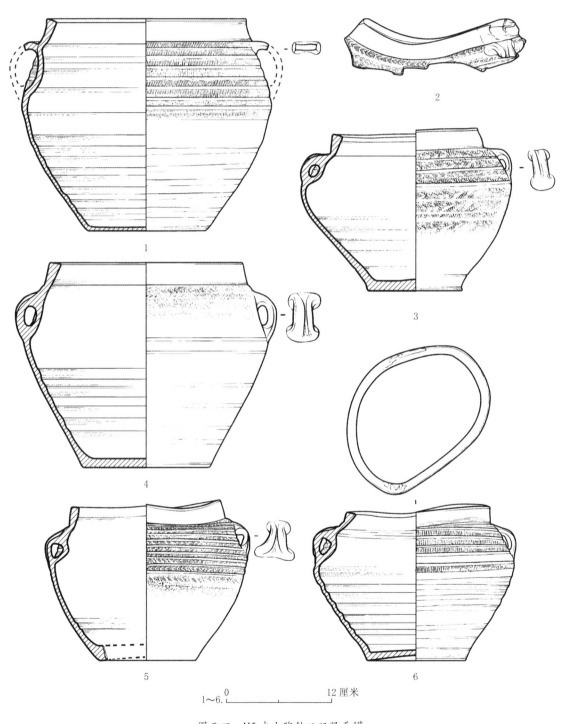

图三四　H5 出土陶敛口双竖系罐

1. H5：3　2. H5：64　3. H5：4　4. H5：7　5. H5：15　6. H5：16

　　H5：15，泥质红陶。口部因过烧变形，宽平唇，溜肩，底残。上腹部饰由弦纹间隔的竖线纹地纵向波折纹。口径17.2、底径10.8、高17.6厘米(图三四，5；彩版一三，5)。

　　H5：16，泥质灰陶。器身因过烧扭曲变形严重，宽唇内斜，溜肩，平底内凹。上腹饰由弦纹间隔的竖线纹。口径16.2、底径11.2、高17.3厘米(图三四，6；彩版一三，6)。

　　H5：49，泥质红陶。宽唇稍内斜，溜肩，肩部双系残缺。器身饰由弦纹间隔的竖线纹地纵向波折纹。口径22.5、残高6厘米(图三五，1)。

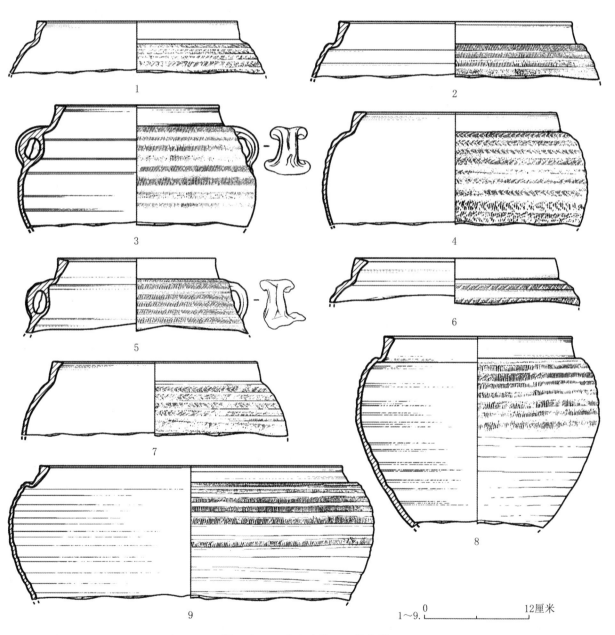

图三五　H5出土陶敛口双竖系罐

1. H5：49　2. H5：23　3. H5：29　4. H5：14　5. H5：33　6. H5：58　7. H5：59　8. H5：32　9. H5：45

H5：23，泥质灰陶。宽唇内斜，鼓肩，肩部双系残缺。上腹饰由弦纹间隔的竖线纹。口径26.5、残高6.2厘米(图三五，2)。

H5：29，泥质灰陶。宽唇内斜，溜肩，下半部残。器身饰由弦纹间隔的竖线纹。口径18.4、残高13.6厘米(图三五，3)。

H5：14，泥质灰陶。宽唇稍内斜，鼓腹，肩部双系残缺。器身饰由弦纹间隔的竖线纹地纵向波折纹。口径22.9、残高12.5厘米(图三五，4)。

H5：33，泥质红陶。宽唇内斜，溜肩。器身饰由弦纹间隔的竖线纹。口径17.7、残高8.1厘米(图三五，5)。

H5：58，泥质灰陶。宽唇内斜，溜肩，肩部双系残缺。器身饰由弦纹间隔的竖线纹地短斜线纹。口径22.6、残高5.1厘米(图三五，6)。

H5：59，泥质灰陶。宽唇稍内斜，溜肩，肩部双系残缺。器身饰由弦纹间隔的竖线纹地纵向波折纹。口径23、残高8.1厘米(图三五，7)。

H5：32，泥质红陶。宽唇内斜，溜肩，肩部双系残缺。上腹部饰由弦纹间隔的竖线纹。口径21.5、残高21.2厘米(图三五，8)。

H5：45，泥质灰陶。宽唇内斜，鼓肩，肩部双系残缺。上腹部饰由弦纹间隔的竖线纹。口径34、残高14.7厘米(图三五，9)。

H5：46，泥质灰陶。宽唇稍内斜，鼓肩，肩部双系残缺。器身饰由弦纹间隔的竖线纹地大网格纹。口径21.8、残高9.7厘米(图三六，1)。

H5：51，泥质黄陶。宽平唇，溜肩，肩部双系残缺。器身饰由弦纹间隔的竖线纹。口径20、残高7.9厘米(图三六，2)。

H5：19，泥质灰陶。宽唇稍内斜，溜肩，肩部双系残缺。器身饰由弦纹间隔的竖线纹地纵向波折纹。口径24.3、残高5.6厘米(图三六，3)。

H5：18，泥质红胎黑皮陶。宽平唇，溜肩，肩部双系残缺。器身饰竖线纹地纵向波折纹。口径23.6、残高5.2厘米(图三六，4)。

H5：22，泥质红陶。宽平唇，鼓肩，肩部双系残缺。器身饰由弦纹间隔的竖线纹地短斜线纹。口径26.4、残高5.4厘米(图三六，5)。

H5：21，泥质灰陶。宽唇内斜，鼓肩，肩部双系残缺。器身饰由弦纹间隔的竖线纹地纵向波折纹。口径18.2、残高4.9厘米(图三六，6)。

H5：25，泥质红陶。宽唇内斜，鼓肩，肩部双系残缺。器身饰由弦纹间隔的竖线纹地纵向波折纹。口径22.2、残高4.9厘米(图三六，7)。

　　H5：24，泥质红陶。宽唇内斜，鼓肩，肩部双系残缺。器身饰由弦纹间隔的竖线纹。口径22.4、残高6.3厘米(图三六，8)。

　　H5：26，泥质灰陶。宽平唇，溜肩，肩部双系残缺。器身纹饰模糊，仅可见肩部的两周凹弦纹。口径23、残高5.4厘米(图三六，9)。

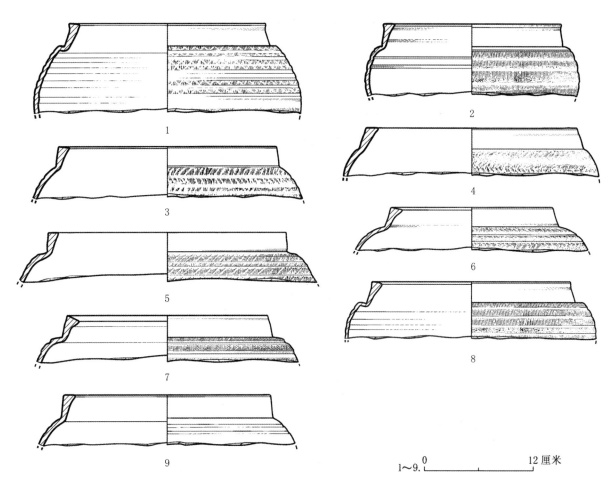

图三六　H5出土陶敛口双竖系罐

1. H5：46　2. H5：51　3. H5：19　4. H5：18　5. H5：22　6. H5：21　7. H5：25　8. H5：24　9. H5：26

　　H5：30，泥质灰陶。宽平唇，鼓肩，肩部双系残缺。上腹部饰由弦纹间隔的竖线纹地大网格纹。口径23.3、残高16厘米(图三七，2)。

　　H5：31，泥质灰陶。宽唇稍内斜，溜肩。器身饰由弦纹间隔的竖线纹。口径26.5、残高8.1厘米(图三七，4)。

　　H5：28，泥质红陶。宽唇内斜，溜肩。器身饰由弦纹间隔的竖线纹地纵向波折纹。口径28.7、残高11.7厘米(图三七，5)。

　　此外，还有一类比较少见的陶敛口双竖系罐，此类罐为敛口，厚唇，短颈或无颈，溜肩，肩部置对称牛鼻状竖系。共2件。

　　H5：6，泥质黄陶。肩部双系残缺。肩部饰一圈由上下两周凹弦纹相夹的竖线纹地网格纹。口径25.6、残高6.5厘米(图三七，1)。

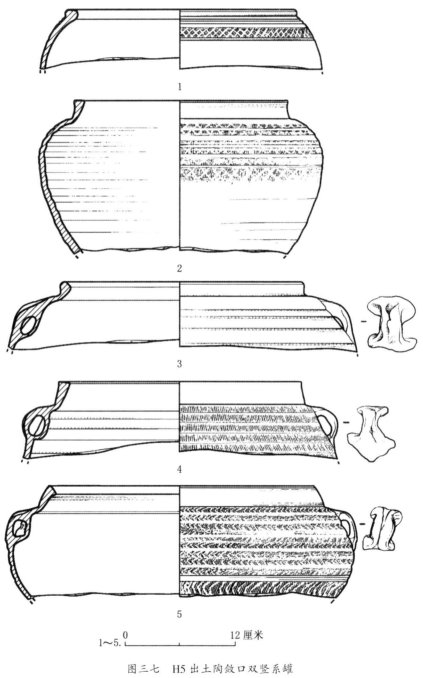

图三七　H5出土陶敛口双竖系罐
1. H5：6　2. H5：30　3. H5：63　4. H5：31　5. H5：28

H5：63，泥质灰陶。器身纹饰模糊，仅可见肩部的数圈凹弦纹。口径 26.2、残高 7.6 厘米（图三七，3）。

陶侈口双竖系罐　1 件。

H5：13，泥质灰陶。侈口，短束颈，鼓肩，弧腹，中腹以下残，肩部置对称牛鼻形双竖系。肩部饰凹弦纹，双系上模印叶脉纹。口径 21.6、残高 10 厘米（图三八，5）。

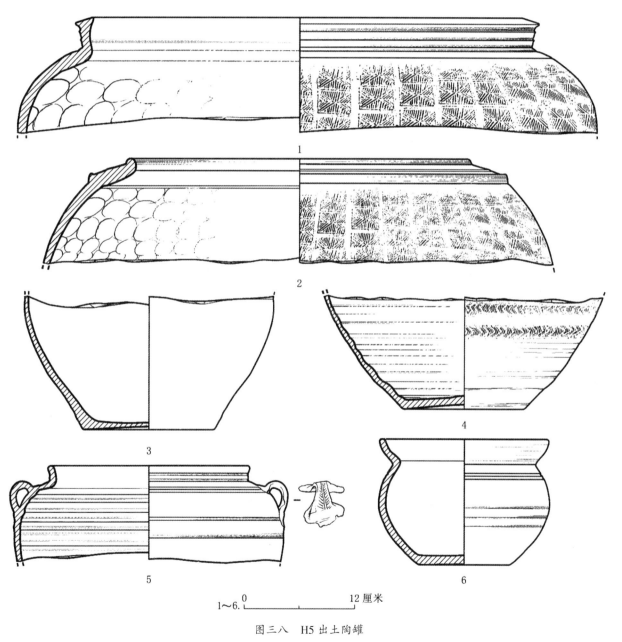

图三八　H5 出土陶罐

1. 陶直颈无系罐（H5：2）　2. 陶敛口无系罐（H5：8）　3、4. 陶罐（H5：5、12）

5. 陶侈口双竖系罐（H5：13）　6. 陶釜形罐（H5：27）

陶直颈无系罐　1件。

H5：2，泥质红陶。直口，厚唇，唇面外斜，直颈，溜肩，肩部以下残缺。肩部内壁有密集的指窝痕。颈部饰三周凹弦纹，肩部拍印竖线纹地重圈菱形纹。口径46.4、残高12.2厘米（图三八，1）。

陶敛口无系罐　1件。

H5：8，泥质红陶。敛口，宽厚唇，唇外起一圈凸棱，溜肩，肩部以下残缺。凸棱以下拍印竖线纹地重圈菱形纹。肩、腹部内壁有密集的指窝痕。口径36.6、残高11.3厘米（图三八，2）。

陶釜形罐　1件。

H5：27，泥质灰陶。宽折沿，沿面呈凹弧形，圆唇，束颈，溜肩，圆鼓腹，平底。肩部饰两周凹弦纹，器表中下部有轮制痕迹。口径18.7、底径10.1、高13.3厘米（图三八，6；彩版一四，1）。

陶罐　2件。仅存下半部。均为泥质灰陶。弧腹内收，平底内凹。

H5：5，纹饰模糊不清。底径14.2、残高14厘米（图三八，3）。

H5：12，腹部饰间断竖线纹地纵向波折纹。底径13.4、残高11.7厘米（图三八，4）。

陶折沿盆　17件。平折沿，一般为尖圆唇，有的下缘起棱，弧腹内收，平底，肩部一般饰二至三周弦纹。多数仅残存上半部。

H5：9，泥质灰陶。口径38.6、残高6.3厘米（图三九，1）。

H5：37，泥质黄陶。口沿下缘起棱。口径37.8、残高4.3厘米（图三九，2）。

H5：10，泥质灰陶。口径37.3、残高7.1厘米（图三九，3）。

H5：41，泥质黄陶。方唇。口径36.6、残高7.9厘米（图三九，4）。

H5：11，泥质灰陶。口径35、残高5厘米（图三九，5）。

H5：39，泥质黄陶。口沿下缘起棱。口径37.6、残高4.4厘米（图三九，6）。

H5：38，泥质灰陶。口沿下缘起棱。口径34、底径18.1、高14.9厘米（图三九，7；彩版一四，2）。

H5：57，泥质灰陶。口径28.9、残高4.7厘米（图三九，8）。

H5：42，泥质红陶。口沿下缘起棱。口径40.9、残高13.4厘米（图三九，9）。

H5：48，泥质黄陶。沿面饰一周竖线纹地网格纹。口径39.4、残高4.2厘米（图三九，10）。

H5：17，泥质黄陶。肩部饰由弦纹间隔的竖线纹。口径56.7、残高6.4厘米（图三九，11）。

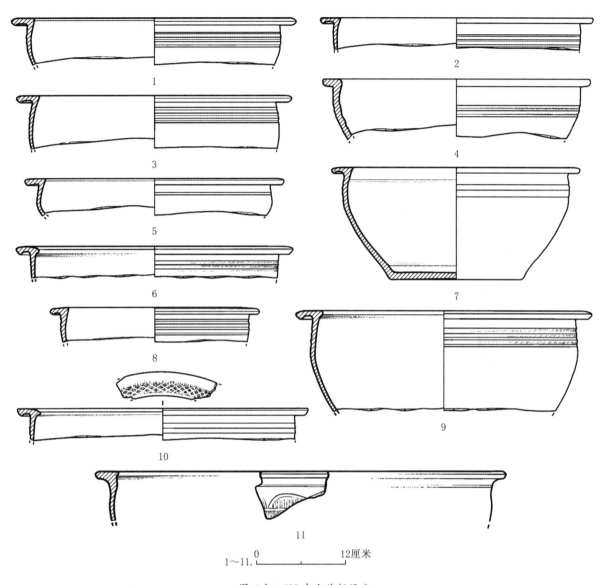

图三九 H5 出土陶折沿盆

1. H5：9　2. H5：37　3. H5：10　4. H5：41　5. H5：11　6. H5：39　7. H5：38　8. H5：57
9. H5：42　10. H5：48　11. H5：17

H5：47，泥质黄陶。口沿下缘起棱。口径 39.8、残高 6.5 厘米（图四〇，1）。

H5：53，泥质黄陶。口径 43.8、残高 11.2 厘米（图四〇，2）。

H5：44，泥质黄陶。口沿下缘起棱。口径 46、残高 4.4 厘米（图四〇，3）。

H5：20，泥质灰陶。器身饰竖线纹地纵向波折纹。口径 30.2、残高 6.7 厘米（图四〇，4）。

H5：56，泥质灰陶。沿面饰一周竖线纹地网格纹。口径 29.6、残高 4.9 厘米（图四〇，5）。

H5：60，泥质灰陶。沿面饰一周竖线纹地网格纹。口径 37.5、残高 3.7 厘米（图四〇，6）。

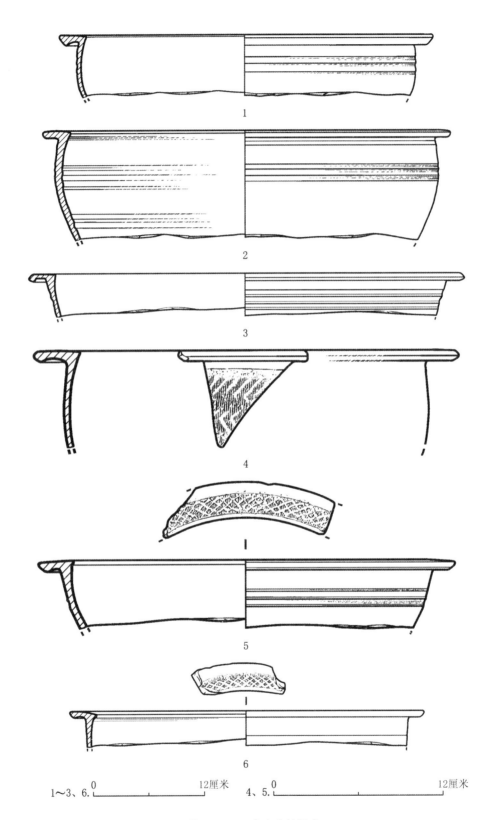

图四〇　H5 出土陶折沿盆

1. H5：47　2. H5：53　3. H5：44　4. H5：20　5. H5：56　6. H5：60

陶敛口盆　3件。敛口，鼓肩，斜腹，平底。

H5：34，泥质黄陶。下腹及底残。肩部饰一周竖线纹地横"V"字纹带。口径20.9、残高6.5厘米(图四一，1)。

H5：35，泥质灰陶。肩部饰间断竖线纹。口径23.6、底径11.5、高10.1厘米(图四一，2；彩版一四，3)。

H5：36，泥质灰陶。肩部饰竖线纹。口径20.6、底径12.1、高11厘米(图四一，3；彩版一四，4)。

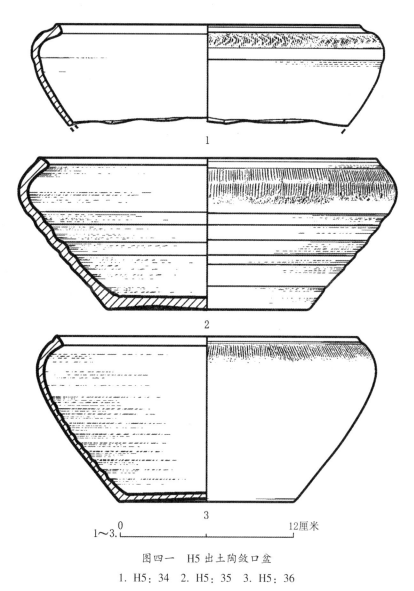

图四一　H5出土陶敛口盆
1. H5：34　2. H5：35　3. H5：36

陶灯　3件。

H5：55，泥质红陶。仅存承柱，为侈口，中空，喇叭状底。残高8.7厘米(图四二，5)。

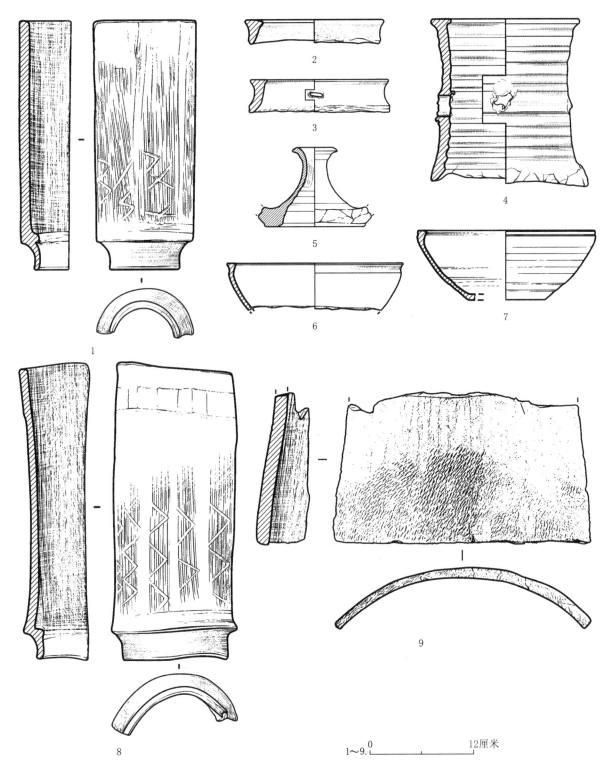

图四二　H5 出土陶器

1、8. 陶筒瓦(H5：43、40)　2~4. 陶筒形支烧具(H5：50、52、54)　5~7. 陶灯(H5：55、62、61)
9. 陶板瓦(H5：1)

H5：62，泥质黄陶。仅存承盘，为敛口，斜弧腹，底残，口沿外有一圈凹弦纹。口径20.3、残高5.2厘米(图四二，6)。

H5：61，泥质红陶。仅存承盘，为敛口，斜弧腹，底残，口沿外有一圈凹弦纹。口径20.5、残高7.8厘米(图四二，7)。

陶筒瓦　2件。均为泥质灰陶。凸面饰竖线纹地波折纹，凹面饰布纹。

H5：43，通长27.8、宽11.8、高5.5厘米(图四二，1；彩版一四，6)。

H5：40，通长33.8、宽14.5、高6厘米(图四二，8；彩版一四，5)。

陶板瓦　1件。

H5：1，泥质灰陶。平面呈梯形，窄端残。凸面宽端饰绳纹，凹面饰布纹。最大宽度30、残长17.2厘米(图四二，9)。

陶筒形支烧具　3件。上下通透，托面与器壁的截面呈"T"字形，托面平坦，束腰，底外撇。

H5：50，泥质灰陶。表面局部呈砖红色。托面直径15.9、高2.7厘米(图四二，2)。

H5：52，泥质灰陶。腹中部有对称的两个椭圆形穿孔。托面直径16、高3.7厘米(图四二，3)。

H5：54，泥质灰陶。底呈斜削状，底部内壁有一圈指窝痕。腹中部有四个两两对称的穿孔。托面直径17.1、高18.7厘米(图四二，4；彩版一五，1)。

4. H7

H7位于ⅠT0101、ⅠT0201、ⅣT0201、ⅣT0101内。开口于中发掘区第⑪层下，打破第⑫层。H7平面形状为椭圆形，弧壁，圜底。坑壁与坑底均较为粗糙。坑口东西最大径12.3、南北最大径9、深0.4米(图四三)。坑内堆积在湿润状态下为黑褐色，晒干后呈白色，土质细腻、较纯净，此类堆积当为制作瓷器的高岭土。出土遗物有陶、瓷片，可辨器形有青瓷碗、陶敛口双竖系罐、直颈无系罐、折沿盆等。H7的功能当为练泥池。

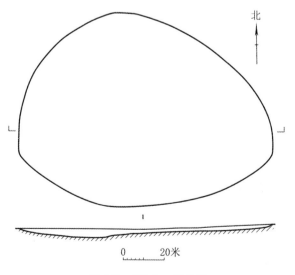

北

0　　20米

图四三　H7平、剖面图

青瓷碗 1件。

H7：2，青绿色釉，有开片，脱釉严重，灰白胎，胎质致密。侈口，微弧腹，大平底。内底心戳印几何纹饰。口径14.8、底径10.5、高5.3厘米(图四四；彩版一五，2)。

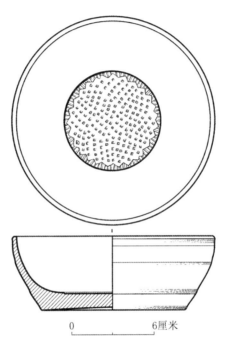

图四四 H7出土青瓷碗(H7：2)

陶敛口双竖系罐 4件。敛口，宽唇内斜，斜直颈，溜肩，肩部置对称牛鼻状竖系。

H7：4，泥质灰陶。肩部双系残。器身饰由弦纹间隔的竖线纹地纵向波折纹。口径24.1、残高1.3厘米(图四五，1)。

H7：9，泥质红陶。器身饰由弦纹间隔的网格纹。口径17.9、残高7厘米(图四五，3)。

H7：5，泥质灰陶。肩部双系残缺。器身饰由弦纹间隔的竖线纹地纵向波折纹。口径10.9、残高8.3厘米(图四五，5)。

H7：6，泥质红褐陶。残存肩部以下部分。弧腹，平底。上腹部饰由弦纹间隔的网格纹。腹径23.1、底径10.9、残高17.1厘米(图四五，8)。

陶直颈无系罐 1件。

H7：3，泥质红褐陶。直口，宽平唇，直颈，广肩，肩部以下残。颈部有两周凹弦纹，肩部模印叶脉纹。口径41.1、残高5.5厘米(图四五，7)。

陶罐 1件。仅存下半部。

H7：1，泥质灰陶。弧腹，平底。底径12.8、残高11.8厘米(图四五，6)。

陶折沿盆 2件。

H7：7，泥质灰陶。宽仰折沿，弧腹，中腹以下残。上腹部饰三周凹弦纹。口径28.4、残高6厘米(图四五，2)。

H7：8，泥质红陶。窄仰折沿，弧腹，平底。上腹部饰三周凹弦纹。口径28、底径19、高12厘米(图四五，4)。

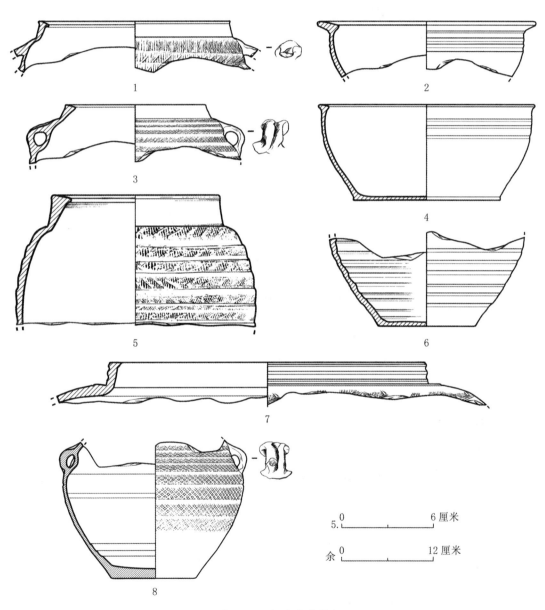

图四五 H7出土陶器

1、3、5、8.陶敛口双竖系罐(H7：4、9、5、6) 2、4.陶折沿盆(H7：7、8) 6.陶罐(H7：1)

7.陶直颈无系罐(H7：3)

5. H8

H8 位于Ⅳ T0301 南部，开口于中发掘区⑫层下，被 H13 打破，打破生土层，坑口距地表 1.2 米。H8 平面形状为椭圆形，坑壁较直，平底。坑壁和坑底无修整痕迹。坑口长 1.69、宽 0.8、坑底距坑口深 0.26 米(图四六)。坑内堆积为灰色黏土，土质较致密，呈水平状。H8 出土遗物较少，可辨器形有陶筒形支烧具。

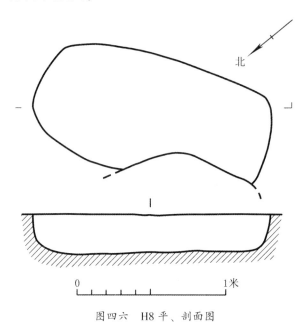

图四六　H8 平、剖面图

陶筒形支烧具　1 件。

H8：1，器表呈灰色，局部有黑褐色窑汗，胎呈红褐色。托面由内向外倾斜，腹壁较直，中部有两个对称的不规则椭圆形穿孔，底呈斜削状。托面直径 17、高 8 厘米(图四七；彩版一五，3)。

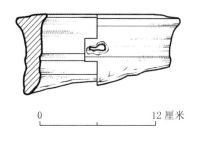

图四七　H8 出土陶筒形支烧具(H8：1)

6. H9

H9位于IVT0201东南部，部分伸入IVT0202内，开口于中发掘区⑩层下，打破⑪层，坑口距地表约1.1米。H9平面形状为弧角方形，弧壁，圜底。坑壁与坑底均较为粗糙。坑口南北长5.79、东西最大宽度3.7、坑底距坑口深0.22米。坑内堆积可分为两层，上层为黑灰色黏土，土质较致密，包含较多红烧土颗粒和陶片，厚0.14米；下层为灰色夹褐色斑点黏土，土质较致密，包含物较少，厚0.08米。出土遗物的可辨器形有陶敛口双竖系罐、直口罐、筒形支烧具等(图四八)。

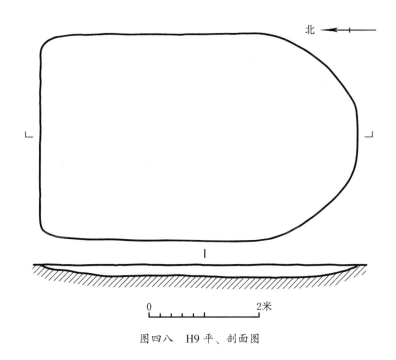

北 ←

0　　　　　　2米

图四八　H9平、剖面图

陶敛口双竖系罐　1件。

H9：1，泥质黄陶。敛口，斜直颈，溜肩，肩部双系残缺。器身饰由弦纹间隔的竖线纹。口径15.2、残高4.4厘米(图四九，4)。

陶直口罐　1件。

H9：2，泥质红陶。直口，尖圆唇，直颈，溜肩，肩部系残缺。肩部饰两周凸弦纹，其下饰方格纹。口径25.6、残高7.3厘米(图四九，2)。

陶罐　1件。仅存底部。

H9：4，泥质灰陶。腹壁斜直，平底内凹。底径13.2、残高7.6厘米(图四九，1)。

陶筒形支烧具　1件。

H9：3，器表呈灰色，胎呈红褐色。托面平坦，腹壁较直，底部残缺，腹壁有两个对称的椭圆形穿孔。托面直径20、残高10.1厘米（图四九，3）。

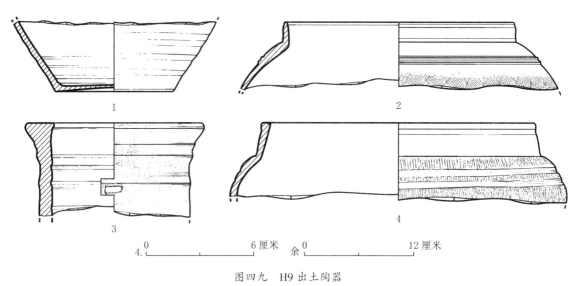

图四九　H9 出土陶器

1. 陶罐（H9：4）　2. 陶直口罐（H9：2）　3. 陶筒形支烧具（H9：3）　4. 陶敛口双竖系罐（H9：1）

7. H13

H13 位于ⅣT0301 南部，开口于中发掘区⑫层下，打破 H8，坑口距地表 1.2 米。H13 平面形状为椭圆形，弧壁，圜底。坑壁和坑底无修整痕迹。坑口南北长 2.15、东西宽 1.3、坑底距坑口深 0.25 米（图五〇）。坑内堆积为灰色黏土，土质较致密，呈水平状，包含有少量陶片。H13 出土遗物中无可辨器形。

8. H22

H22 位于ⅣT0201 中南部，开口于中发掘区⑫层下，叠压在 H35 上，打破 F1，坑口距地表约 1.7 米。H22 平面形状为圆形，弧壁，平底。坑壁与坑底均较为粗糙。坑口东西长 4.2、南北宽 3.95、坑底距坑口深 0.25 米（图五一）。坑内堆积为黑灰色黏土，土质较致密，呈西高东低的缓坡状，包含大量红烧土块、陶片、砖瓦、窑具等。出土陶片的可辨器形有陶敛口双竖系罐、侈口双竖系罐、折沿盆等。

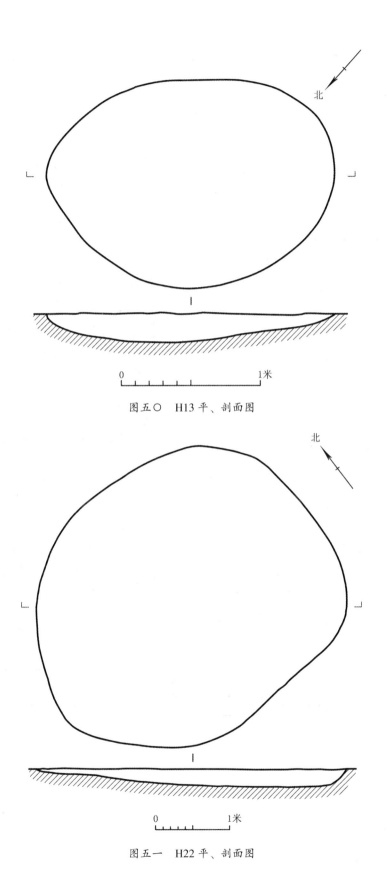

图五〇 H13 平、剖面图

图五一 H22 平、剖面图

陶敛口双竖系罐　**2件**。均为泥质灰陶。敛口，宽唇，溜肩，肩部双系残缺。器身饰由弦纹间隔的竖线纹地大网格纹。

H22：6，唇宽平，直颈。口径18、残高5.6厘米(图五二，2)。

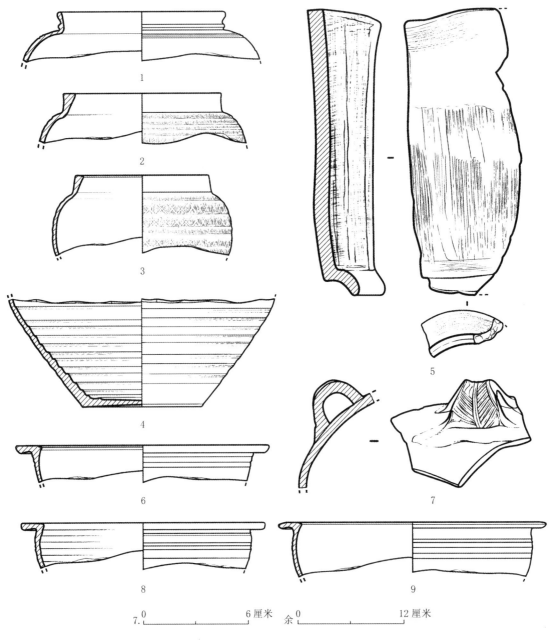

图五二　H22 出土陶器

1. 陶侈口双竖系罐(H22：5)　2、3. 陶敛口双竖系罐(H22：6、4)　4、7. 陶罐(H22：1、3)
5. 陶筒瓦(H22：2)　6、8、9. 陶折沿盆(H22：8、9、7)

H22：4，宽唇略内斜，斜直颈，上腹圆鼓。口径15.1、腹径20.7、残高8.7厘米(图五二，3)。

陶侈口双竖系罐 1件。

H22：5，泥质灰陶。侈口，圆唇，短颈，鼓肩，肩部双系残缺。颈部有一周凸棱，肩部饰三周凹弦纹。口径19.3、残高5.5厘米(图五二，1)。

陶罐 2件。

H22：1，泥质灰陶。残存底部。斜直腹，平底略内凹。有明显轮制痕迹。底径13.7、残高12厘米(图五二，4)。

H22：3，泥质灰陶。为肩部残片，附一牛鼻状竖系。系上模印叶脉纹(图五二，7)。

陶折沿盆 3件。均为泥质灰陶。残存上半部，为平折沿，弧腹。上腹部饰三周凹弦纹。

H22：8，圆唇。口径29、残高4.1厘米(图五二，6)。

H22：9，方唇。口径28、残高5.1厘米(图五二，8)。

H22：7，圆唇。口径30.4、残高6.1厘米(图五二，9)。

陶筒瓦 1件。

H22：2，泥质灰陶。凸面饰凸线纹，凹面饰布纹。长31.6厘米(图五二，5)。

9. H24

H24位于ⅣT0202中部，开口于中发掘区⑫层下，被G2部分打破，打破生土层，坑口距地表约1.37米。H24平面形状为椭圆形，弧壁，平底。坑壁与坑底均较为粗糙，无修整痕迹。坑口长0.9、宽0.72、坑底距坑口深0.08米(图五三)。灰坑内填土为黄褐色土，无出土器物。

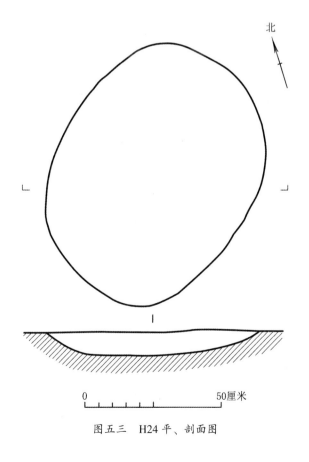

图五三 H24平、剖面图

10．H30

H30 位于ⅣT0101 西北部，部分伸入西壁内，开口于中发掘区⑫层下，打破生土层，坑口距地表 2 米。H30 平面形状为近心形，斜壁，平底。坑壁和坑底有修整痕迹。坑口东西长 2.3、南北宽 2.47、坑底距坑口深 0.8 米(图五四)。坑内填土为灰黄色夹黑斑黏土，土质较致密，呈南高北低的坡状，包含有少量陶片、瓦等。出土遗物的可辨器形有陶罐、筒瓦。

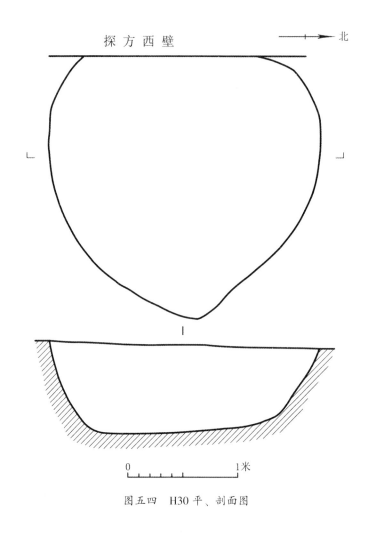

图五四　H30 平、剖面图

陶罐　1 件。

H30：3，泥质灰陶。残存下半部。斜弧腹，平底内凹。底径 15.9、残高 7.3 厘米(图五五，3)。

陶筒瓦　2件。均为泥质灰陶。凸面饰竖线纹和几何纹，凹面饰布纹。

H30：2，残长14.4、高7厘米(图五五，1)。

H30：1，残长14.9、高7.2厘米(图五五，2)。

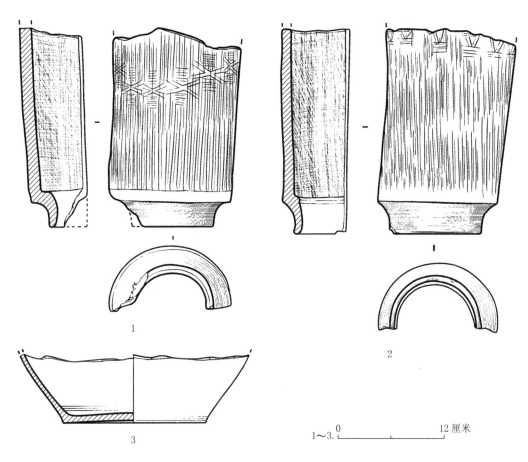

图五五　H30出土陶器

1、2.陶筒瓦(H30：2、1)　3.陶罐(H30：3)

11. H33

H33位于ⅣT0201东南部，开口于中发掘区⑫层下，打破F1，坑口距地表约1.5米。H33平面形状为椭圆形，直壁，圜底。坑壁与坑底均较为粗糙。坑口东西长1.08、南北宽0.96、坑底距坑口深0.1米(图五六)。坑内填土为灰色夹橙色斑点黏土，土质较致密，呈东高西低的缓坡状，包含有少量陶瓷片。出土遗物的可辨器形有青瓷盘口壶。

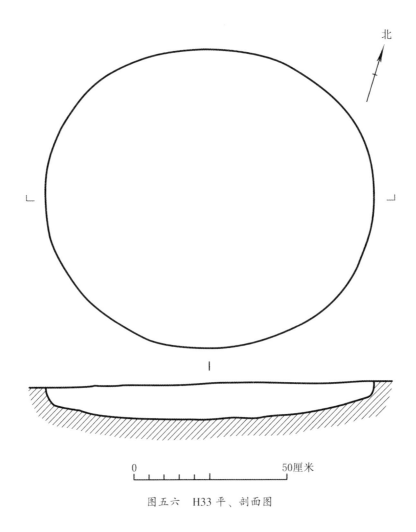

0　　　　　　　　　　　　50厘米

图五六　H33 平、剖面图

青瓷盘口壶　1件。

H33：1，釉已完全脱落，红褐胎，胎质较致密。残存口沿。口径12.2、残高4.6厘米(图五七)。

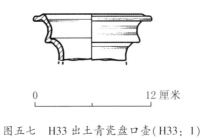

0　　　　　　　　12厘米

图五七　H33 出土青瓷盘口壶(H33：1)

12. H35

H35 位于Ⅳ T0201 西部，开口于 H22 之下，打破生土层，坑口距地表约 1.9 米。H35 平面形状为椭圆形，弧壁，圜底。坑壁与坑底均较为粗糙。坑口东西长 2.2、南北宽 1.9、坑底距坑口深 0.6 米（图五八）。坑内堆积为浅灰黄色夹橙色斑点黏土，土质较致密，呈水平状，包含有少量陶片、砖瓦等。出土陶片的可辨器形有陶折沿盆。

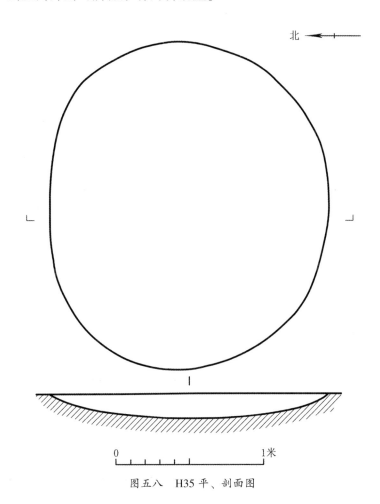

图五八　H35 平、剖面图

陶折沿盆　2 件。

H35：1，泥质灰陶。仰折沿，圆唇，斜弧腹。上腹部饰三周凹弦纹。口径 22.5、残高 8 厘米（图五九，1）。

H35：2，泥质红陶。平折沿略下翻，上腹较直。上腹部饰三周凹弦纹。口径 28.8、残高 5.7 厘米（图五九，2）。

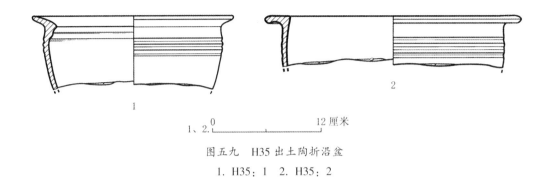

图五九　H35 出土陶折沿盆
1. H35：1　2. H35：2

四、灰沟

仅 1 条，即 G2。

G2 位于 IV T0202 内，呈东南-西北走向，G2 在探方西北部与 F1 的排水沟汇合后再向西延伸到探方西壁外。G2 开口位于 Y3 操作坑底部，打破 H24，开口距地表 1.4 米。G2 平面形状为长条沟状，弧壁，平底。G2 已发掘部分全长 6、宽 0.35~0.4、深 0.1~0.3 米。G2 内的填土可分两层，上层为黄褐色，厚约 0.08 米，下层为浅黄灰色夹红褐色斑点土，厚约 0.18 米（图六〇）。G2 内出土较多陶片和少量砖瓦、瓷片，可辨器形有青瓷碗、罐、陶敛口双竖系罐、敛口无系罐、折沿盆、筒瓦、筒形支烧具等。

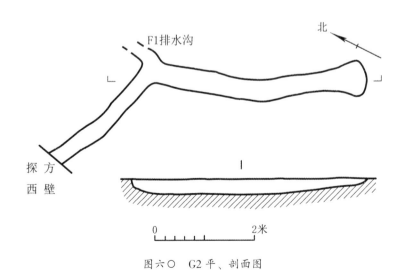

图六〇　G2 平、剖面图

青瓷碗　1 件。

G2：5，酱褐釉，红褐胎，胎釉结合差，胎体较致密。敛口，弧腹内收，底残。口沿外饰数圈凹弦纹。口径 15.8、残高 7.3 厘米(图六一，1)。

青瓷罐　1件。

G2：10，青黄釉，红褐胎，胎釉结合差，胎体较致密。仅存残片。肩部饰三圈凹弦纹，其下饰方格纹(彩版一五，4)。

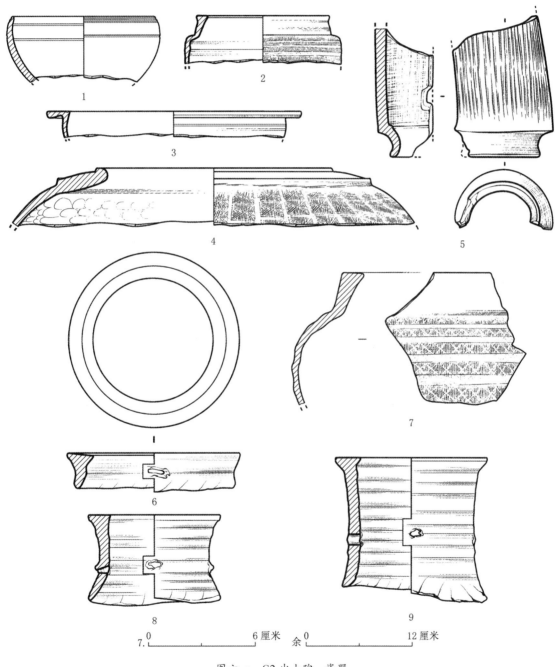

图六一　G2 出土陶、瓷器

1. 青瓷碗(G2：5)　2、7. 陶敛口双竖系罐(G2：2、3)　3. 陶折沿盆(G2：4)　4. 陶敛口无系罐(G2：6)

5. 陶筒瓦(G2：1)　6、8、9. 陶筒形支烧具(G2：7、8、9)

067

陶敛口双竖系罐　2件。均为泥质灰陶。敛口，宽平唇，斜直颈。

G2：2，鼓肩，上腹较直。器身饰由弦纹间隔的竖线纹。口径14.8、残高6.9厘米(图六一，2)。

G2：3，溜肩，上腹圆鼓。器身饰由弦纹间隔的竖线纹地大网格纹(图六一，7)。

陶敛口无系罐　1件。

G2：6，泥质红陶。敛口，宽厚唇，唇外起一圈凸棱，溜肩，肩部以下残缺，肩部内壁有密集的指窝痕。器身模印竖线纹地重圈菱形纹。口径26.6、残高6.4厘米(图六一，4)。

陶折沿盆　1件。

G2：4，泥质灰陶。平折沿，弧腹。沿面内侧有一周凹弦纹，上腹部饰两周凹弦纹。口径28.5、残高2.8厘米(图六一，3)。

陶筒瓦　1件。

G2：1，泥质灰陶。凸面饰竖线纹，凹面饰布纹。残长15.4、宽11.2、高6.6厘米(图六一，5)。

陶筒形支烧具　3件。器表呈灰色，胎呈红褐色。上下通透，托面与器壁的截面呈"T"字形，束腰，底外撇、呈斜削状。

G2：7，托面内斜，腹中部有两个对称的椭圆形穿孔。托面中部有一圈凹弦纹。托面直径19.1、高4厘米(图六一，6；彩版一五，5)。

G2：8，托面平坦，中腹偏下有四个两两对称的不规则形穿孔。托面直径14.9、高10.1厘米(图六一，8)。

G2：9，托面平坦，中腹偏下有四个两两对称的不规则形穿孔。托面中部有一圈凹弦纹。托面直径17.2、高15.8厘米(图六一，9；彩版一五，6)。

五、水井

共1口，即J1。

J1位于ⅠT0201中部偏西，开口于中发掘区⑫层下，打破生土层。J1平面形状为圆形，直壁，井口直径1.3米(图六二；彩版四，2)。由于地下水位高，J1发掘到2米深时即中止。井内填土为青灰色黏土，较纯净。J1出土青瓷双横系罐1件。

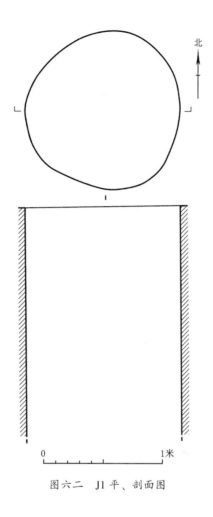

图六二　J1平、剖面图

青瓷双横系罐　1件。

J1：1，器表施一层较薄的青褐釉，大部分已经脱落，红褐胎，胎质较致密。直口，短直颈，鼓肩，肩部置对称双横系，圆鼓腹，平底内凹。双横系下有一周凹弦纹。口径7.5、腹径9.8、底径7.6、高9.1厘米(图六三；彩版一六，1)。

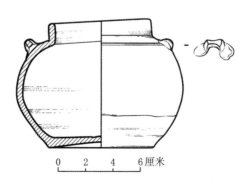

图六三　J1出土青瓷双横系罐(J1：1)

第四章　南发掘区文化遗存

第一节　地层堆积与出土遗物

一、地层堆积

南发掘区的地层堆积可分为五层，以ⅢT0107北壁剖面为例介绍如下(图六四)。

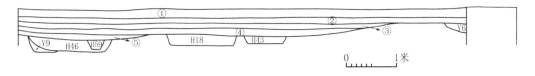

图六四　ⅢT0107北壁剖面图

第①层：深褐色土，土质疏松，包含大量农作物根茎，并夹杂有较多塑料薄膜。出土遗物以晚期青花瓷片为主。该层厚0.05~0.2米，为现代耕土层。

第②层：黄褐色土，土质较疏松，包含有植物根茎及红烧土颗粒。出土遗物有灰陶片及晚期青花瓷、白瓷片等。该层厚0.05~0.18米，为近现代层。

第③层：黄灰色夹黑斑土，土质较致密。出土遗物以明清青花瓷片为主，也有唐宋青瓷片、陶片等。该层分布于除东南角外的全方，厚0.2米，为明清文化层。

第④层：深黄灰色土，土质较致密。出土遗物以唐宋青瓷片为主。该层厚

0~0.55米，为唐宋文化层。

第⑤层：灰白色土，包含有较多红烧土颗粒。出土遗物为六朝陶瓷片、砖瓦。该层厚0~0.25米，为六朝文化层。

二、出土遗物

南发掘区第①至④层为唐宋及其以后的地层堆积，未发现属于这一时期的遗迹。地层中出土遗物较少，并且以晚期陶瓷片为主。这里仅介绍第⑤层出土遗物。第⑤层出土遗物的可辨器形有青瓷直颈横系罐、直颈无系罐、壶、碗，陶敛口双竖系罐、直口横系罐、直口双竖系罐、敛口无系罐、直颈无系罐、折沿盆等。

青瓷直颈横系罐　2件。直口，直颈，鼓肩，肩部置对称桥形横系。口沿外有一周凹槽，器身拍印席纹。

ⅢT0107⑤：14，青黄釉，红褐胎，胎釉结合差，胎体致密。口径25、残高6厘米(图六五，1)。

ⅢT0107⑤：12，釉已脱落，红褐胎，胎质致密。腹内壁有密集的指窝痕。口径20.6、残高5.5厘米(图六五，3)。

青瓷直颈无系罐　1件。

ⅢT0106⑤：18，酱褐釉，积釉处颜色较深，红褐胎，胎质致密。器体变形严重，敛口，宽平唇，直颈，广肩。颈部饰三周凹弦纹(图六五，5；彩版一六，2)。

青瓷罐　2件。

ⅢT0107⑤：18，釉已脱落，红褐胎，胎体致密。仅存底部。斜弧腹内收，平底内凹。腹内壁有密集的指窝痕。器身拍印席纹。底径17、残高7.6厘米(图六五，4)。

ⅢT0107⑤：46，青黄釉，胎釉结合较差，红褐胎，胎体致密。仅存底部。器表饰叶脉纹(彩版一六，3)。

青瓷壶　3件。青黄釉，红褐胎，胎土细腻，胎体较致密。两件残存肩、腹部，均为扁鼓腹，肩部置牛鼻状竖系，系上模印叶脉纹，一件仅存颈、肩部残片。

ⅢT0106⑤：20，胎釉结合差。系下饰一周水波纹，腹部饰密集凹弦纹(图六五，6)。

ⅢT0107⑤：19，积釉处呈黑色，器表粘有窑渣。肩、腹部为素面(图六五，7；彩版一六，4)。

ⅢT0107⑤：45，积釉处颜色较深。肩部饰弦纹(彩版一六，5)。

青瓷碗　1件。

ⅢT0107⑤：36，釉已脱落，灰白胎，胎质致密。敞口，口沿外有一周凹槽，斜弧腹内收，平底内凹。口径14.6、底径7.2、高4.7厘米(图六五，2)。

青瓷残片　**2件**。器形不明，系过烧后的残次品。青黄釉，红褐胎。

ⅢT0107⑤：47，器表有二圈凹弦纹(彩版一六，6；彩版一七，1)。

ⅢT0107⑤：48，素面(彩版一七，2)。

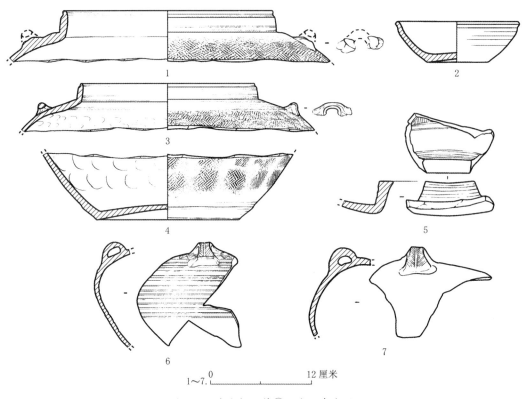

图六五　南发掘区第⑤层出土青瓷器

1、3. 青瓷直颈横系罐(ⅢT0107⑤：14、12)　2. 青瓷碗(ⅢT0107⑤：36)　4. 青瓷罐(ⅢT0107⑤：18)
5. 青瓷直颈无系罐(ⅢT0106⑤：18)　6、7. 青瓷壶(ⅢT0106⑤：20、ⅢT0107⑤：19)

陶敛口双竖系罐　**18件**。敛口，宽唇，唇面多内斜，一般为斜直颈、溜肩，肩部置对称牛鼻状竖系。

ⅢT0106⑤：3，泥质黄陶。器身饰由弦纹间隔的竖线纹地网格纹。口径21.2、残高7.7厘米(图六六，1)。

ⅢT0106⑤：13，泥质灰陶。器身饰由弦纹间隔的竖线纹地纵向波折纹。口径16.8、残高6.8厘米(图六六，2)。

ⅢT0106⑤：6，泥质灰陶。肩部双系残。器身饰由弦纹间隔的竖线纹地纵向波折纹。口径23.6、残高5.9厘米(图六六，3)。

ⅢT0106⑤：8，泥质红陶。器身饰由弦纹间隔的竖线纹地纵向波折纹。口径14.4、残高7.2厘米(图六六，4)。

图六六　南发掘区第⑤层出土陶敛口双竖系罐

1. ⅢT0106⑤：3　2. ⅢT0106⑤：13　3. ⅢT0106⑤：6　4. ⅢT0106⑤：8　5. ⅢT0106⑤：5
6. ⅢT0106⑤：12　7. ⅢT0106⑤：14　8. ⅢT0106⑤：22　9. ⅢT0106⑤：29　10. ⅢT0106⑤：23
11. ⅢT0106⑤：28　12. ⅢT0106⑤：30　13. ⅢT0107⑤：34　14. ⅢT0107⑤：37　15. ⅢT0107⑤：1
16. ⅢT0107⑤：2　17. ⅢT0107⑤：40　18. ⅢT0107⑤：3

ⅢT0106⑤：5，泥质灰陶。器身纹饰模糊，仅可见数圈凹弦纹。口径20.4、残高7.8厘米（图六六，5）。

ⅢT0106⑤：12，泥质灰陶。肩部双系残缺。器身饰由弦纹间隔的竖线纹地纵向波折纹。口径18.1、残高6.8厘米（图六六，6）。

ⅢT0106⑤：14，泥质灰陶。肩部双系残缺。器身饰由弦纹间隔的竖线纹地纵向波折纹。口径22.2、残高5.7厘米（图六六，7）。

ⅢT0106⑤：22，泥质灰陶。肩部双系残缺。器身饰由弦纹间隔的竖线纹地纵向波折纹。口径22、残高6.6厘米（图六六，8）。

ⅢT0106⑤：29，泥质灰陶。肩部双系残缺。器身饰竖线纹地网格纹。口径26、残高4.8厘米（图六六，9）。

ⅢT0106⑤：23，泥质红陶。肩部双系残缺。器身饰由弦纹间隔的竖线纹地纵向波折纹。口径19.2、残高5.1厘米（图六六，10）。

ⅢT0106⑤：28，泥质灰陶。肩部双系残缺。器身饰由弦纹间隔的竖线纹地纵向波折纹。口径21.6、残高7.3厘米（图六六，11）。

ⅢT0106⑤：30，泥质灰陶。肩部双系残缺。器身饰竖线纹地纵向波折纹。口径16.8、残高6.6厘米（图六六，12）。

ⅢT0107⑤：34，泥质灰陶。肩部双系残缺。器身饰由弦纹间隔的竖线纹地纵向波折纹。口径18.6、残高4.9厘米（图六六，13）。

ⅢT0107⑤：37，泥质黄陶。宽唇稍内斜，直颈，肩部双系残缺。器身饰由弦纹间隔的网格纹。口径21、残高3.8厘米（图六六，14）。

ⅢT0107⑤：1，泥质灰陶。肩部双系残缺。器身饰间断竖线纹地纵向波折纹。口径21.6、残高6厘米（图六六，15）。

ⅢT0107⑤：2，泥质灰陶。肩部双系残缺。器身饰由弦纹间隔的竖线纹地短斜线纹。口径21、残高5厘米（图六六，16）。

ⅢT0107⑤：40，泥质红陶。鼓肩，肩部双系残缺。器身饰间断竖线纹。口径34、残高4.5厘米（图六六，17）。

ⅢT0107⑤：3，泥质红陶。仅存残片，器身变形严重。器身饰间断竖线纹（图六六，18）。

陶直口横系罐　2件。直口，直颈，鼓肩，肩部置对称桥形横系。腹内壁有密集的指窝痕。口沿外有一周凹弦纹。

ⅢT0107⑤：11，泥质红陶。器身拍印竖线纹地重圈菱形纹。口径20.5、残高8.3厘米（图六七，3）。

ⅢT0107⑤：16，泥质灰陶。器身拍印菱形纹。口径23.2、残高6.9厘米（图六七，5）。

陶直口双竖系罐 1件。

ⅢT0107⑤：39，泥质灰陶。直口，直颈，鼓肩，肩部置双泥条形竖系，上腹圆鼓，下腹弧收，底残。肩部上方饰两周凹弦纹。口径7.1、残高8.2厘米（图六七，4）。

陶敛口无系罐 1件。

ⅢT0107⑤：13，泥质红陶。敛口，宽厚唇，唇外起一圈凸棱，溜肩，肩部以下残缺。腹内壁有密集的指窝痕。器身拍印竖线纹地重圈菱形纹。口径29.6、残高6.6厘米（图六七，1）。

陶直颈无系罐 1件。

ⅢT0106⑤：27，泥质红褐陶。敛口，宽平唇，直颈，广肩。内腹壁有密集的指窝痕。唇面有一周凹弦纹，颈部有两周凹弦纹。口径44、残高14.3厘米（图六七，2）。

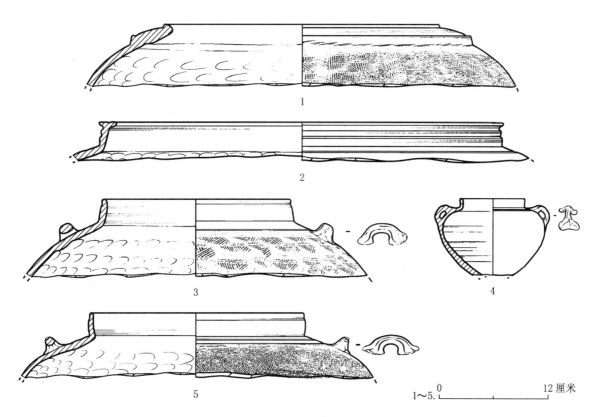

图六七 南发掘区第⑤层出土陶罐

1. 陶敛口无系罐（ⅢT0107⑤：13） 2. 陶直颈无系罐（ⅢT0106⑤：27）

3、5. 陶直口横系罐（ⅢT0107⑤：11、16） 4. 陶直口双竖系罐（ⅢT0107⑤：39）

陶罐　10件。仅存底部。

ⅢT0107⑤：42，泥质灰陶。斜直腹内收，平底内凹。底径14.4、残高5.4厘米(图六八，1)。

ⅢT0107⑤：43，泥质灰陶。斜直腹内收，平底内凹。底径12、残高7.6厘米(图六八，2)。

ⅢT0107⑤：32，泥质红陶。斜直腹内收，平底微凹。底径14.2、残高5.7厘米(图六八，3)。

ⅢT0107⑤：15，泥质灰陶。斜直腹内收，平底。底径11.6、残高8厘米(图六八，4)。

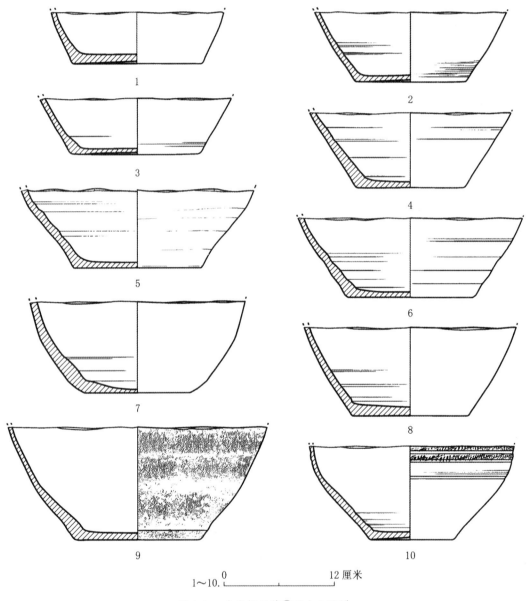

图六八　南发掘区第⑤层出土陶罐

1. ⅢT0107⑤：42　2. ⅢT0107⑤：43　3. ⅢT0107⑤：32　4. ⅢT0107⑤：15　5. ⅢT0106⑤：1

6. ⅢT0107⑤：35　7. ⅢT0107⑤：33　8. ⅢT0107⑤：44　9. ⅢT0107⑤：38　10. ⅢT0107⑤：41

ⅢT0106⑤：1，泥质黄陶。斜弧腹内收，平底。底径 14.3、残高 8.5 厘米(图六八，5)。

ⅢT0107⑤：35，泥质红陶。斜直腹内收，平底。底径 13.8、残高 8.4 厘米(图六八，6)。

ⅢT0107⑤：33，泥质灰陶。弧腹内收，平底。底径 11.5、残高 9.7 厘米(图六八，7)。

ⅢT0107⑤：44，泥质灰陶。斜直腹内收，平底。底径 12.8、残高 9.3 厘米(图六八，8)。

ⅢT0107⑤：38，泥质红陶。弧腹内收，平底。器身拍印菱形纹。底径 12.2、残高 12 厘米 (图六八，9)。

ⅢT0107⑤：41，泥质灰陶。弧腹内收，平底内凹。器身饰由弦纹间隔的竖线纹地短斜线纹。底径 9.2、残高 9.9 厘米(图六八，10)。

陶折沿盆 **8 件。** 均残存上半部，一般为平折沿，下缘起棱，弧腹。上腹部饰二至三周凹弦纹。

ⅢT0106⑤：26，泥质灰陶。口径 31.6、残高 3.6 厘米(图六九，1)。

ⅢT0107⑤：4，泥质黄陶。平折沿略下翻。口径 32.8、残高 4.1 厘米(图六九，2)。

ⅢT0107⑤：17，泥质灰陶。口径 30.6、残高 3.6 厘米(图六九，3)。

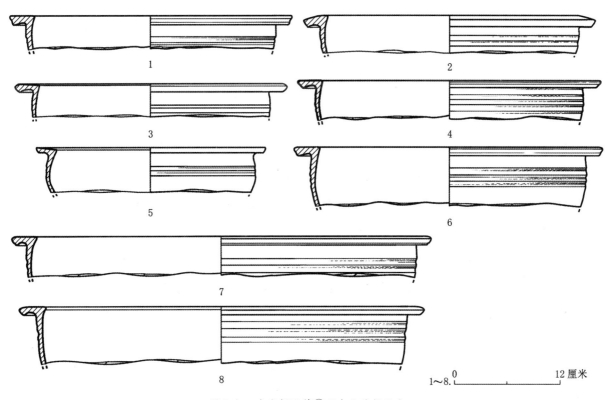

图六九　南发掘区第⑤层出土陶折沿盆
1. ⅢT0106⑤：26　2. ⅢT0107⑤：4　3. ⅢT0107⑤：17　4. ⅢT0106⑤：24
5. ⅢT0107⑤：5　6. ⅢT0106⑤：25　7. ⅢT0106⑤：2　8. ⅢT0106⑤：16

ⅢT0106⑤：24，泥质红陶。口径34.2、残高4.3厘米(图六九，4)。

ⅢT0107⑤：5，泥质灰陶。仰折沿。口径25.6、残高4.9厘米(图六九，5)。

ⅢT0106⑤：25，泥质灰陶。口径34.8、残高6.4厘米(图六九，6)。

ⅢT0106⑤：2，泥质黄陶。口径46.8、残高4.4厘米(图六九，7)。

ⅢT0106⑤：16，泥质灰陶。口径45.4、残高6.2厘米(图六九，8)。

陶筒形支烧具 26件。器表一般呈灰色或青灰色，胎呈红褐色，胎体坚硬。上下通透，托面与器壁的截面呈"T"字形，一般为束腰、底外撇。

ⅢT0106⑤：4，器表局部附有褐色窑汗。腹壁较直，上腹部有四个两两对称的圆形穿孔。托面直径18.9、高22.6厘米(图七〇，1；彩版一七，3)。

ⅢT0106⑤：9，腹中部有两个对称的椭圆形穿孔。托面直径18.4、高6.4厘米(图七〇，2)。

ⅢT0106⑤：19，底部一圈呈砖红色。底呈斜削状，腹中部有两个对称的椭圆形穿孔。托面直径20.6、高8.5厘米(图七〇，3)。

ⅢT0106⑤：10，底呈斜削状，腹中部有两个对称的不规则椭圆形穿孔。托面中部有一周凹弦纹。托面直径21.2、高10.6厘米(图七〇，4)。

ⅢT0106⑤：21，泥质灰陶，底部一圈呈砖红色。底呈斜削状，腹中部有四个两两对称的椭圆形穿孔。托面直径18.2、高8.4厘米(图七〇，5)。

ⅢT0106⑤：17，底部一圈呈砖红色。腹中部有两个对称的椭圆形穿孔。托面直径17.8、高6.4厘米(图七〇，6)。

ⅢT0106⑤：15，器表局部附有褐色窑汗。底呈斜削状，腹壁上部有两个对称的椭圆形穿孔。托面上有一周凹弦纹。托面直径13.3、高8.4厘米(图七〇，7)。

ⅢT0107⑤：7，泥质红陶，胎体坚硬。腹中部有两个对称的椭圆形穿孔。托面中部有一周凹弦纹。托面直径16.7、高8.4厘米(图七〇，8)。

ⅢT0107⑤：8，底部一圈呈砖红色。底呈斜削状，腹中部有四个两两对称的圆形穿孔。托面中部有一周较宽的凹槽。托面直径18.8、高10.5厘米(图七〇，9；彩版一七，6)。

ⅢT0107⑤：10，底呈斜削状，腹中部有两个对称的圆形穿孔。托面中部有一周较宽的凹槽。托面直径14.9、高7.7厘米(图七〇，10)。

ⅢT0107⑤：6，底呈斜削状，腹中部有四个两两对称的椭圆形穿孔。托面直径17.8、高20.2厘米(图七〇，11；彩版一七，5)。

ⅢT0106⑤：7，托面略外斜，腹中部有四个两两对称的不规形穿孔。托面直径16、高16.3厘米(图七〇，12；彩版一七，4)。

ⅢT0106⑤：11，泥质灰陶，底部一圈呈砖红色。托面稍内斜，腹中部有两个对称的椭圆形穿孔。托面直径15.8、高4.2厘米(图七〇，13)。

1～15. 0 _____ 12厘米

图七〇　南发掘区第⑤层出土陶筒形支烧具

1. ⅢT0106⑤：4　2. ⅢT0106⑤：9　3. ⅢT0106⑤：19　4. ⅢT0106⑤：10　5. ⅢT0106⑤：21
6. ⅢT0106⑤：17　7. ⅢT0106⑤：15　8. ⅢT0107⑤：7　9. ⅢT0107⑤：8　10. ⅢT0107⑤：10
11. ⅢT0107⑤：6　12. ⅢT0106⑤：7　13. ⅢT0106⑤：11　14. ⅢT0107⑤：9　15. ⅢT0107⑤：20

ⅢT0107⑤：9，泥质红陶。托面直径15.2、高4厘米(图七〇，14)。

ⅢT0107⑤：20，器表局部附有褐色窑汗。托面上有一周凹槽。腹中部有两个对称的椭圆形穿孔。托面直径17、高7.4厘米(图七〇，15)。

ⅢT0107⑤：21，托面内斜。腹中部有两个对称的圆形穿孔。托面直径21.2、高5.7厘米(图七一，1)。

ⅢT0107⑤：22，底呈斜削状。托面直径15.6、高4.2厘米(图七一，2)。

ⅢT0107⑤：23，腹壁内斜，底呈斜削状。托面直径22.4、高5厘米(图七一，3)。

ⅢT0107⑤：24，底部一圈呈砖红色。底呈斜削状。托面直径16.2、高4.1厘米(图七一，4)。

ⅢT0107⑤：25，泥质灰陶。腹壁内斜。托面直径23.4、高6.4厘米(图七一，5)。

ⅢT0107⑤：26，托面内斜。腹中部有两个对称的不规则形穿孔。托面直径17.8、高3.2厘米(图七一，6)。

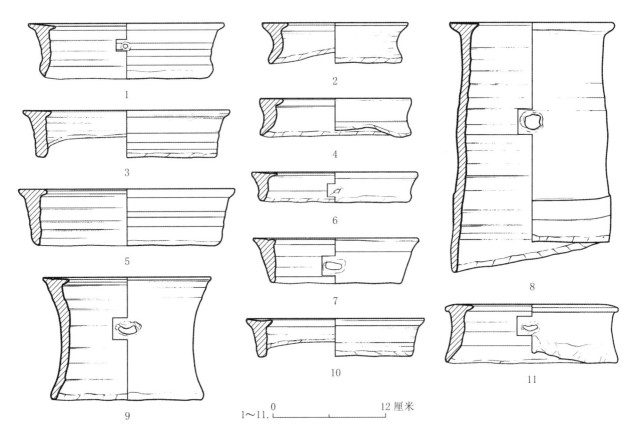

图七一　南发掘区第⑤层出土陶筒形支烧具

1. ⅢT0107⑤：21　2. ⅢT0107⑤：22　3. ⅢT0107⑤：23　4. ⅢT0107⑤：24　5. ⅢT0107⑤：25　6. ⅢT0107⑤：26

7. ⅢT0107⑤：27　8. ⅢT0107⑤：28　9. ⅢT0107⑤：29　10. ⅢT0107⑤：30　11. ⅢT0107⑤：31

ⅢT0107⑤：27，托面内斜，托面上有一周凹槽，腹壁内斜。腹中部有两个对称的椭圆形穿孔。托面直径17.8、高4.8厘米(图七一，7)。

ⅢT0107⑤：28，器表局部附有酱褐色窑汗。腹壁外斜，底呈斜削状。托面直径17.6、高26厘米(图七一，8)。

ⅢT0107⑤：29，泥质灰陶。托面内斜，托面中部有一周凹槽。托面直径18.2、高12.9厘米(图七一，9)。

ⅢT0107⑤：30，底部一圈呈砖红色。托面内凹，腹壁内斜，底呈斜削状。托面直径19、高4.1厘米(图七一，10)。

ⅢT0107⑤：31，托面中部微隆起，底呈斜削状。腹中部有两个对称的椭圆形穿孔。托面直径18.4、高6.2厘米(图七一，11)。

第二节　文化遗迹与出土遗物

南发掘区共发现遗迹45个，包括窑炉5座、灰坑39个、灰沟1条(图七二)。

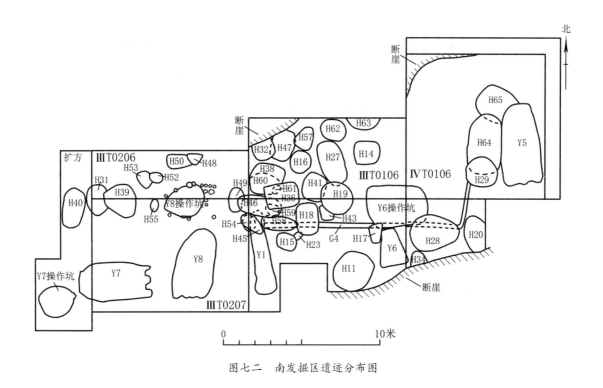

图七二　南发掘区遗迹分布图

一、窑炉

共5座，编号分别为Y1、Y5、Y6、Y7、Y8。

1. Y1

Y1位于ⅢT0107的西部，开口于ⅢT0107⑤层下，打破生土层，并被H45、H46、H54、H58打破，方向为345°。Y1保存较差，仅残存部分窑底，平面形状为长条形，残长5、宽1.2米，由北向南依次为火膛、窑床。火膛长1.7米，底部为灰黑色烧结面。窑床前段坡度为5°，后段较平缓，窑底有青灰色烧结面，残长3.3米(图七三；彩版五)。火膛内填土呈灰褐色，较致密，包含有大量红烧土颗粒和草木灰，出土较多陶片、砖、瓦。可辨器形有陶敛口双竖系罐、折沿盆、筒瓦等。

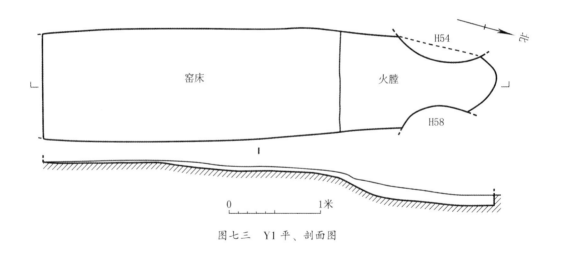

图七三　Y1平、剖面图

陶敛口双竖系罐　4件。敛口，宽唇，唇面多内斜，肩部置对称牛鼻状竖系。

Y1：3，泥质红陶。斜直颈，溜肩，肩部双系残缺。纹饰模糊不清，仅可见数圈凹弦纹。口径26.2、残高6.9厘米(图七四，1)。

Y1：4，泥质灰陶。斜直颈，鼓肩，肩部双系残缺。器身饰竖线纹地大网格纹。口径20、残高3.2厘米(图七四，2)。

Y1：5，泥质灰陶。宽平唇，直颈，溜肩。纹饰模糊不清，仅可见数圈凹弦纹。口径24.6、残高8.1厘米(图七四，3)。

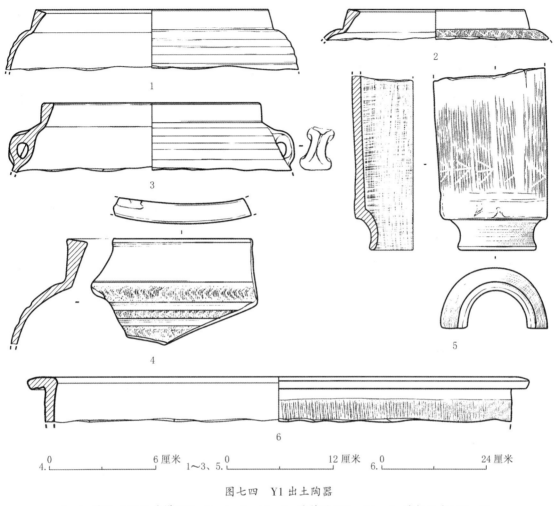

图七四　Y1 出土陶器

1~4.陶敛口双竖系罐(Y1：3、4、5、6)　5.陶筒瓦(Y1：1)　6.陶折沿盆(Y1：2)

Y1：6，泥质灰陶。直颈，溜肩。器身饰由弦纹间隔的竖线纹地纵向波折纹(图七四，4)。

陶折沿盆　1件。

Y1：2，泥质灰陶。平折沿略下翻，方唇，上腹较直。器身饰竖线纹。口径 113、残高 10 厘米(图七四，6)。

陶筒瓦　1件。

Y1：1，泥质灰陶。凸面饰竖线纹地几何纹，凹面饰布纹。残长 20.1、高 7 厘米(图七四，5)。

2. Y5

Y5 位于ⅣT0106 东部，开口于南发掘区⑤层下，被 H64 打破，打破 H65。由于地下水位较高，仅发掘了窑室部分，操作坑的情况并不清晰。Y5 的窑室保存较好，平面形状为椭圆形，窑室全长 4.4、宽 2、残高 0.6 米。Y5 为半倒焰窑，由北向南依次由窑门、火膛、窑床、烟道等部分构成。火膛平面略呈梯形，左右壁外弧，南宽北窄，宽 1.04~1.92、进深 1.23 米。火膛底部有多层青灰色烧结面，应该是多次烧造形成的。窑床南宽北窄，南高北低，坡度为 8°，长 2.7、宽 1.92~2.33 米。窑底为青灰色烧结面，窑壁保存较好，直壁，现存高度为 0.6 米。在窑床后部有 3 个烟道，烟道与窑床间用砖隔开，底部留有排烟孔，烟道长 0.35、宽 0.32~0.37、残高 0.75 米。窑壁呈青灰色，已烧结，厚 0.05~0.1 米(图七五；彩版六，1、2)。窑内填土可分为三层，上层为黄色夹黑色斑点土，厚 0.05 米，出土较多陶片。中间一层为红烧土面，厚 0.1~0.2 米。下层为成片的砖块，有青、黄、灰色，厚 0.3 米，推测此层为窑顶坍塌所致，窑顶当为砖砌。此外，在火膛处清理出大量附有窑汗的窑壁，窑汗多呈青绿色。Y5 出土遗物的可辨器形有青瓷敛口无系罐、碗，陶敛口双竖系罐、侈口双竖系罐、折沿盆、敛口盆、筒形支烧具。

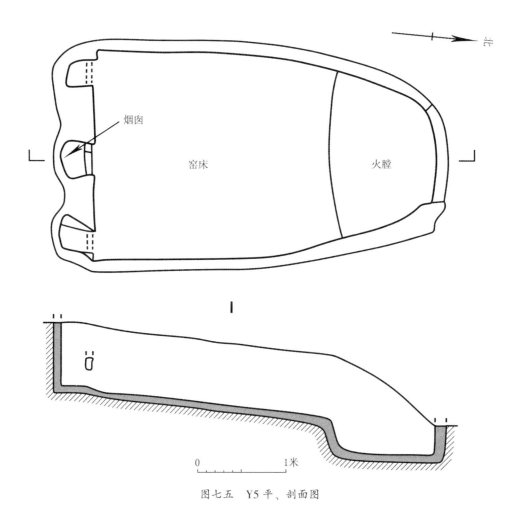

图七五 Y5 平、剖面图

青瓷敛口无系罐　1件。

Y5：1，外壁施青黄色釉，釉层不均匀，积釉处颜色较深，内壁无釉，红褐色胎，胎土较细腻，胎质致密。残存口沿。敛口，宽厚唇，溜肩，肩部以下残缺。器身拍印席纹。口径25.3、残高5.8厘米(图七六，1；彩版一八，1、2)。

青瓷碗　3件。均为灰白胎，胎质致密。

Y5：3，釉已脱落，敞口，弧腹内收，底残。口沿外有一周凹弦纹。口径17.8、残高5.5厘米(图七六，2)。

Y5：2，青绿釉，内壁满釉，外壁半釉。口沿残，弧腹，平底。底径9.5、残高5.1厘米(图七六，3)。

Y5：4，青黄釉，胎釉结合差，大部分釉已脱落。敞口，弧腹内收，底残。口沿外有一周凹弦纹。口径16.1、残高2.9厘米(图七六，4)。

青瓷残片　1件。

Y5：18，器形不明。青黄釉，积釉处颜色较深，红褐胎，胎釉结合较差(彩版一八，3)。

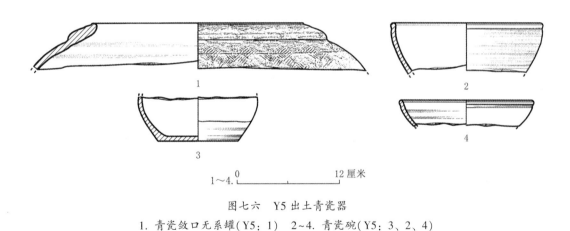

图七六　Y5出土青瓷器
1. 青瓷敛口无系罐(Y5：1)　2~4. 青瓷碗(Y5：3、2、4)

陶敛口双竖系罐　3件。均为泥质灰陶。敛口，宽唇，直颈，溜肩，肩部双系残缺。

Y5：6，宽平唇。器身饰竖线纹地纵向波折纹。口径19.6、残高3.9厘米(图七七，1)。

Y5：7，宽唇内斜。器身饰间断竖线纹。口径25.7、残高7.9厘米(图七七，2)。

Y5：5，宽唇稍内斜。器身饰由弦纹间隔的竖线纹地纵向波折纹。口径16.5、残高6.1厘米(图七七，3)。

陶侈口双竖系罐　1件。

Y5：8，泥质灰陶。侈口，束颈，溜肩，肩部双系残缺，上腹圆鼓，中腹部以下残。颈部有两圈宽凹弦纹，肩部饰四周凹弦纹。口径21.9、残高10.5厘米（图七七，4）。

陶折沿盆 2件。残存口沿，平折沿下翻，上腹较直。

Y5：12，泥质黄陶。肩部饰三周凹弦纹。口径35.9、残高4.1厘米（图七七，11）。

Y5：13，泥质灰陶。口径40.7、残高5.2厘米（图七七，13）。

陶敛口盆 3件。敛口，鼓肩，弧腹内收。

Y5：10，泥质灰陶。口沿外饰一周竖线纹地短斜线纹。口径19.7、残高7厘米（图七七，5）。

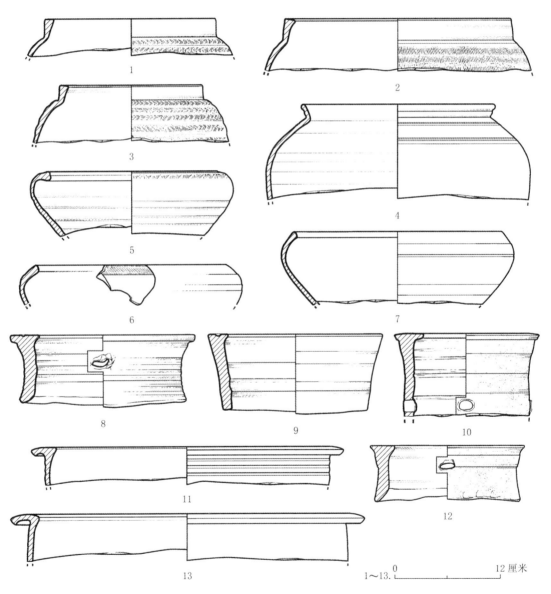

图七七 Y5出土陶器

1~3. 陶敛口双竖系罐（Y5：6、7、5） 4. 陶侈口双竖系罐（Y5：8） 5~7. 陶敛口盆（Y5：10、11、9）
8~10、12. 陶筒形支烧具（Y5：14、16、17、15） 11、13. 陶折沿盆（Y5：12、13）

Y5：11，泥质红陶。肩部以下残。口沿外饰一周竖线纹地网格纹，其下再饰两周凹弦纹。口径 22、残高 4.8 厘米(图七七，6)。

Y5：9，泥质红陶。肩部饰两周凹弦纹。口径 23.6、残高 7.9 厘米(图七七，7)。

陶筒形支烧具　4件。上下通透，托面与器壁的截面呈"T"字形，托面平坦。

Y5：14，器表呈青灰色，胎呈红褐色，胎体坚硬。束腰，底部外侈，器壁中部有二个对称的近椭圆形穿孔。托面中部有一圈凹槽。托面直径 21.3、高 8.1 厘米(图七七，8)。

Y5：16，器表呈深灰色，局部附着有黑色窑汗，胎呈红褐色，胎体坚硬。腹壁内斜，托面中部有一周凹槽。托面直径 20、底径 16.6、高 8.8 厘米(图七七，9；彩版一八，4)。

Y5：17，泥质灰陶，外壁局部附着有褐色窑汗，胎体坚硬。腹壁较直，腹壁上有四个对称的椭圆形穿孔，下半部残。托面直径 16.4、残高 9.2 厘米(图七七，10)。

Y5：15，泥质红褐陶。腹壁中上部有两个对称的椭圆形穿孔，底呈斜削状。托面直径 17.6、高 6.1 厘米(图七七，12)。

3. Y6

Y6 位于ⅢT0107 东部，开口于中发掘区②层下，被 H17 打破，打破 G4，开口位置距地表 0.2 米。Y6 由窑室和操作坑两部分构成，操作坑位于窑室北部。窑室平面呈马蹄形，通长 2.2、北宽 0.8、南宽 1.6 米，窑室自北向南又由火膛、窑床等部分构成。Y6 的窑室底部不见烟道痕迹，推测排烟孔当位于窑顶，属于升焰窑。火膛平面大致呈等腰梯形，北窄南宽，斜壁，底较平，口大底小。火膛底内宽 0.76~1.16、进深 1.16 米，火膛残深 0.35 米。窑床略高于火膛，平面亦呈等腰梯形，斜壁，平底，口大底小。窑床底北宽 1.16、南宽 1.6、进深 1.02 米，窑壁残高 0.32 米。火膛、窑床的窑壁和窑底均烧结，厚 0.2 米，表面呈青灰色，外为砖红色。Y6 操作坑平面形状近椭圆形，弧壁，平底，坑壁与坑底均较为粗糙。Y6 操作坑东西长 3.79、南北宽 2.58、坑底距坑口深 0.2 米(图七八；彩版七，1)。Y6 的窑内堆积和操作坑内的堆积不同，窑内堆积可分为三层，上层为灰黑色夹杂灰烬土，厚 0.1 米，出土较多陶片和大量青砖。中间一层为红烧土堆积，厚 0.1~0.2 米。下层为黄灰色夹杂红烧土堆积，包含有较多窑具，厚 0.15 米。操作坑内的填土呈灰黑色，包含较多陶瓷片，土质较致密。Y6 窑室内出土遗物的可辨器形有陶敛口双竖系罐、侈口双竖系罐、折沿盆、筒形支烧具等，Y6 操作坑内出土遗物的可辨器形为青瓷盘口壶。

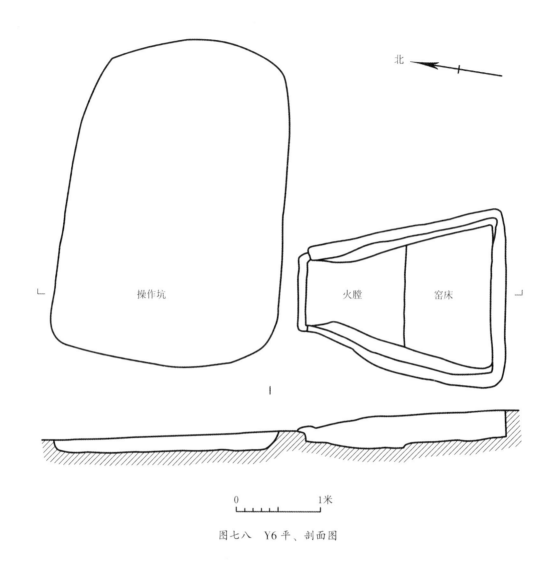

图七八　Y6平、剖面图

青瓷盘口壶　6件。青黄色釉，釉层较薄，胎釉结合度较差，大部分已经脱釉，胎呈红褐色，胎土细腻，胎质较致密。鼓肩，肩部置对称牛鼻状竖系。肩部饰一至二周水波纹，腹部饰密集的凹弦纹，双系上模印叶脉纹。均为残器，不可复原。

Y6 操作坑：4，残存颈至上腹部，细长颈。腹径18.6、残高10.4厘米（图七九，1）。

Y6 操作坑：5，残存上腹部，圆鼓腹。腹径18.3、残高14.6厘米（图七九，2）。

Y6 操作坑：1，残存上腹部，扁鼓腹。腹径19.4、残高9.2厘米（图七九，3）。

Y6 操作坑：3，残存上腹部，扁鼓腹，肩部双系残缺。腹径19.3、残高7.2厘米（图七九，4）。

Y6 操作坑：6，釉已全部脱落。残存下半部，弧腹内收，平底内凹。底径10.3、残高10.5厘米（图七九，5）。

Y6 操作坑：2，仅残存肩部，略微变形，属于烧坏的残次品（图七九，6）。

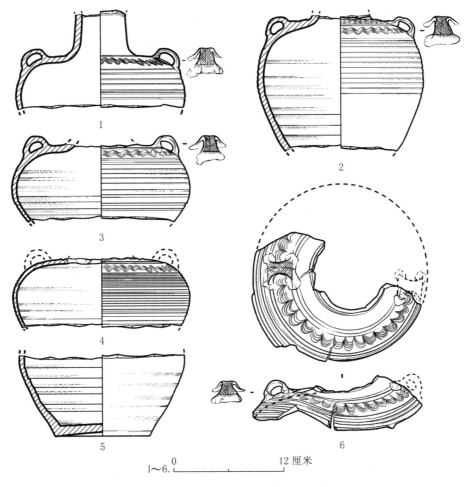

图七九　Y6 操作坑出土青瓷盘口壶

1. Y6 操作坑：4　2. Y6 操作坑：5　3. Y6 操作坑：1　4. Y6 操作坑：3

5. Y6 操作坑：6　6. Y6 操作坑：2

陶敛口双竖系罐　1件。

Y6：3，泥质红陶。残存上半部。敛口，宽唇内斜，斜直颈，溜肩，肩部置对称牛鼻状竖系。器身饰由弦纹间隔的竖线纹地纵向波折纹。口径29.1、残高7.6厘米(图八〇，5)。

陶侈口双竖系罐　1件。

Y6：2，泥质灰陶。侈口，短直颈，溜肩，肩部置对称牛鼻状竖系，圆鼓腹，中腹部以下残。颈部有两圈宽凹弦纹，颈肩交界处饰三圈凹弦纹。口径19.4、残高9.4厘米(图八〇，3)。

陶罐　1件。残存下半部。

Y6：5，泥质灰陶。中腹圆鼓，下腹弧收，平底内凹。底径11.8、残高17.3厘米(图八〇，7)。

陶折沿盆　1件。

Y6：8，泥质灰陶。残存口沿，平折沿下缘起棱。口径33.3、残高2.2厘米(图八〇，1)。

陶筒形支烧具 4件。上下通透，托面与器壁的截面呈"T"字形。

Y6：7，泥质灰陶。托面稍内斜，束腰，底外撇，腹壁中部有两个椭圆形穿孔，底部有一圈手指按压的痕迹。托面直径17、高4.4厘米(图八〇，2)。

Y6：1，泥质灰陶。托面内高外低，束腰，底外撇、呈斜削状。托面直径18.7、高9.1厘米(图八〇，4)。

Y6：4，器表呈深灰色，胎呈紫色，胎体坚硬。腹壁较直，腹壁中上部有两个对称的椭圆形穿孔。托面直径18、高11.6厘米(图八〇，6)。

Y6：6，器表呈青灰色，胎呈红褐色，胎体坚硬。腹壁较直，底部有一圈手指按压的痕迹。托面直径18.8、高7.1厘米(图八〇，8)。

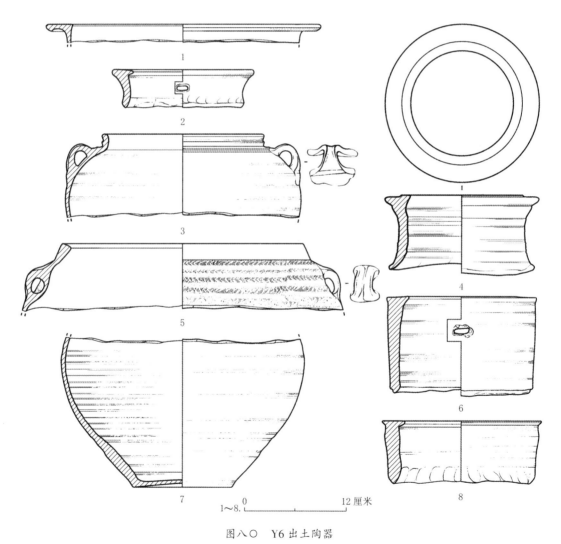

图八〇 Y6出土陶器

1. 陶折沿盆(Y6：8) 2、4、6、8. 陶筒形支烧具(Y6：7、1、4、6) 3. 陶侈口双竖系罐(Y6：2)
5. 陶敛口双竖系罐(Y6：3) 7. 陶罐(Y6：5)

4. Y7

Y7 位于ⅢT0207 西南部，部分伸入西壁外，开口于南发掘区②层下，打破生土层，窑底距地表0.3~0.6米。Y7呈东西走向，由窑室和操作坑两部分构成，操作坑位于窑室西南部。窑室平面大致呈椭圆形，通长4.34、宽2.05米(图八一；彩版七，2；彩版八，1)。Y7为半倒焰窑，窑室自西向东由窑门、火膛、窑床、烟道等部分构成。窑门宽0.87米，封堵物已无存。火膛呈半圆形，弧壁，圜底，火膛宽0.87~1.95、进深0.62米，火膛残深0.26米。火膛的中东部有一层灰褐色夹大量红烧土堆积，堆积立面朝火膛一侧已烧结，在这层堆积上部又铺有一层青砖，此层砖南北直抵窑壁，东接窑床，西距窑门0.6米，砖面较火膛底高0.2米、较窑床前段低0.02~0.05米。在这层砖以西的居中位置还斜铺有两块半头砖。火膛以东为窑床，窑床平面呈长方形，左右两壁略外弧，内长2.55、宽2米，窑床部分仅存窑底，窑壁高度不详。窑床以东有三个烟道，北部烟道轮廓被局部破坏，均只剩窑底痕迹。Y7为半地穴式窑炉，窑壁和窑底均烧结，表面呈青灰色，烧结的窑壁厚0.1米。操作坑平面近圆形，弧壁，圜底，坑壁光滑，应经过加工。坑口东西最大径2.1、南北最大径1.8、坑底距坑口深1.05米。操作坑东部有砖砌挡土

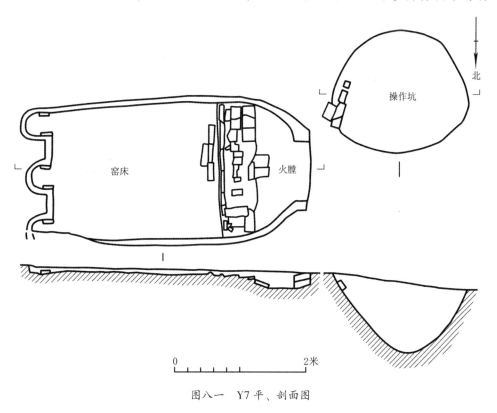

图八一　Y7平、剖面图

墙一堵，呈南北走向，残留两层，砌法为平砖顺砌。Y7窑室内堆积呈黑灰色，土质致密，包含大量红烧土块、砖块，出土陶砚一件。Y7操作坑内填土呈黑色，土质较致密，包含有大量红烧土颗粒、砖块、陶片以及一件青瓷碗。除青瓷碗外，Y7操作坑内出土遗物的可辨器形还有陶敛口双竖系罐、折沿盆。

青瓷碗　1件。

Y7操作坑：4，青黄釉，脱釉较严重，灰白胎，胎质较致密。侈口，弧腹，平底内凹。外口沿下有一道较宽的凹弦纹，其下饰一圈以细密的网格纹为地的大网格纹装饰带。口径15.2、底径7.6、高5.5厘米(图八二，4；彩版一八，5)。

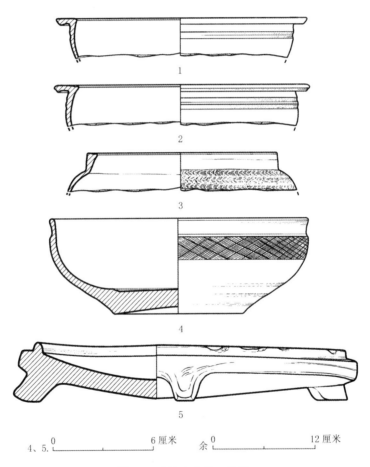

图八二　Y7出土陶、瓷器

1、2. 陶折沿盆(Y7操作坑：1、3)　3. 陶敛口双竖系罐(Y7操作坑：2)

4. 青瓷碗(Y7操作坑：4)　5. 陶砚(Y7：1)

陶敛口双竖系罐　1件。

Y7操作坑：2，泥质灰陶。敛口，宽唇稍内斜，直颈，溜肩，肩部双系残缺。器身饰竖线纹地纵向波折纹。口径22.4、残高4.4厘米(图八二，3)。

陶折沿盆　2件。均为泥质灰陶。平折沿，尖唇，下缘起棱，弧腹。

Y7操作坑：1，上腹部饰一周凹弦纹。口径29.6、残高4.4厘米(图八二，1)。

Y7操作坑：3，上腹部饰二周凹弦纹。口径30.2、残高4.6厘米(图八二，2)。

陶砚　1件。

Y7：1，泥质灰陶。圆形，子母口，浅盘，盘底下凹，下附三蹄形足。口径18.2、高3.4厘米(图八二，5；彩版一八，6)。

5. Y8

Y8位于ⅢT0207东部，开口于南发掘区⑤层下，打破生土层，开口位置距地表0.3~0.5米。Y8呈南北走向，由窑室和操作坑两部分构成，操作坑位于窑室北部。窑室保存差，仅存窑底，从残存痕迹看，窑室平面呈椭圆形，通长4.3、宽2.6米(图八三；彩版八，2)。Y8为半倒焰窑，自北向南依次由火膛、窑床、烟道等部分构成。火膛平面呈半圆形，北部宽0.91、南部宽1.43、进深0.74米。窑床平面呈长方形，左右两壁外弧，长3、宽2.5米，窑床面由南向北倾

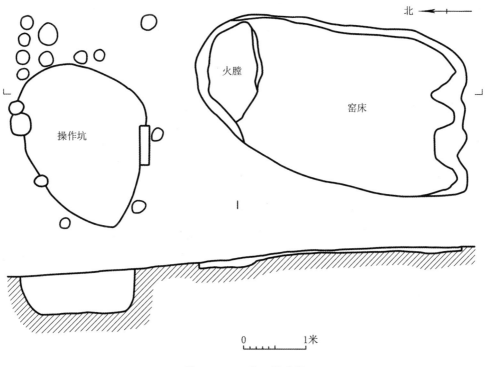

图八三　Y8平、剖面图

斜。烟道共有3个，东部烟道最大，中部烟道其次，西部烟道最小。操作坑平面略呈椭圆形，弧壁，平底，坑底有两处向下凹陷，坑壁较陡，壁面光滑，有明显的加工痕迹。坑口长2.5、宽1.8、坑底距坑口深0.6米。坑口南部边沿外垒有红砖两层，呈东西向。坑的周围分布有大量柱洞，共25个，其中以东半部的柱洞最为密集，这表明操作坑上原应搭建有建筑，Y8操作坑实际上是一座半地穴式的房子。柱洞均呈圆形，直壁，平底，洞口直径0.15～0.37、洞底距洞口深0.2米。Y8的窑室部分被严重破坏，仅剩窑底，窑室内没有发现堆积和包含物。Y8操作坑内的填土呈黑褐色，土质较致密，包含有较多红烧土颗粒和少量陶瓷片等。出土遗物的可辨器形有青瓷碗，陶敛口双竖系罐、折沿盆。

青瓷碗　1件。

Y8操作坑：5，青绿釉，脱釉严重，浅灰胎，胎质致密。敞口，斜弧腹，小平底。口沿外有一道凹弦纹。口径9.5、底径3.6、高3.4厘米(图八四，2；彩版一九，1)。

陶敛口双竖系罐　2件。均为泥质灰陶。敛口，宽唇，斜直颈，溜肩，肩部双系残缺。器身饰由弦纹间隔的竖线纹地纵向波折纹。

Y8操作坑：2，宽平唇。口径23.1、残高8.4厘米(图八四，1)。

Y8操作坑：1，宽唇内斜。口径17.5、残高7.9厘米(图八四，4)。

陶折沿盆　2件。均为泥质灰陶。平折沿，下缘起棱。上腹部饰凹弦纹。

Y8操作坑：3，斜弧腹。口径31.6、残高3.3厘米(图八四，3)。

Y8操作坑：4，沿面微凹，上腹较直、略外弧。口径26.3、残高3.9厘米(图八四，5)。

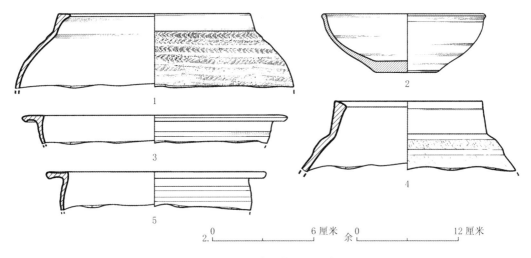

图八四　Y8操作坑出土陶、瓷器

1、4. 陶敛口双竖系罐(Y8操作坑：2、1)　2. 青瓷碗(Y8操作坑：5)　3、5. 陶折沿盆(Y8操作坑：3、4)

二、灰坑

共39个，分别为H11、H14、H15、H16、H17、H18、H19、H20、H23、H27、H28、H29、H31、H32、H34、H36、H38、H39、H40、H41、H43、H45、H46、H47、H48、H49、H50、H52、H53、H54、H55、H57、H58、H59、H60、H61、H62、H64、H65。

1. H11

H11位于ⅢT0107南部，开口于南发掘区②层下，打破生土层，坑口距地表约0.2米。H11平面形状为椭圆形，弧壁，平底。坑壁与坑底均较为粗糙。坑口东西长2.63、南北宽2.43、坑底距坑口深0.38米(图八五；彩版九，1)。坑内堆积为灰黑色，土质较致密，呈南高北低的坡

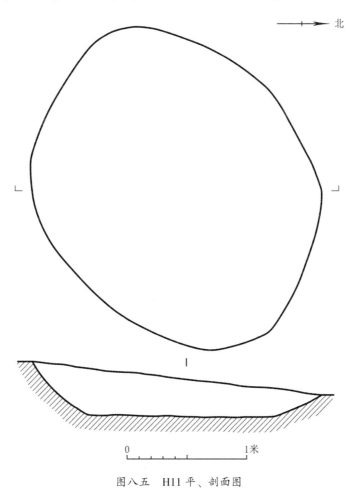

图八五 H11平、剖面图

状，包含大量陶片、砖瓦和红烧土块。出土遗物的可辨器形有陶敛口双竖系罐、折沿盆、敛口盆、甑、灯、砚、板瓦、筒形支烧具等。

陶敛口双竖系罐 15件。敛口，宽唇，唇面多内斜，一般为斜直颈、溜肩，肩部置对称牛鼻状竖系。

H11：23，泥质灰陶。宽唇稍外斜，肩部双系残缺。器身饰由弦纹间隔的竖线纹地纵向波折纹。口径19.6、残高7.3厘米（图八六，1）。

H11：21，泥质灰陶。宽唇稍外斜，肩部双系残缺。器身饰由弦纹间隔的竖线纹地短斜线纹。口径12.6、残高7.2厘米（图八六，2）。

H11：16，泥质灰陶。肩部双系残缺，上腹圆鼓。器身饰由弦纹间隔的竖线纹地短斜线纹。口径13.6、残高7.4厘米（图八六，3）。

H11：13，泥质灰陶。圆鼓腹，肩部双系残缺。肩至中腹部饰由弦纹间隔的竖线纹地纵向波折纹。口径18.4、残高13.9厘米（图八六，4）。

H11：4，泥质红陶。肩部双系残缺。纹饰模糊，仅肩部的两圈凹弦纹尚清晰可见。口径25、残高5.9厘米（图八六，5）。

H11：20，泥质灰陶。肩部双系残缺。肩部纹饰磨损严重，残留两道凹弦纹。口径24.4、残高5.7厘米（图八六，6）。

H11：24，泥质灰陶。肩部双系残缺，上腹圆鼓。器身饰由弦纹间隔的竖线纹地纵向波折纹。口径18、残高11.2厘米（图八六，7）。

H11：32，泥质灰陶。肩部双系残缺。器身饰由弦纹间隔的竖线纹地纵向波折纹。口径22.7、残高6.5厘米（图八六，8）。

H11：26，泥质黄陶。直颈，肩部双系残缺。肩部饰由弦纹间隔的竖线纹地纵向波折纹。口径22.7、残高4.8厘米（图八六，9）。

H11：8，泥质灰陶。器身饰间断竖线纹地网格纹。口径17.2、残高9.6厘米（图八六，10）。

H11：14，泥质红陶。直颈，肩部双系残缺。器身饰由弦纹间隔的竖线纹地短斜线纹。口径19.6、残高5.9厘米（图八六，11）。

H11：17，泥质灰陶。口沿残缺，圆鼓腹，下腹弧收，平底。上腹部饰间断竖线纹地短斜线纹。腹径20.5、底径11.3、残高15.7厘米（图八六，12）。

H11：15，泥质灰陶。鼓肩，肩部双系残缺。器身饰由弦纹间隔的竖线纹地纵向波折纹。口径17.2、残高3.5厘米（图八六，13）。

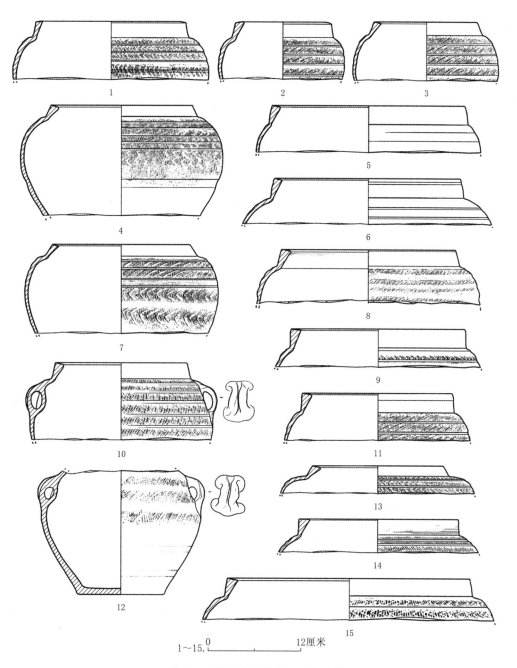

图八六　H11 出土陶敛口双竖系罐

1. H11：23　2. H11：21　3. H11：16　4. H11：13　5. H11：4　6. H11：20　7. H11：24　8. H11：32
9. H11：26　10. H11：8　11. H11：14　12. H11：17　13. H11：15　14. H11：9　15. H11：22

　　H11：9，泥质灰陶。宽平唇，直颈，肩部双系残缺。器身饰由弦纹间隔的竖线纹。口径20.8、残高4.1厘米(图八六，14)。

　　H11：22，泥质灰陶。肩部双系残缺。器身饰由弦纹间隔的竖线纹地纵向波折纹。口径31.6、残高5.2厘米(图八六，15)。

陶罐 2件。仅存底部。均为泥质灰陶。腹壁斜直，平底。

H11：30，底径9.28、残高7.4厘米（图八七，11）。

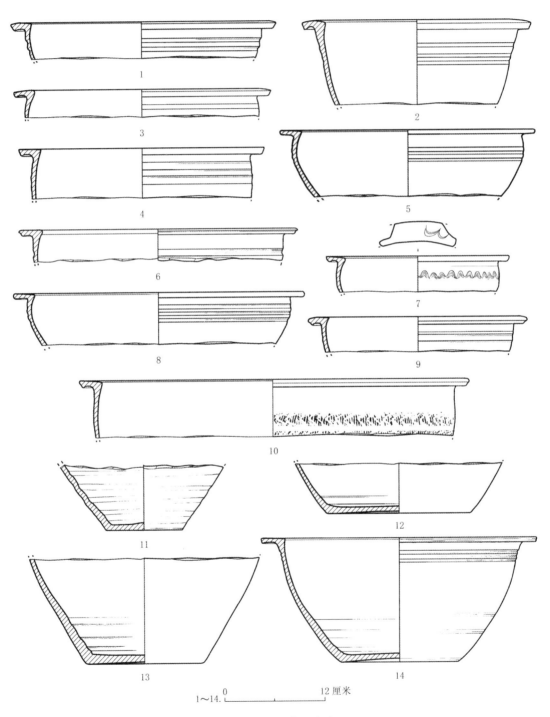

图八七 H11 出土陶器

1～10、14. 陶折沿盆（H11：19、36、27、25、38、39、18、40、7、33、6）

11、13. 陶罐（H11：30、28） 12. 陶盆（H11：35）

H11：28，底径 14.2、残高 12 厘米(图八七，13)。

陶折沿盆 11 件。平折沿，弧腹内收，平底。上腹部一般饰二至三周凹弦纹。

H11：6，泥质黄陶。平底内凹。口径 32.7、底径 14.4、高 14.4 厘米(图八七，14；彩版一九，2)。

H11：19，泥质灰陶。口径 31.8、残高 4.1 厘米(图八七，1)。

H11：36，泥质灰陶。平折沿下翻，斜弧腹。口径 27.2、残高 9.8 厘米(图八七，2)。

H11：27，泥质灰陶。平折沿略下翻，上腹较直。口径 30.6、残高 3.1 厘米(图八七，3)。

H11：25，泥质黄陶。上腹较直。口径 29.4、残高 5.8 厘米(图八七，4)。

H11：38，泥质灰陶。口径 30.4、残高 7.6 厘米(图八七，5)。

H11：39，泥质黄陶。平折沿下缘起棱。口径 33.4、残高 3.5 厘米(图八七，6)。

H11：18，泥质灰陶。上腹部和口沿面均刻划水波纹。口径 21.6、残高 4 厘米(图八七，7)。

H11：40，泥质灰陶。口径 35、残高 5.9 厘米(图八七，8)。

H11：7，泥质灰陶。平折沿略下翻，下缘起棱。口径 26、残高 4 厘米(图八七，9)。

H11：33，泥质灰陶。平折沿下缘起棱，上腹较直。上腹部饰间断竖线纹地纵向波折纹。口径 46.6、残高 6.6 厘米(图八七，10)。

陶盆 1 件。残存底部。

H11：35，泥质灰陶。下腹斜直，平底内凹。底径 17.2、残高 5.7 厘米(图八七，12)。

陶敛口盆 5 件。敛口，鼓肩，斜弧腹，平底内凹。

H11：42，泥质黄陶。肩部下饰两周凹弦纹。口径 25、底径 14.8、高 10.3 厘米(图八八，5；彩版一九，3)。

H11：10，泥质黄陶。上腹以下残。口沿外饰竖线纹，其下再饰两圈凹弦纹。口径 25.2、残高 4.6 厘米(图八八，1)。

H11：29，泥质灰陶。底残。口沿外饰竖线纹，其下再饰两圈凹弦纹。口径 25.4、残高 8.7 厘米(图八八，2)。

H11：31，泥质黄陶。上腹部以下残。口沿外饰竖线纹，其下再饰两圈凹弦纹。口径 24.4、残高 4.4 厘米(图八八，3)。

H11：34，泥质灰陶。底残。口沿外饰竖线纹，其下再饰两圈凹弦纹。口径 24.6、残高 7.8 厘米(图八八，4)。

陶甑 1 件。

H11：11，泥质灰陶。残存底部一角，斜直壁，平底，底部残存三个圆孔。底径 21.6、残高

4.8厘米(图八八，7)。

陶灯　2件。均为泥质黄陶。

H11：12，残存承盘，为敛口，厚唇，斜弧腹，底残。口径18.4、残高5.2厘米(图八八，8)。

H11：37，承盘为敞口，斜腹，底中空。承柱残，喇叭状底，承柱高于承盘。承盘口径16.7、通体残高5.5厘米(图八八，9)。

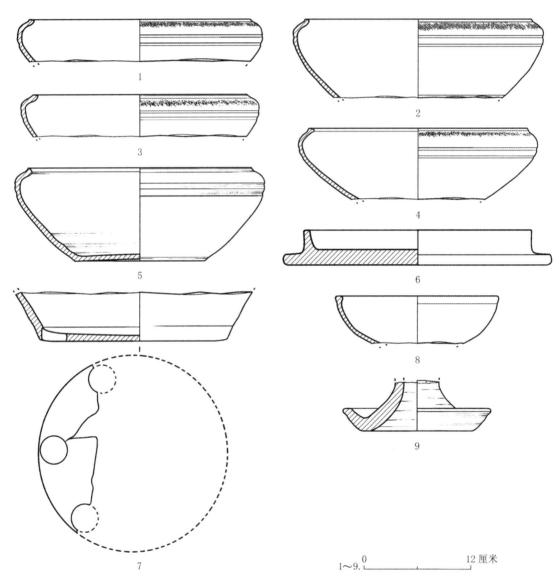

图八八　H11出土陶器

1~5.陶敛口盆(H11：10、29、31、34、42)　6.陶砚(H11：3)　7.陶瓿(H11：11)
8、9.陶灯(H11：12、37)

陶砚　1件。

H11：3，泥质黄陶。砚墙笔直，底平坦，内底略高于外底，足残缺。砚盘口径25.7、外底径30.5、深3.9厘米(图八八，6)。

陶板瓦　1件。

H11：41，泥质灰陶。平面呈梯形，长边中部拱起。凸面饰绳纹，凹面饰布纹。长33、宽19.2~25.7厘米(图八九，4)。

陶筒形支烧具　3件。器表呈灰色，胎呈红褐色，胎体致密。上下通透，腹壁较直。

H11：1，托面平坦，底外撇、呈斜削状，腹壁有两个对称的椭圆形穿孔。托面直径18.4、底径17、残高7.4厘米(图八九，1)。

H11：2，托面内高外低，中间有一道凹槽，底外撇，中腹偏上有四个两两对称的椭圆形穿孔。托面直径20.1、残高11厘米(图八九，2)。

H11：5，托面较窄。托面直径14.6、高16.3厘米(图八九，3)。

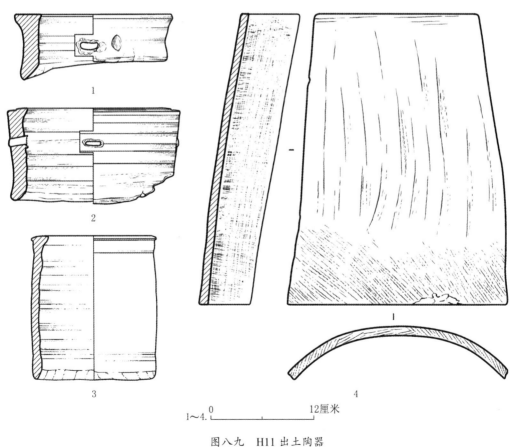

图八九　H11出土陶器

1~3.陶筒形支烧具(H11：1、2、5)　4.陶板瓦(H11：41)

2. H14

H14 位于ⅢT0106 东部，开口于南发掘区⑤层下，打破生土层，坑口距地表 0.7 米。H14 平面形状为近椭圆形，弧壁，平底。坑壁与坑底均有修整的痕迹。坑口东西长 1.75、南北宽 1.5、坑底距坑口深 0.71 米(图九〇)。坑内填土呈灰黑色，包含较多陶片。出土遗物的可辨器形有陶敛口双竖系罐、筒形支烧具等。

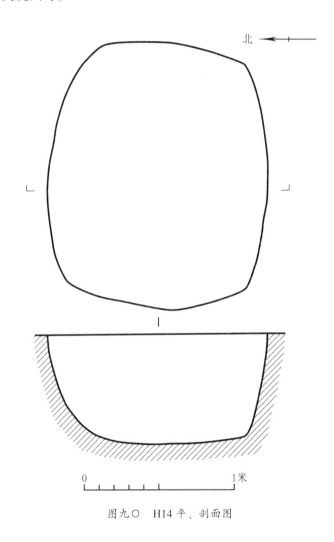

图九〇 H14 平、剖面图

陶敛口双竖系罐 1件。

H14：3，泥质灰陶。敛口，唇宽平，直颈，溜肩，肩部双系残缺。器身饰间断竖线纹。口径 22.4、残高 8.6 厘米(图九一，2)。

陶罐　1件。仅存下半部。

H14：2，泥质灰陶。下腹斜直，平底。下腹部拍印网格纹。底径13.8、残高9.7厘米（图九一，3）。

陶筒形支烧具　1件。

H14：1，器表呈深灰色，局部附着有黑褐色窑汗，胎呈红褐色。托面与器壁的截面呈"T"字形，托面平坦，腰部弧形微束，底部外侈，呈斜削状。顶部直径19.5、高13.6厘米（图九一，1）。

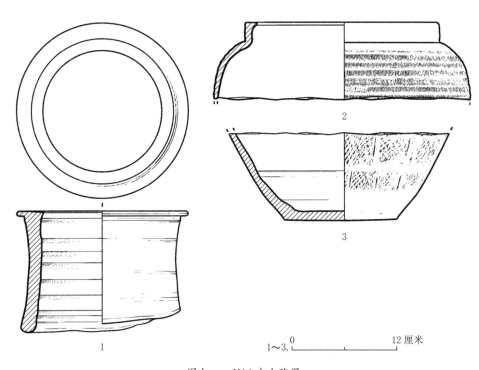

图九一　H14出土陶器
1. 陶筒形支烧具（H14：1）　2. 陶敛口双竖系罐（H14：3）　3. 陶罐（H14：2）

3. H15

H15位于ⅢT0107西部，开口于南发掘区⑤层下，打破H23，坑口距地表0.5米。H15平面形状为椭圆形，弧壁，圜底。坑壁与坑底均较为粗糙。坑口东西长1.28、南北宽1.16、坑底距坑口深0.38米（图九二）。坑内堆积为灰黑色，土质较致密，呈水平状，包含较多陶瓷片。出土遗物的可辨器形有青瓷碗、陶板瓦。

青瓷碗　1件。

H15：1，青黄釉，釉层较薄，部分脱釉，灰白胎，胎质较致密。直口，微弧腹，大平底。口沿外有一周凹弦纹，底部有密集的同心圆纹。口径 15.4、底径 9.8、高 5.5 厘米（图九三，1；彩版一九，4）。

陶板瓦　5件。均为泥质黄陶。长边拱起，凹面饰布纹。

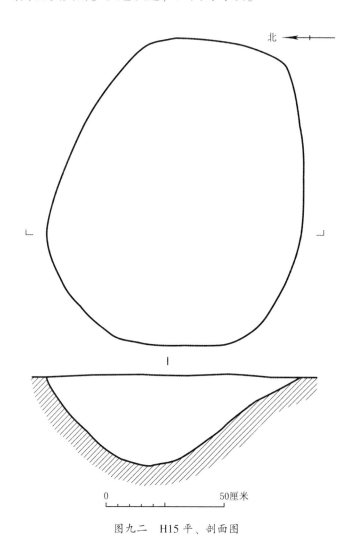

北　←

0　　　　　　　　　50厘米

图九二　H15 平、剖面图

H15：5，凸面饰绳纹。残长 29.9、宽 13.6 厘米（图九三，2）。

H15：2，凸面纹饰模糊。残长 28.8、宽 11.3 厘米（图九三，3）。

H15：4，凸面纹饰模糊。残长 20、宽 11 厘米（图九三，4）。

H15：3，凸面饰竖线纹。残长 14.8、宽 8.9 厘米（图九三，5）。

H15：6，凸面纹饰模糊。残长 14.5、宽 11.8 厘米（图九三，6）。

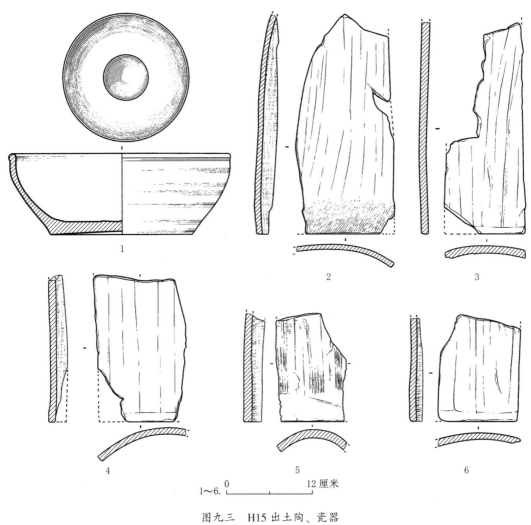

图九三 H15出土陶、瓷器
1. 青瓷碗(H15：1) 2~6. 陶板瓦(H15：5、2、4、3、6)

4. H16

H16位于ⅢT0106西部，开口于南发掘区⑤层下，打破生土层，坑口距地表约0.6米。H16平面形状近圆形，弧壁，平底。坑壁与坑底均较为粗糙。坑口直径1.37、坑底距坑口深0.24米（图九四；彩版九，2）。坑内填土呈灰黑色，包含有少量陶瓷片。出土遗物的可辨器形有青瓷罐，陶釜形罐、筒形支烧具等。

青瓷罐 1件。仅剩残片。

H16：3，青黄釉，釉层较薄，脱釉严重，红褐胎，胎质较致密。器表拍印席纹（图九五，4）。

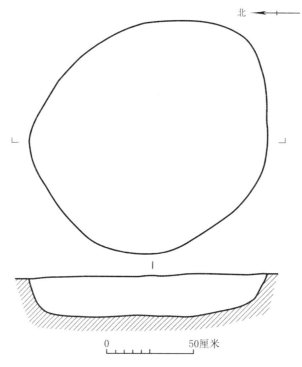

图九四　H16 平、剖面图

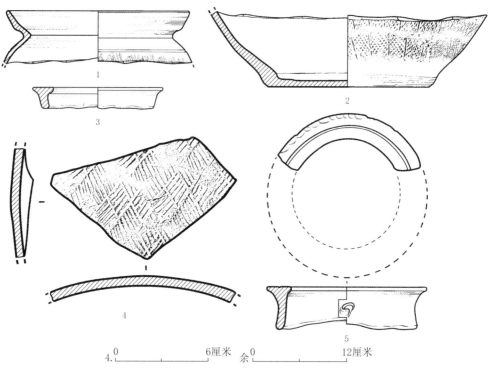

图九五　H16 出土陶、瓷器

1. 陶釜形罐(H16：4)　2. 陶罐(H16：1)　3、5. 陶筒形支烧具(H16：2、5)　4. 青瓷罐(H16：3)

陶釜形罐 **1 件。**

H16：4，泥质灰陶。敞口，宽沿，沿面微凹，束颈，溜肩，肩部以下残。肩部饰网格纹。口径 23.6、残高 6.5 厘米（图九五，1）。

陶罐 **1 件。** 仅存下半部。

H16：1，泥质灰陶。腹壁斜直，平底。器表拍印网格纹。底径 20.6、残高 8.9 厘米（图九五，2）。

陶筒形支烧具 **2 件。** 均为泥质灰陶，下半部呈砖红色。托面与器壁的截面呈"T"字形，托面平坦。

H16：2，斜直壁内收。顶部直径 16.8、高 2.6 厘米（图九五，3）。

H16：5，束腰，底部外侈，呈斜削状。腹中部有二个对称的穿孔。托面中部有一圈凹弦纹，边沿有一圈连弧纹。顶部直径 20.4、高 5.2 厘米（图九五，5）。

5. H17

H17 位于Ⅲ T0107 探方东部，Y6 西侧，开口于南发掘区②层下，打破 G4 和 Y6 操作坑，坑口距地表约 0.2 米。H17 平面形状近椭圆形，斜壁，平底。坑壁与坑底均较为粗糙。坑口南北长 1.22、东西宽 0.85、坑底距坑口深 0.22 米（图九六）。坑内堆积为灰黑色黏土，土质较致密，呈南高北低的坡状，包含少量陶片。出土遗物的可辨器形为陶敛口双竖系罐等。

陶敛口双竖系罐 **1 件。**

H17：1，泥质灰陶。敛口，宽平唇，斜直颈，溜肩，肩部置对称牛鼻形竖系，肩部以下残。器身饰间断竖线纹地短斜线纹。口径 21.1、残高 7.2 厘米（图九七，1）。

陶罐 **1 件。** 仅存下半部。

H17：2，泥质灰陶。腹壁斜直，平底。底径 11.2、残高 7.8 厘米（图九七，2）。

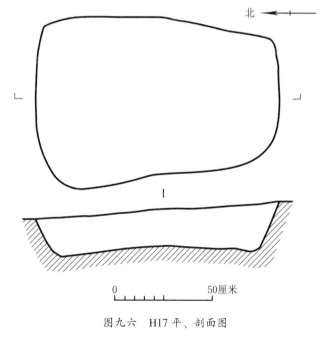

北

0 _____ 50厘米

图九六 H17 平、剖面图

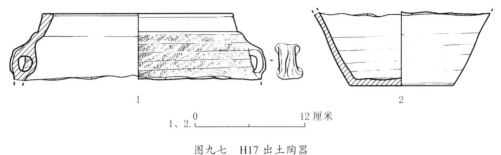

图九七 H17 出土陶器
1. 陶敛口双竖系罐(H17：1)　2. 陶罐(H17：2)

6. H18

　　H18 位于ⅢT0107 北部，开口于南发掘区④层下，打破 H23、H58、G4，坑口距地表约 0.4 米。H18 平面形状为椭圆形，弧壁，平底。坑口南北长 1.8、东西宽 1.4、坑底距坑口深 0.26 米（图九八；彩版一〇，1）。坑内堆积为灰黑色，土质较致密，包含大量陶瓷片。出土遗物的可辨器形有青瓷碗、罐，陶侈口双竖系罐、直颈罐、板瓦、筒形支烧具等。

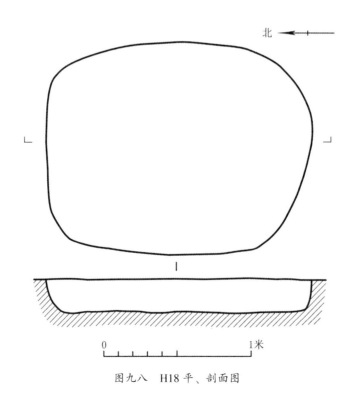

图九八 H18 平、剖面图

青瓷碗　1件。

H18：10，青灰色釉，脱釉严重，深灰胎，胎质较致密。敛口，弧腹，大平底。口径10.5、底径6.1、高3.8厘米(图九九，6；彩版一九，5)。

青瓷罐　1件。仅存罐底。

H18：14，酱褐色釉，内底满釉，外壁半釉，胎釉结合差，脱釉严重，红褐胎，胎质致密。近底处腹壁斜直，平底。底径7.9、残高3.3厘米(图九九，5)。

陶侈口双竖系罐　1件。

H18：11，泥质灰陶。侈口，束颈，鼓肩，肩部置双牛鼻形竖系，圆鼓腹，平底。颈肩交界处饰两圈凹弦纹。口径12.6、底径9.4、高15.5厘米(图九九，1；彩版一九，6)。

陶直颈罐　2件。均仅残存部分口沿。

H18：22，泥质灰陶。侈口，短直颈，溜肩。肩部饰两周凹弦纹。口径12，残高3.2厘米(图九九，2)。

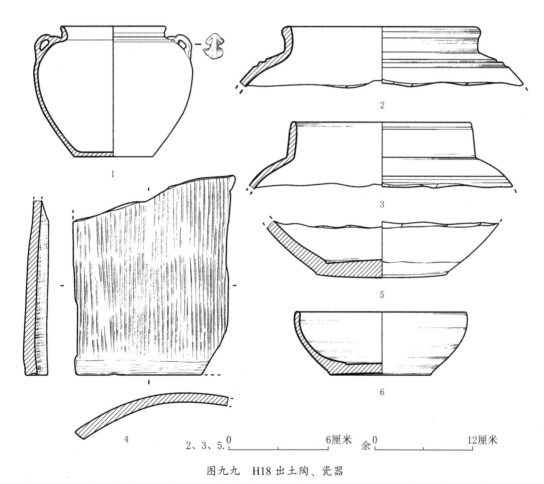

图九九　H18出土陶、瓷器

1. 陶侈口双竖系罐(H18：11)　2、3. 陶直颈罐(H18：22、23)　4. 陶板瓦(H18：24)

5. 青瓷罐(H18：14)　6. 青瓷碗(H18：10)

H18：23，泥质红陶。直口，直颈，溜肩。口沿外有一圈凹弦纹，肩部亦饰凹弦纹。口径10.9、残高3.7厘米(图九九，3)。

陶板瓦　1件。

H18：24，泥质灰陶。凸面饰竖线纹，凹面饰布纹。残长23.6、残宽17.5厘米(图九九，4)。

陶筒形支烧具　17件。上下通透，托面与器壁的截面呈"T"字形，多为束腰、底外侈。

H18：1，器表呈灰色，底部和内壁呈砖红色，胎呈红褐色。托面稍微内斜，腹中部有四个两两对称的穿孔。托面直径17.7、高4.9厘米(图一〇〇，1)。

H18：3，器表呈深灰色，胎呈红褐色。托面平坦。托面直径15、高4.4厘米(图一〇〇，2)。

H18：12，器表呈青灰色，底部呈砖红色，胎呈红褐色。托面由外向内倾斜，腹中部有两个对称的穿孔。托面直径21.5、高5.8厘米(图一〇〇，3)。

H18：4，器表呈灰色，胎呈红褐色。托面平坦。托面直径15.2、高4厘米(图一〇〇，4)。

H18：5，器表呈灰色，胎呈红褐色。托面平坦，底部呈斜削状，腹中部有两个对称的椭圆形穿孔。托面直径18.4、高9.9厘米(图一〇〇，5)。

H18：7，器表呈灰色，胎呈红褐色。托面平坦。托面直径13.8、高4.3厘米(图一〇〇，6)。

H18：20，泥质灰陶。托面平坦。托面直径11、高3.3厘米(图一〇〇，7)。

H18：8，器表呈灰色，胎呈红褐色。托面平坦。托面直径15.1、高4.5厘米(图一〇〇，8)。

H18：15，器表呈青灰色，底部呈砖红色，胎呈红褐色。托面平坦，底呈斜削状，腹中部有两个对称的穿孔。托面直径16.7、高4.3厘米(图一〇〇，9)。

H18：9，泥质红陶。托面平坦，底呈斜削状。托面直径16、高4.3厘米(图一〇〇，10)。

H18：6，器表呈深灰色，底部呈砖红色，胎呈红褐色。托面平坦，底部呈斜削状，腹中部有四个两两对称的穿孔。托面中部有一圈凹弦纹。托面直径16、高8.5厘米(图一〇〇，11)。

H18：17，器表呈灰色，底部呈砖红色，胎呈红褐色。托面平坦，腹中部有两个对称的穿孔。托面直径16.4、高3.1厘米(图一〇〇，12)。

H18：21，泥质灰陶。托面平坦，外墙内斜。托面直径21.6、高3.1厘米(图一〇〇，13)。

H18：18，器表呈青灰色，底端局部呈砖红色，胎呈红褐色。托面平坦。托面直径17.9、高6.9厘米(图一〇〇，14)。

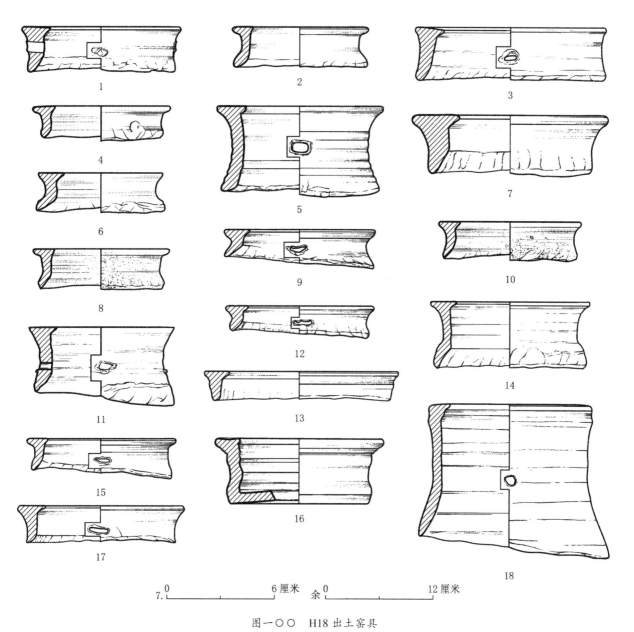

图一〇〇 H18 出土窑具

1~15、17、18. 陶筒形支烧具(H18：1、3、12、4、5、7、20、8、15、9、6、17、21、18、13、19、16)

16. 陶盂形支烧具(H18：2)

H18：13，器表呈青灰色，胎呈红褐色。托面平坦，腹中部有两个对称的穿孔，底呈斜削状。托面直径16.6、高4.4厘米(图一〇〇，15)。

H18：19，泥质红陶。托面平坦，腹中部有两个对称的穿孔。托面直径18.6、高3.9厘米(图一〇〇，17)。

H18：16，器表呈深灰色，局部附着有黑褐色窑汗，胎呈红褐色。腹中部有两个对称的穿孔。托面直径 18.6、高 16.6 厘米(图一○○,18)。

陶盂形支烧具 1 件。

H18:2,器表呈青灰色,局部有一层较薄的黑褐色窑汗,胎呈红褐色。托面微凹,托面与器壁的截面呈"T"字形,平底内凹,底部正中有一个圆形穿孔。托面直径 18.6、底径 15.4、高 7.1 厘米(图一○○,16;彩版二○,1、2)。

7. H19

H19 位于 Ⅲ T0106 南部,部分伸入 Ⅲ T0107 内,开口于南发掘区④层下,打破 H27、H41、H43,坑口距地表约 0.4 米。H19 平面形状近圆形,弧壁,平底。坑壁与坑底均较为粗糙。坑口直径 2.1 米,坑底距坑口南深北浅,最深处为 0.26 米(图一○一)。坑内填土呈灰黑色,土质较致密,堆积形状呈南高北低的坡状,包含大量陶片。出土遗物的可辨器形有陶敛口双竖系罐、折沿盆、敛口盆、井、甑、灯、砚、筒瓦。

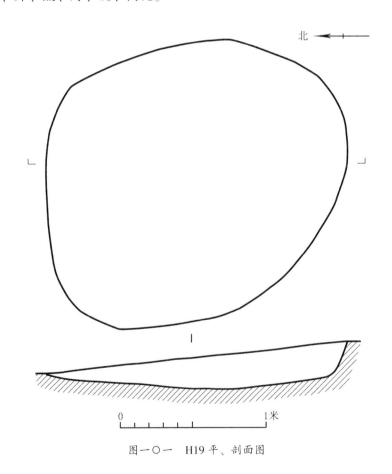

图一○一 H19 平、剖面图

陶敛口双竖系罐　102件。均只残存上半部。敛口，宽唇，唇面多内斜，也有少量平唇的，除少量直颈外，多为斜直颈、溜肩，也有少量鼓肩的，肩部置对称牛鼻状竖系，上腹圆鼓。

H19：82，泥质红陶。肩部双系残缺。器身饰由弦纹间隔的竖线纹地网格纹。口径27.9、残高5厘米(图一〇二，1)。

H19：81，泥质灰陶。肩部双系残缺。器身饰由弦纹间隔的竖线纹地网格纹。口径17.4、残高5.5厘米(图一〇二，2)。

H19：91，泥质灰陶。肩部双系残缺。器身饰网格纹。口径26.6、残高6.3厘米(图一〇二，3)。

H19：89，泥质灰陶。肩部双系残缺。器身饰由弦纹间隔的竖线纹地纵向波折纹。口径19、残高5.2厘米(图一〇二，4)。

H19：107，泥质红胎黑皮陶。平唇，肩部双系残缺。器身饰间断竖线纹地网格纹。口径28.3、残高4.8厘米(图一〇二，5)。

H19：116，泥质黄陶。肩部双系残缺。器身饰由弦纹间隔的竖线纹地纵向波折纹。口径20.4、残高5.2厘米(图一〇二，6)。

H19：151，泥质灰陶。鼓肩，肩部双系残缺。器身饰由弦纹间隔的竖线纹地纵向波折纹。口径19.6、残高4.4厘米(图一〇二，7)。

H19：83，泥质红胎灰皮陶。肩部双系残缺。器身纹饰模糊，仅可辨有两圈弦纹。口径22.5、残高4.1厘米(图一〇二，8)。

H19：90，泥质灰陶。肩部双系残缺。器身饰由弦纹间隔的竖线纹地纵向波折纹。口径24.6、残高3.7厘米(图一〇二，9)。

H19：142，泥质灰陶。肩部双系残缺。器身饰间断竖线纹地纵向波折纹。口径22.1、残高5.3厘米(图一〇二，10)。

H19：84，泥质灰陶。平唇。器身饰由弦纹间隔的竖线纹地纵向波折纹。口径19、残高7.4厘米(图一〇二，11)。

H19：110，泥质灰陶。肩部双系残缺。器身饰由弦纹间隔的竖线纹地网格纹。口径20、残高5.2厘米(图一〇二，12)。

H19：93，泥质灰陶。鼓肩，肩部双系残。器身饰间断竖线纹地纵向波折纹。口径22.5、残高4.8厘米(图一〇二，13)。

H19：97，泥质灰陶。器身纹饰模糊，仅可辨有弦纹数道。口径24.5、残高7厘米(图一〇二，14)。

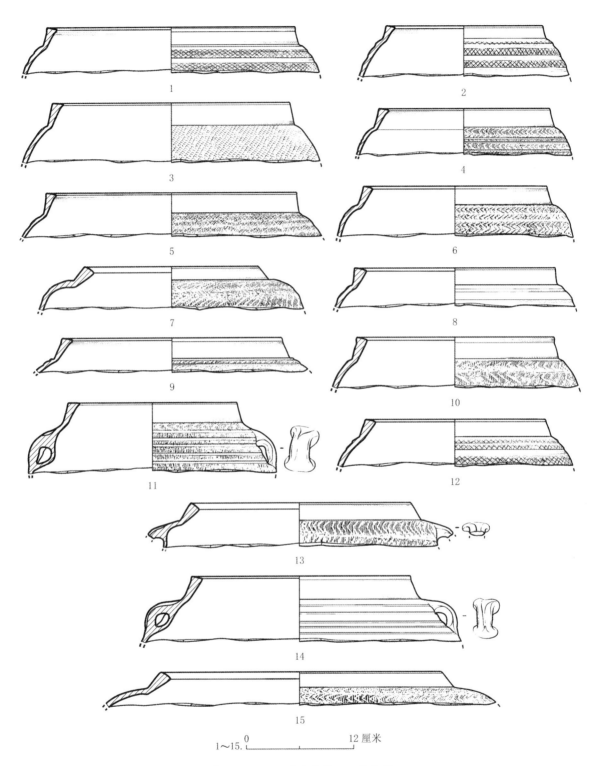

1～15.

0　　　　　　　　　　12厘米

图一〇二　H19出土陶敛口双竖系罐

1. H19：82　2. H19：81　3. H19：91　4. H19：89　5. H19：107　6. H19：116　7. H19：151
8. H19：83　9. H19：90　10. H19：142　11. H19：84　12. H19：110　13. H19：93
14. H19：97　15. H19：102

H19：102，泥质灰陶。鼓肩，肩部双系残缺。器身饰间断竖线纹地纵向波折纹。口径31.4、残高3.7厘米(图一〇二，15)。

H19：100，泥质黄陶。肩部双系残缺。器身饰间断竖线纹地纵向波折纹。口径21.5、残高4.8厘米(图一〇三，1)。

H19：88，泥质黄陶。宽唇稍内斜，直颈，肩部双系残缺。器身纹饰磨损严重，仅见两道弦纹。口径23.6、残高3.9厘米(图一〇三，2)。

H19：92，泥质灰陶。残存口沿。肩部双系残缺。器身饰由弦纹间隔的竖线纹地纵向波折纹。口径20.4、残高4.1厘米(图一〇三，3)。

H19：85，泥质灰陶。肩部双系残缺。器身饰由弦纹间隔的竖线纹地网格纹。口径23.5、残高7.6厘米(图一〇三，4)。

H19：120，泥质灰陶。直颈，肩部双系残缺。器身纹饰磨损严重，仅见三道弦纹。口径17、残高3.4厘米(图一〇三，5)。

H19：94，泥质灰陶。鼓肩，肩部双系残缺。器身饰由弦纹间隔的竖线纹地网格纹。口径28.2、残高3.9厘米(图一〇三，6)。

H19：87，泥质灰陶。肩部双系残缺。器身饰间断竖线纹地纵向波折纹。口径6.7、残高8.3厘米(图一〇三，7)。

H19：95，泥质灰陶。平唇，直颈，肩部双系残缺。器身饰由弦纹间隔的竖线纹地网格纹。口径27.6、残高5.2厘米(图一〇三，8)。

H19：98，泥质红陶。平唇，直颈，肩部双系残缺。器身饰竖线纹地纵向波折纹。口径24、残高4.4厘米(图一〇三，9)。

H19：101，泥质红胎黑皮陶。肩部双系残缺。器身饰由弦纹间隔的竖线纹地纵向波折纹。口径24.5、残高5.2厘米(图一〇三，10)。

H19：103，泥质灰陶。残存口沿与竖系根部，器体扭曲变形。肩部饰由弦纹间隔的竖线纹地纵向波折纹(图一〇三，11)。

H19：104，泥质灰陶。平唇，直颈，肩部双系残。器身饰竖线纹地纵向波折纹。口径21.4、残高5.7厘米(图一〇三，12)。

H19：106，泥质红胎黑皮陶。平唇，肩部双系残缺。器身饰由弦纹间隔的竖线纹地纵向波折纹。口径23、残高4.8厘米(图一〇三，13)。

H19：112，泥质灰陶。肩部双系残。器身饰由弦纹间隔的竖线纹地网格纹。口径21.7、残高5.2厘米(图一〇三，14)。

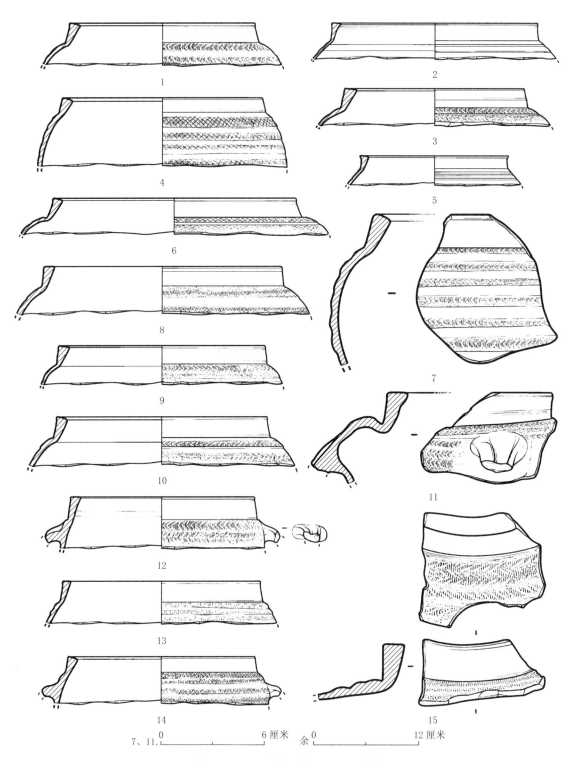

图一〇三　H19 出土陶敛口双竖系罐

1. H19：100　2. H19：88　3. H19：92　4. H19：85　5. H19：120　6. H19：94　7. H19：87
8. H19：95　9. H19：98　10. H19：101　11. H19：103　12. H19：104　13. H19：106
14. H19：112　15. H19：105

H19：105，泥质灰陶。残存口沿，器体扭曲变形。直口，直颈，宽平唇。肩部饰由弦纹间隔的竖线纹地纵向波折纹(图一〇三，15)。

H19：108，泥质灰陶。肩部双系残缺。器身饰由弦纹间隔的竖线纹地网格纹。口径25.1、残高8厘米(图一〇四，1)。

H19：109，泥质灰陶。直颈，宽平唇，肩部双系残缺。器身饰由弦纹间隔的竖线纹地纵向波折纹。口径19.9、残高7.4厘米(图一〇四，2)。

H19：111，泥质灰陶。肩部双系残缺。器身饰由弦纹间隔的竖线纹地纵向波折纹。口径20、残高4.2厘米(图一〇四，3)。

H19：113，泥质灰陶。肩部双系残缺。器身饰由弦纹间隔的竖线纹地纵向波折纹。口径22.4、残高5.2厘米(图一〇四，4)。

H19：114，泥质灰陶。肩部双系残缺。器身饰竖线纹地网格纹。口径24.2、残高5.7厘米(图一〇四，5)。

H19：115，泥质灰陶。肩部双系残缺。器身饰由弦纹间隔的竖线纹地纵向波折纹。口径18.3、残高7厘米(图一〇四，6)。

H19：117，泥质灰陶。肩部双系残缺。器身饰间断竖线纹地纵向波折纹。口径25.3、残高5.7厘米(图一〇四，7)。

H19：118，泥质灰陶。肩部双系残缺。器身饰由弦纹间隔的竖线纹地纵向波折纹。口径21.8、残高4.9厘米(图一〇四，8)。

H19：119，泥质灰陶。肩部双系残缺。器身饰由弦纹间隔的竖线纹地纵向波折纹。口径21.5、残高5厘米(图一〇四，9)。

H19：121，泥质灰陶，内侧泛红。肩部双系残缺。器身饰由弦纹间隔的竖线纹地纵向波折纹。口径20.3、残高4.4厘米(图一〇四，10)。

H19：122，泥质灰陶。直颈，宽平唇，肩部双系残缺。器身饰由弦纹间隔的竖线纹地纵向波折纹。口径20.5、残高5.6厘米(图一〇四，11)。

H19：123，泥质灰陶。直颈，宽平唇，肩部双系残缺。肩部饰竖线纹地纵向波折纹。口径21.3、残高3.9厘米(图一〇四，12)。

H19：124，泥质灰陶。肩部双系残缺。器身饰由弦纹间隔的竖线纹地网格纹。口径21.7、残高5.6厘米(图一〇四，13)。

H19：125，泥质灰陶。直颈，肩部双系残缺。器身饰由弦纹间隔的竖线纹地纵向波折纹。口径20、残高4.4厘米(图一〇四，14)。

H19：126，泥质红陶。直颈，肩部双系残缺。器身饰由弦纹间隔的竖线纹地纵向波折纹。口径24.3、残高6.1厘米(图一〇四，15)。

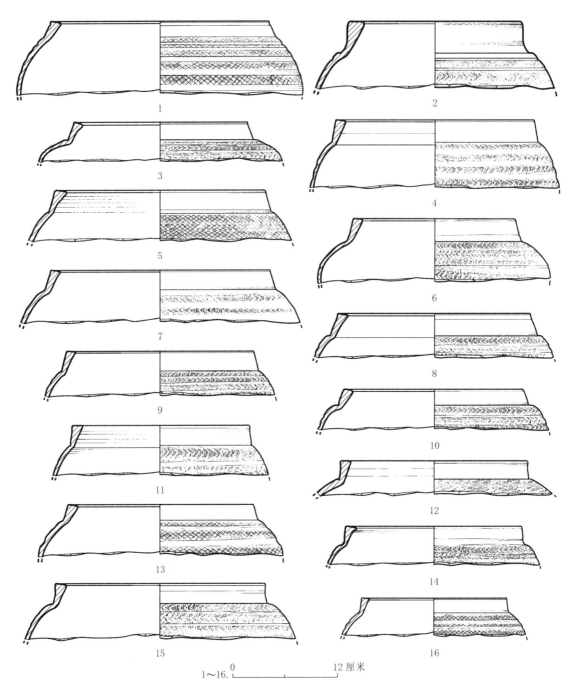

图一〇四 H19出土陶敛口双竖系罐

1. H19：108 2. H19：109 3. H19：111 4. H19：113 5. H19：114 6. H19：115
7. H19：117 8. H19：118 9. H19：119 10. H19：121 11. H19：122 12. H19：123
13. H19：124 14. H19：125 15. H19：126 16. H19：127

H19：127，泥质灰陶，内侧泛红。肩部双系残缺。器身饰由弦纹间隔的竖线纹地网格纹。口径 16.5、残高 4.1 厘米(图一〇四，16)。

H19：128，泥质灰陶。肩部残存竖系根部。器身饰由弦纹间隔的竖线纹地纵向波折纹。口径 24.6、残高 5.5 厘米(图一〇五，1)。

H19：129，泥质灰陶。肩部双系残缺。器身饰由弦纹间隔的竖线纹地网格纹。口径 22.2、残高 7.9 厘米(图一〇五，2)。

H19：130，泥质灰陶。宽平唇。器身饰由弦纹间隔的竖线纹地纵向波折纹。口径 24.9、腹径 29.7、残高 10.9 厘米(图一〇五，3)。

H19：131，泥质红胎黑皮陶。肩部双系残缺。器身饰由弦纹间隔的竖线纹地纵向波折纹。口径 22.6、残高 5 厘米(图一〇五，4)。

H19：132，泥质灰陶。宽平唇，肩部双系残缺。器身饰由弦纹间隔的竖线纹地网格纹。口径 24.4、残高 4.5 厘米(图一〇五，5)。

H19：133，泥质红陶。直颈，唇宽平，肩部残存竖系根部。器身纹饰模糊不清。口径 28.8、残高 5.7 厘米(图一〇五，6)。

H19：134，泥质灰陶。肩部双系残缺。器身饰由弦纹间隔的竖线纹地网格纹。口径 18.1、残高 5 厘米(图一〇五，7)。

H19：135，泥质灰陶，内侧泛黄。器身饰由弦纹间隔的竖线纹地网格纹。口径 27.8、腹径 35、残高 11.5 厘米(图一〇五，8)。

H19：136，泥质灰陶。肩部双系残缺。器身饰由弦纹间隔的竖线纹地纵向波折纹。口径 18.8、残高 5 厘米(图一〇五，9)。

H19：137，泥质灰陶。肩部双系残缺。器身饰由弦纹间隔的竖线纹地纵向波折纹。口径 22.4、残高 5.3 厘米(图一〇五，10)。

H19：138，泥质灰陶。宽平唇，肩部残存竖系根部。器身饰由弦纹间隔的竖线纹地网格纹。口径 28、残高 6.7 厘米(图一〇五，11)。

H19：139，泥质灰陶。肩部双系残缺。器身饰由弦纹间隔的竖线纹地网格纹。口径 21.1、残高 5 厘米(图一〇五，12)。

H19：140，泥质灰陶。肩部双系残缺。器身饰由弦纹间隔的竖线纹地纵向波折纹。口径 28.6、残高 5.5 厘米(图一〇五，13)。

H19：141，泥质灰陶。直颈，宽平唇，肩部双系残缺。器身饰由弦纹间隔的竖线纹地纵向波折纹。口径 27.3、残高 7.4 厘米(图一〇五，14)。

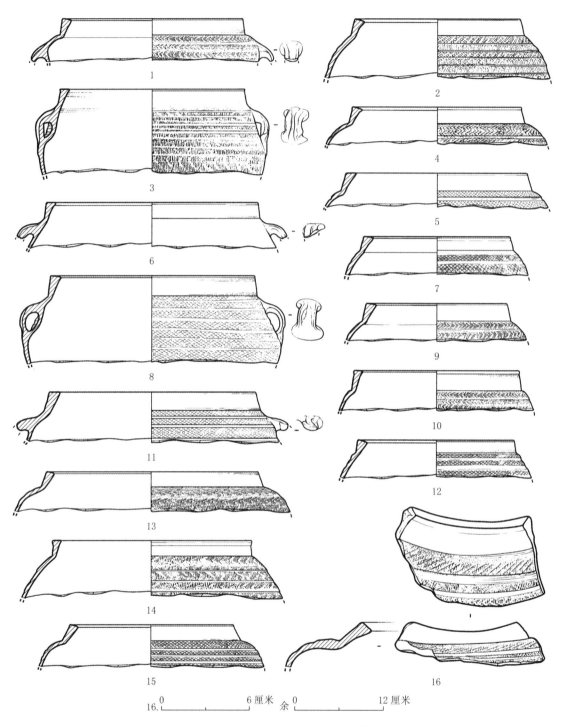

图一〇五　H19 出土陶敛口双竖系罐

1. H19：128　2. H19：129　3. H19：130　4. H19：131　5. H19：132　6. H19：133
7. H19：134　8. H19：135　9. H19：136　10. H19：137　11. H19：138　12. H19：139
13. H19：140　14. H19：141　15. H19：143　16. H19：152

H19：143，泥质灰陶。鼓肩，肩部双系残缺。器身饰由弦纹间隔的竖线纹地网格纹。口径22.2、残高5.5厘米(图一〇五，15)。

H19：152，泥质灰陶。器体扭曲变形，鼓肩，肩部双系残缺。器身饰由弦纹间隔的竖线纹地纵向波折纹。(图一〇五，16)。

H19：50，泥质黄陶。直颈，唇宽平，肩部双系残缺。肩部纹饰模糊，仅见数圈凹弦纹。口径23.8、残高5.3厘米(图一〇六，1)。

H19：52，泥质红陶。直颈，唇宽平，肩部双系残缺。器身饰由弦纹间隔的竖线纹地纵向波折纹。口径18、残高6.5厘米(图一〇六，2)。

H19：53，泥质灰陶。肩部双系残缺。器身饰由弦纹间隔的竖线纹地纵向波折纹。口径21.9、残高7.1厘米(图一〇六，3)。

H19：54，泥质灰陶。直颈，唇宽平，肩部双系残缺。器身纹饰模糊不清。口径21.8、残高4.8厘米(图一〇六，4)。

H19：55，泥质灰陶。宽平唇，肩部双系残缺。器身纹饰模糊，仅见两圈凹弦纹。口径20、残高4.9厘米(图一〇六，5)。

H19：56，泥质灰陶。直颈，宽平唇，肩部双系残缺。器身饰由弦纹间隔的竖线纹地纵向波折纹。口径24.5、残高6.2厘米(图一〇六，6)。

H19：57，泥质灰陶。肩部双系残缺。器身饰由弦纹间隔的竖线纹地纵向波折纹。口径17.2、残高7.3厘米(图一〇六，7)。

H19：58，泥质灰陶。宽平唇，肩部双系残缺。器身饰由弦纹间隔的竖线纹地纵向波折纹。口径23.8、残高5.8厘米(图一〇六，8)。

H19：59，泥质灰陶。肩部双系残缺。器身饰由弦纹间隔的竖线纹地纵向波折纹。口径17.9、残高7.2厘米(图一〇六，9)。

H19：60，泥质灰陶。肩部双系残缺。器身饰由弦纹间隔的竖线纹地纵向波折纹。口径16.2、残高7.3厘米(图一〇六，10)。

H19：61，泥质灰陶。鼓肩，肩部双系残缺。器身饰由弦纹间隔的竖线纹地纵向波折纹。口径16.7、残高5厘米(图一〇六，11)。

H19：62，泥质灰陶。肩部双系残缺。器身饰由弦纹间隔的竖线纹地纵向波折纹。口径20.6、残高6.3厘米(图一〇六，12)。

H19：63，泥质灰陶。直颈，宽平唇，肩部双系残缺。器身饰由弦纹间隔的竖线纹地纵向波折纹。口径19.2、残高6厘米(图一〇六，13)。

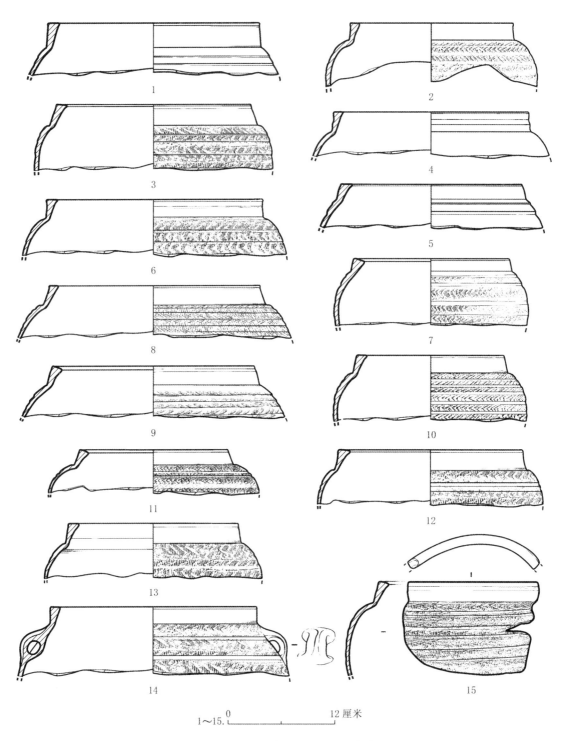

图一〇六　H19 出土陶敛口双竖系罐

1. H19：50　2. H19：52　3. H19：53　4. H19：54　5. H19：55　6. H19：56
7. H19：57　8. H19：58　9. H19：59　10. H19：60　11. H19：61　12. H19：62
13. H19：63　14. H19：64　15. H19：65

H19：64，泥质灰陶。直颈，宽平唇。器身饰由弦纹间隔的竖线纹地纵向波折纹。口径23.4、残高7.6厘米(图一〇六，14)。

H19：65，泥质灰陶。肩部双系残缺。器身饰由弦纹间隔的竖线纹地纵向波折纹(图一〇六，15)。

H19：66，泥质灰陶。宽平唇。器身纹饰模糊，仅可见数圈凹弦纹。口径22.8、残高7.4厘米(图一〇七，1)。

H19：67，泥质灰陶。肩部双系残缺。器身饰由弦纹间隔的竖线纹地纵向波折纹。口径16.6、残高4.2厘米(图一〇七，2)。

H19：68，泥质灰陶。宽平唇，肩部双系残缺。器身饰由弦纹间隔的竖线纹地纵向波折纹。口径21.3、残高4.4厘米(图一〇七，3)。

H19：69，泥质灰陶。宽平唇。器身纹饰模糊，仅可见数圈凹弦纹。口径23.3、腹径30.7、残高10.4厘米(图一〇七，4)。

H19：70，泥质灰陶。宽平唇，肩部双系残缺。器身饰由弦纹间隔的竖线纹地网格纹。口径21.8、残高7.7厘米(图一〇七，5)。

H19：71，泥质灰陶。器身饰由弦纹间隔的竖线纹地网格纹。口径25.9、残高8.5厘米(图一〇七，6)。

H19：73，泥质红陶。宽平唇，肩部双系残缺。器身饰由弦纹间隔的竖线纹地纵向波折纹。口径21.1、残高7.5厘米(图一〇七，7)。

H19：74，泥质灰陶。宽平唇。器身饰由弦纹间隔的竖线纹地网格纹。口径28.1、残高8.1厘米(图一〇七，8)。

H19：75，泥质灰陶。直颈，宽平唇，肩部双系残缺。器身饰由弦纹间隔的竖线纹地网格纹。口径17.7、腹径22.5、残高7.6厘米(图一〇七，9)。

H19：76，泥质灰陶。宽平唇。器身饰由弦纹间隔的竖线纹地纵向波折纹。口径17.8、腹径24.7、残高8.1厘米(图一〇七，10)。

H19：77，泥质灰陶。直颈，宽平唇，肩部双系残缺。器身饰由弦纹间隔的竖线纹地纵向波折纹。口径21.6、残高4.9厘米(图一〇七，11)。

H19：78，泥质灰陶。宽平唇，肩部双系残缺。器身饰由弦纹间隔的竖线纹地纵向波折纹。口径31.2、残高4.2厘米(图一〇七，12)。

H19：79，泥质灰陶。残存口沿，器体扭曲变形。器身饰由弦纹间隔的竖线纹地纵向波折纹(图一〇七，13)。

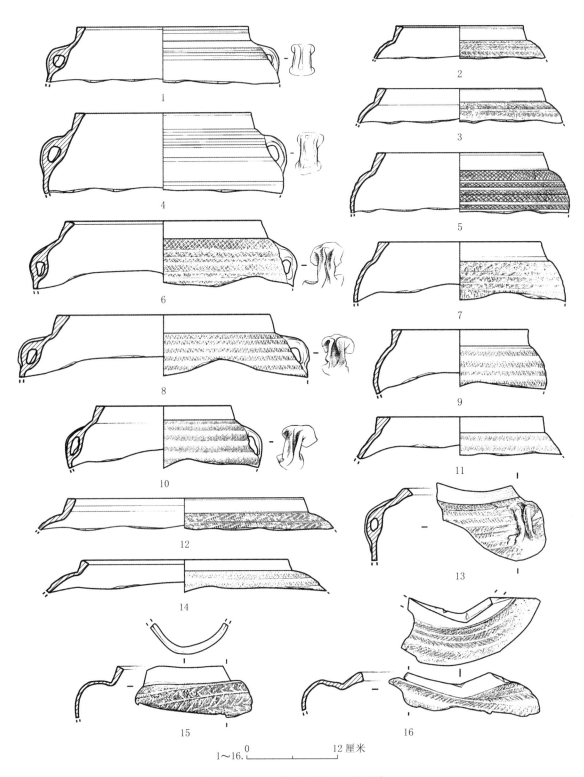

图一〇七　H19 出土陶敛口双竖系罐

1. H19：66　2. H19：67　3. H19：68　4. H19：69　5. H19：70　6. H19：71　7. H19：73
8. H19：74　9. H19：75　10. H19：76　11. H19：77　12. H19：78　13. H19：79
14. H19：80　15. H19：48　16. H19：49

H19：80，泥质灰陶。肩部双系残缺。器身饰由弦纹间隔的竖线纹地网格纹。口径27.1、残高3.9厘米(图一〇七，14)。

H19：48，泥质灰陶。残存口沿，器体扭曲变形。器身饰由弦纹间隔的竖线纹地纵向波折纹(图一〇七，15)。

H19：49，泥质灰陶。残存口沿，器体扭曲变形。器身饰由弦纹间隔的竖线纹地纵向波折纹(图一〇七，16)。

H19：47，泥质红陶。直颈，宽平唇，肩部双系残缺。器身饰由弦纹间隔的竖线纹地网格纹。口径23.8、残高6.6厘米(图一〇八，1)。

H19：40，泥质灰陶。宽平唇，肩部双系残缺。器身饰由弦纹间隔的竖线纹地网格纹。口径22.8、残高4.8厘米(图一〇八，2)。

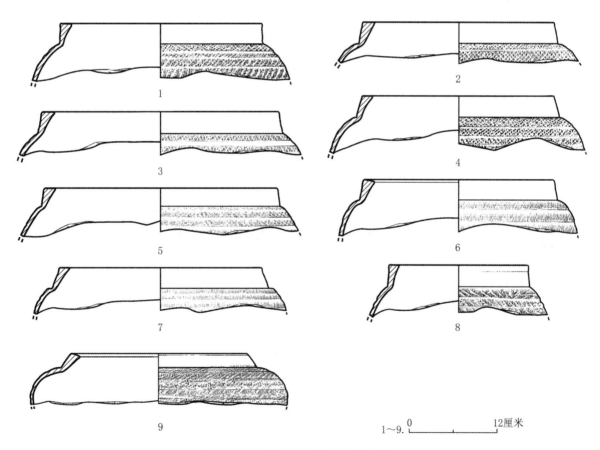

图一〇八 H19出土陶敛口双竖系罐

1. H19：47 2. H19：40 3. H19：39 4. H19：42 5. H19：41 6. H19：44 7. H19：43
8. H19：45 9. H19：38

H19：39，泥质灰陶。宽平唇，肩部双系残缺。器身饰由弦纹间隔的竖线纹地网格纹。口径27.8、残高4.8厘米(图一○八，3)。

H19：42，泥质灰陶。宽平唇，肩部双系残缺。器身饰由弦纹间隔的竖线纹地网格纹。口径22.8、残高6.7厘米(图一○八，4)。

H19：41，泥质灰陶。宽平唇，肩部双系残缺。器身饰由弦纹间隔的竖线纹地网格纹。口径27.3、残高5.4厘米(图一○八，5)。

H19：44，泥质灰陶。肩部双系残缺。器身饰由弦纹间隔的竖线纹地短斜线纹。口径22.6、残高6.4厘米(图一○八，6)。

H19：43，泥质灰陶。宽平唇，肩部双系残缺。器身饰由弦纹间隔的竖线纹。口径23.9、残高5.4厘米(图一○八，7)。

H19：45，泥质红陶。宽平唇，直颈，肩部双系残缺。器身饰由弦纹间隔的竖线纹地纵向波折纹。口径16.6、残高6.1厘米(图一○八，8)

H19：38，泥质灰陶。鼓肩，肩部双系残缺。器身饰由弦纹间隔的竖线纹地纵向波折纹。口径20.8、残高5.9厘米(图一○八，9)。

陶罐　4件。残存底部。弧腹内收，平底或平底内凹。

H19：148，泥质红陶。上腹部饰竖线纹地纵向波折纹。底径12.4、残高6.5厘米(图一○九，1)。

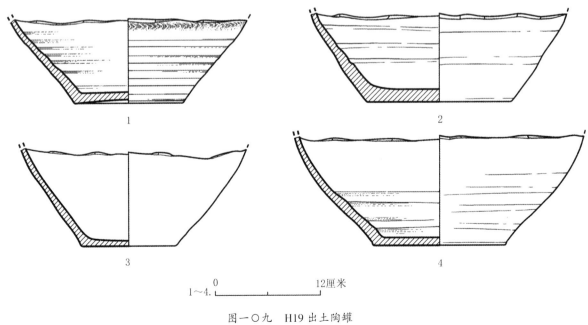

图一○九　H19 出土陶罐

1. H19：148　2. H19：72　3. H19：5　4. H19：6

H19：72，泥质红胎灰皮陶。底径 16.3、残高 9.75 厘米（图一〇九，2）。

H19：5，泥质灰陶。底径 10.8、残高 10.7 厘米（图一〇九，3）。

H19：6，泥质灰陶。底径 15、残高 12.1 厘米（图一〇九，4）。

陶折沿盆　**36 件。**除少量仰折沿外，均为平折沿，一般下缘起棱，斜弧腹，平底。上腹饰二至三圈凹弦纹。

H19：3，泥质灰陶。平底内凹。口径 35.8、底径 16.4、高 11.4 厘米（图一一〇，15；彩版二〇，3）。

H19：86，泥质灰陶。口径 28、残高 4.1 厘米（图一一〇，1）。

H19：96，泥质红胎灰皮陶。口径 33、残高 2.8 厘米（图一一〇，2）。

H19：99，泥质红胎黑皮陶。口径 27.4、残高 5.2 厘米（图一一〇，3）。

H19：8，泥质灰陶。口径 31.1、残高 3.7 厘米（图一一〇，4）。

H19：9，泥质灰陶。口径 27.3、残高 3.6 厘米（图一一〇，5）。

H19：10，泥质红胎黑皮陶。口径 30.5、残高 6.9 厘米（图一一〇，6）。

H19：11，泥质灰陶。仰折沿。口径 13.5、残高 4.2 厘米（图一一〇，7）。

H19：12，泥质灰陶。仰折沿。口径 28.5、残高 5.4 厘米（图一一〇，8）。

H19：13，泥质灰陶。口径 27.2、残高 4.2 厘米（图一一〇，9）。

H19：14，泥质灰陶。平折沿略外翻。口径 33、残高 5.5 厘米（图一一〇，10）。

H19：15，泥质灰陶。仰折沿。口径 27.4、残高 5.5 厘米（图一一〇，11）。

H19：16，泥质灰陶。口径 32.8、残高 6.5 厘米（图一一〇，12）。

H19：46，泥质灰陶。口径 26.9、底径 14.5、高 10 厘米（图一一〇，13）。

H19：17，泥质灰陶。口径 29、残高 6.8 厘米（图一一〇，14）。

H19：18，泥质灰陶。口径 40.3、残高 4.5 厘米（图一一一，1）。

H19：19，泥质灰陶。口径 37.7、残高 3.1 厘米（图一一一，2）。

H19：20，泥质红陶。口径 35.1、残高 5.5 厘米（图一一一，3）。

H19：21，泥质灰陶。口径 33.3、残高 6.4 厘米（图一一一，4）。

H19：22，泥质红陶。折沿外翻。口径 43.4、残高 3.8 厘米（图一一一，5）。

H19：23，泥质红陶。口径 40.8、残高 3.4 厘米（图一一一，6）。

H19：24，泥质红胎灰皮陶。口径 42.2、残高 5.5 厘米（图一一一，7）。

H19：25，泥质灰陶。口径 42.4、残高 10.1 厘米（图一一一，8）。

H19：26，泥质灰陶。平折沿略下翻。口径 46、残高 10.2 厘米（图一一一，9）。

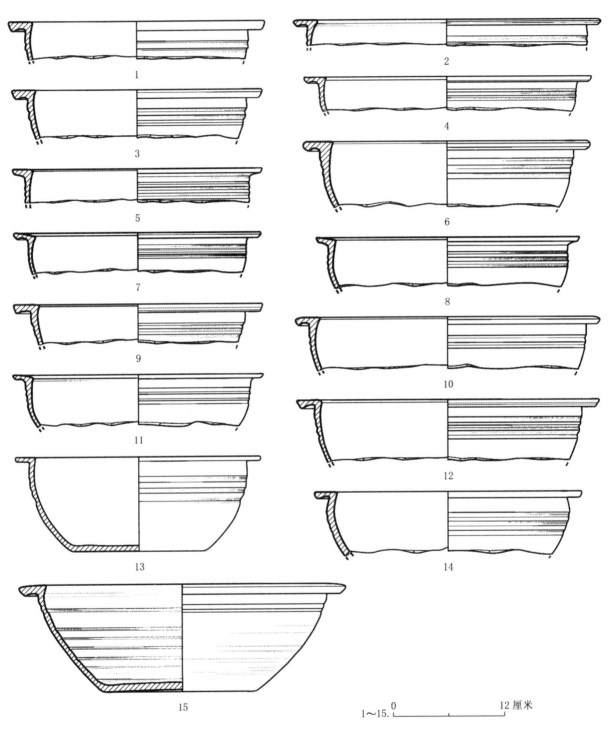

图一一〇　H19 出土陶折沿盆

1. H19：86　2. H19：96　3. H19：99　4. H19：8　5. H19：9　6. H19：10　7. H19：11　8. H19：12
9. H19：13　10. H19：14　11. H19：15　12. H19：16　13. H19：46　14. H19：17　15. H19：3

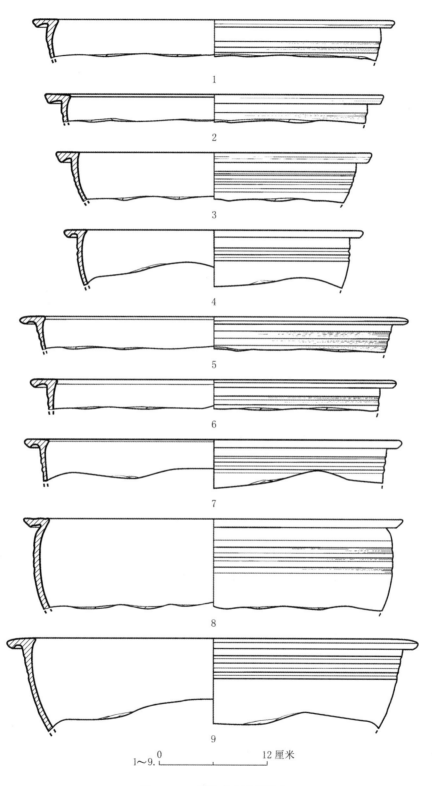

图一一一　H19 出土陶折沿盆

1. H19：18　2. H19：19　3. H19：20　4. H19：21　5. H19：22　6. H19：23
7. H19：24　8. H19：25　9. H19：26

H19：27，泥质灰陶。口径34.8、残高3.7厘米(图一一二，1)。

H19：32，泥质红胎灰皮陶。口径28.3、残高5.2厘米(图一一二，2)。

H19：29，泥质灰陶。口径34.4、残高3.9厘米(图一一二，3)。

H19：28，泥质红陶。口径27.7、残高7.2厘米(图一一二，4)。

H19：30，泥质灰陶。口径30.8、残高4.4厘米(图一一二，5)。

H19：34，泥质灰陶。口径28.4、残高4.9厘米(图一一二，6)。

H19：31，泥质黄陶。口径31.2、腹径27.3、残高9.9厘米(图一一二，7)。

H19：36，泥质红胎灰皮陶。口径31、残高5.5厘米(图一一二，8)。

H19：35，泥质灰陶。口径31.3、残高7厘米(图一一二，9)。

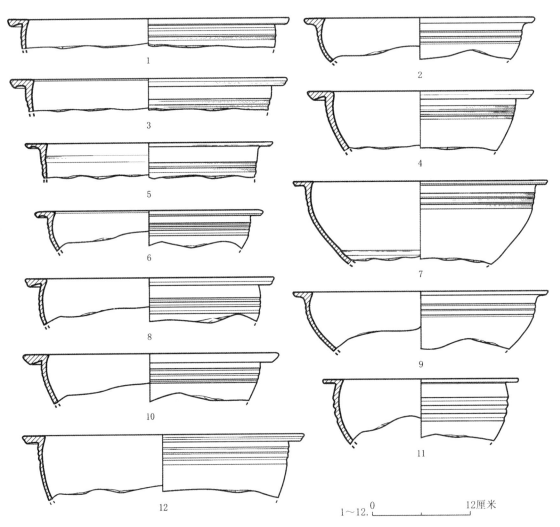

图一一二　H19出土陶折沿盆

1. H19：27　2. H19：32　3. H19：29　4. H19：28　5. H19：30　6. H19：34　7. H19：31
8. H19：36　9. H19：35　10. H19：37　11. H19：144　12. H19：33

H19：37，泥质灰陶。口径31.6、残高5.9厘米(图一一二，10)。

H19：144，泥质红陶。口径31.7、残高7.6厘米(图一一二，11)。

H19：33，泥质灰陶。口径35、残高7.6厘米(图一一二，12)。

陶敛口盆 3件。均为泥质灰陶。

H19：146，残存口沿。敛口，鼓肩，弧腹。口沿外饰竖线纹。口径19.8、残高5.1厘米(图一一三，1)。

H19：149，残存口沿。敛口，鼓肩，弧腹。口沿外饰一圈凹弦纹，其下再饰一周竖线纹和两圈凹弦纹。口径25.4、残高5.3厘米(图一一三，2)。

H19：147，敛口，厚圆唇，唇缘起棱，弧腹内收。器表饰多道凹弦纹。口径39.1、残高11.4厘米(图一一三，4)。

陶盆 2件。仅存底部。

H19：7，泥质灰陶。斜直腹，平底。底径14.4、残高11.3厘米(图一一三，3)。

H19：2，泥质红胎黑皮陶。微弧腹，平底内凹。底径23.5、残高7.5厘米(图一一三，5)。

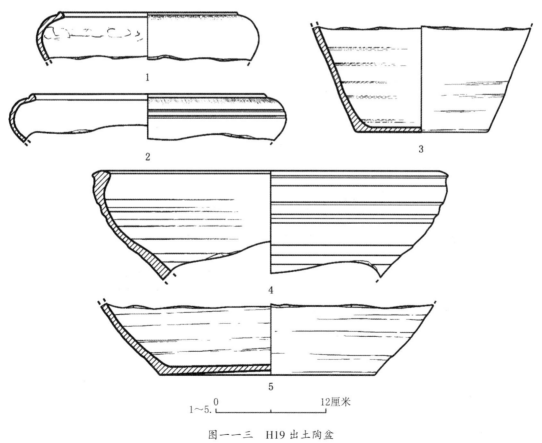

图一一三 H19出土陶盆

1、2、4. 陶敛口盆(H19：146、149、147) 3、5. 陶盆(H19：7、2)

陶井　1件。

H19：1，泥质灰陶。仅存肩部。肩部上下各堆贴一圈绳索状泥条，泥条上错落分布着若干颗乳钉，上下两圈乳钉纹之间用绳索状泥条相连，将陶井的肩部分隔为若干个三角形，三角形的中央各有一枚乳钉纹。下端附加堆纹上还有两个呈对称分布的半圆形把手。残留部分上端直径35.4、下端直径19.4、残高12厘米（图一一四，4）。

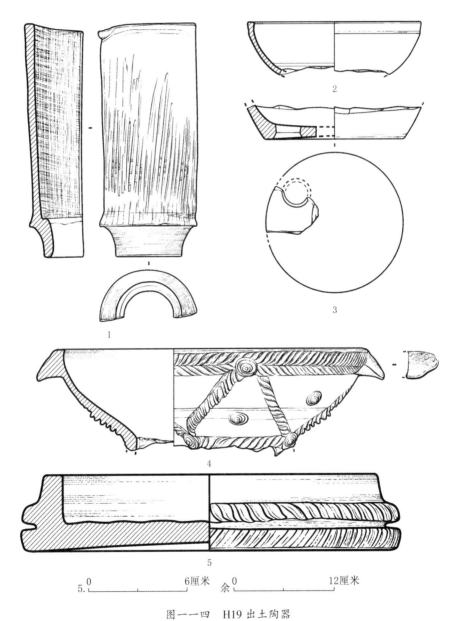

图一一四　H19出土陶器

1. 陶筒瓦（H19：4）　2. 陶灯（H19：145）　3. 陶瓿（H19：51）　4. 陶井（H19：1）　5. 陶砚（H19：150）

陶瓿　1件。

H19：51，泥质灰陶。仅残存底部。底径15.7、残高4厘米（图一一四，3）。

陶灯 1件。

H19：145，泥质灰陶。仅残存部分灯盘，为敛口，弧腹。口沿外有一圈宽凹弦纹。口径19.8、残高6厘米(图一一四，2)。

陶砚 1件。

H19：150，泥质灰陶。直口，直壁，平底内凹，足残缺。外壁下半部装饰两圈绳索状附加堆纹。口径20.1、底径22.6、高4.5厘米(图一一四，5)。

陶筒瓦 1件。

H19：4，泥质灰陶。凸面饰竖线纹，凹面饰布纹。长26.1、宽11.8、高6厘米(图一一四，1；彩版二〇，4)。

8. H20

H20位于IVT0106西南部扩方区域的东南角，开口于南发掘区②层下，打破生土层，坑口距地表约0.2米。H20南部在断崖上，东部伸入扩方区域的东壁外，并未全部发掘，从已发掘部分看，平面应呈椭圆形，弧壁，圜底。坑壁与坑底均较为粗糙。已发掘部分坑口长2.5、宽1.7、坑底距坑口深0.26米(图一一五)。坑内填土呈灰黑色，土质较致密，包含大量陶瓷片。出土遗物的可辨器形包括青瓷盘口壶、双唇罐、直颈横系罐、碗，陶敛口双竖系罐、侈口双竖系罐、直颈无系罐、釜形罐、折沿盆、灯、筒瓦、筒形支烧具等。

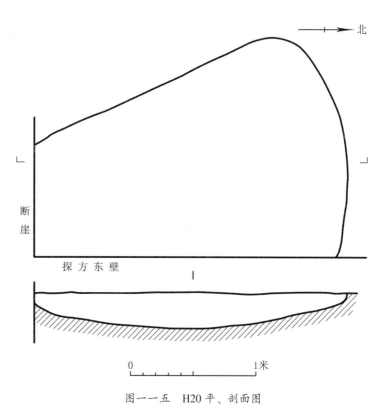

图一一五 H20平、剖面图

青瓷盘口壶 1件。

H20：58，青黄釉，积釉处颜色较深，胎釉结合差，脱釉较严重，红褐胎，胎质较致密。残存口沿。小盘口，圆唇。盘外壁有两周凹弦纹。口径 14、残高 3.5 厘米（图一一六，5；彩版二〇，5）。

青瓷双唇罐　1 件。

H20：1，青黄釉，釉层较薄，胎釉结合差，脱釉严重，红褐胎，胎质较致密。外口敞，外唇面内凹，内口残，颈部以下饰席纹。口径 27.2、残高 12 厘米（图一一六，1）。

青瓷直颈横系罐　5 件。均只残存上半部。青黄釉，釉层较薄，胎釉结合差，脱釉严重，红褐胎，胎质较致密。均为直颈，包括鼓肩和溜肩两型，肩部一般置对称四横系，口沿外均有一圈凹槽。

H20：18，鼓肩，肩部横系残缺。肩部饰二圈凹弦纹，其下饰席纹。口径 25、残高 6 厘米（图一一六，2）。

H20：2，口微侈，溜肩，肩部横系残缺。肩部饰多圈凹弦纹。口径 10.9、残高 4.4 厘米（图一一六，3）。

H20：3，釉已脱落。口微内敛，鼓肩，胖鼓腹，肩部残留一横系根部，腹内壁有密集的指窝痕。肩部饰一圈凹弦纹，其下饰网格纹。口径 22.1、残高 10.9 厘米（图一一六，4）。

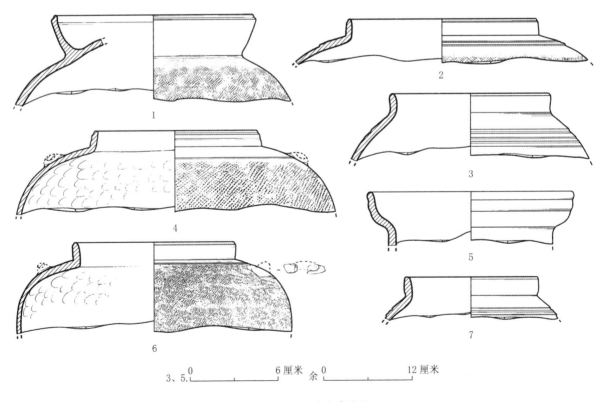

图一一六　H20 出土青瓷器

1. 青瓷双唇罐（H20：1）　2、3、4、6、7. 青瓷直颈横系罐（H20：18、2、3、56、8）　5. 青瓷盘口壶（H20：58）

H20：56，口微侈，鼓肩，胖鼓腹，肩部残留一泥条形横系根部，腹内壁有密集的指窝痕。肩部饰三圈凹弦纹，其下饰竖线纹地菱格回纹。口径21.8、残高12厘米(图一一六，6)。

H20：8，口微侈，溜肩，肩部横系残缺。肩部饰多圈凹弦纹。口径18、残高5.8厘米(图一一六，7)。

青瓷罐　6件。均为残片。青黄釉，釉层较薄，胎釉结合差，脱釉严重，红褐胎，胎质较致密。

H20：20，肩腹部残片。肩部残留一泥条形横系。器表拍印席纹(图一一七，2)。

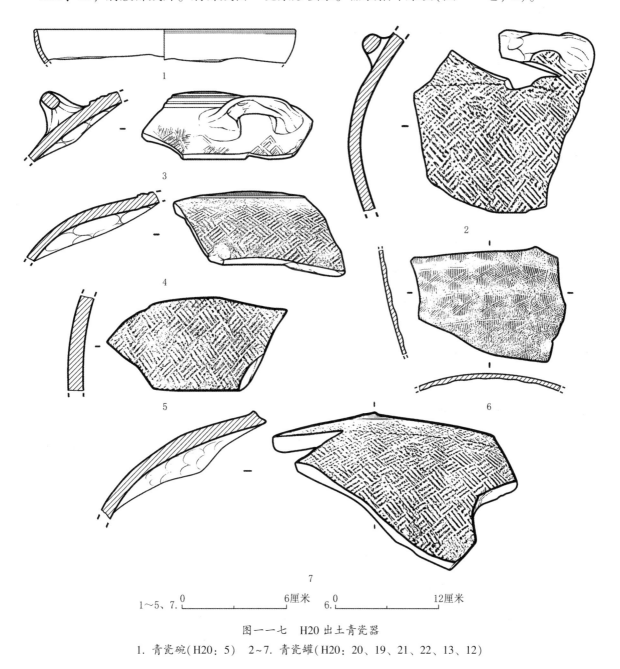

1～5、7. 0　　　　　6厘米
6. 0　　　　　12厘米

图一一七　H20出土青瓷器

1. 青瓷碗(H20：5)　2~7. 青瓷罐(H20：20、19、21、22、13、12)

H20：19，肩部残片。肩部残留一泥条形横系。器表拍印竖线纹地重圈菱形纹（图一一七，3）。

H20：21，肩部残片。器表拍印席纹（图一一七，4）。

H20：22，腹部残片。器表拍印席纹（图一一七，5）。

H20：13，腹部残片。器表拍印竖线纹地重圈菱形纹（图一一七，6）。

H20：12，肩部残片。肩部内壁有密集的指窝痕。器表拍印席纹（图一一七，7）。

青瓷碗　1件。

H20：5，青绿釉，胎釉结合较差，脱釉较严重，灰白胎，胎体致密。残存口沿。敞口，弧腹。口径15.1、残高1.9厘米（图一一七，1）。

青瓷残片　1件。

H20：59，器形不明。酱褐釉，器表粘有大量窑渣，红褐胎，胎体致密（彩版二〇，6）。

陶敛口双竖系罐　8件。均只残留上半部。敛口，宽唇，直颈或斜直颈，溜肩，肩部置对称牛鼻状竖系。

H20：14，泥质红陶。斜直颈，宽唇内斜，肩部双系残缺。器身饰由弦纹间隔的竖线纹地纵向波折纹。口径14.1、残高5.8厘米（图一一八，1）。

H20：15，泥质红陶。直颈，宽唇内斜，肩部双系残缺。器身饰由弦纹间隔的竖线纹地纵向波折纹。口径28、残高5.5厘米（图一一八，4）。

H20：16，泥质红陶。斜直颈，宽唇内斜，肩部双系残缺。器身饰由弦纹间隔的竖线纹地纵向波折纹。口径18.4、残高4.4厘米（图一一八，2）。

H20：4，泥质红陶。直颈，宽唇内斜，肩部双系残缺。器身饰由弦纹间隔的竖线纹地纵向波折纹。口径16.8、残高5.5厘米（图一一八，3）。

H20：24，泥质红陶。斜直颈，宽唇内斜，肩部双系残缺。器身饰由弦纹间隔的竖线纹地纵向波折纹。口径17.6、残高6.9厘米（图一一八，7）。

H20：43，泥质灰陶。直颈，宽平唇，肩部双系残缺。器身饰由弦纹间隔的竖线纹。口径20、残高7.8厘米（图一一八，6）。

H20：46，泥质灰陶。直颈，宽唇内斜，肩部双系残缺。器身饰由弦纹间隔的竖线纹地纵向波折纹。口径18.4、残高3.9厘米（图一一八，5）。

H20：42，泥质红褐陶。直颈，宽平唇。器身饰由弦纹间隔的竖线纹地纵向波折纹。口径13.2、残高8.7厘米（图一一八，8）。

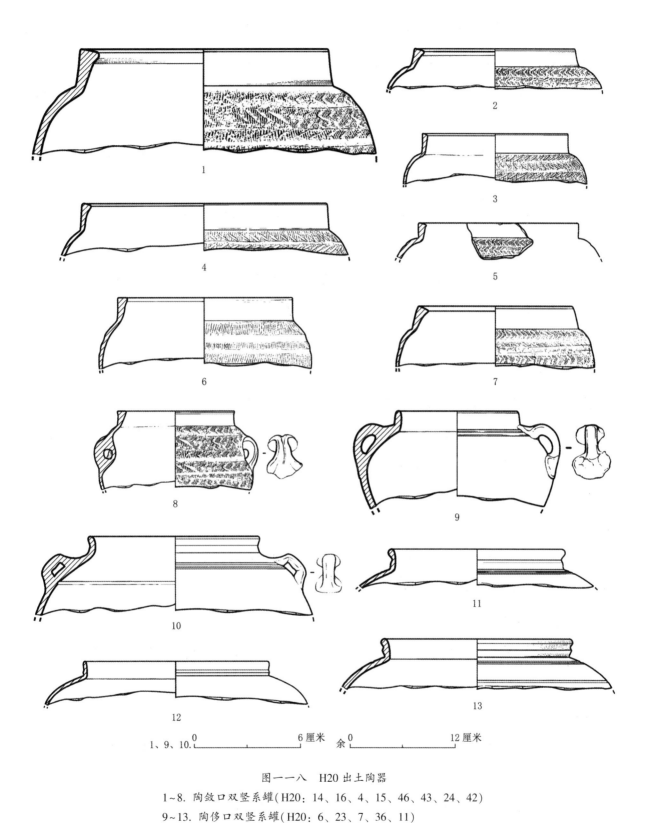

图一一八 H20 出土陶器

1~8. 陶敛口双竖系罐(H20：14、16、4、15、46、43、24、42)

9~13. 陶侈口双竖系罐(H20：6、23、7、36、11)

陶侈口双竖系罐　6件。均只残存上半部。侈口，溜肩或鼓肩，肩部置对称泥条形竖系。

H20：23，泥质灰陶。溜肩，肩部饰二圈凹弦纹。口径9.8、残高4.3厘米(图一一八，10)。

H20：11，泥质灰陶。鼓肩，肩部双系残缺。颈部和肩部各饰二圈凹弦纹。口径21.4、残高5.6厘米(图一一八，13)。

H20：36，泥质灰陶，局部泛红。口微侈，鼓肩，肩部双系残缺。颈部饰二圈凹弦纹。口径21.2、残高4.9厘米(图一一八，12)。

H20：7，泥质灰陶。鼓肩，肩部双系残缺。颈部和肩部各饰二圈凹弦纹。口径19.7、残高4.3厘米(图一一八，11)。

H20：6，泥质灰陶。口微侈，溜肩，上腹圆鼓，下腹弧收。肩部上方饰二圈凹弦纹。口径6.9、残高5.5厘米(图一一八，9)。

H20：34，泥质红陶。鼓肩，肩部残留竖系根部。颈部和肩部各饰二圈凹弦纹。口径15、残高5.5厘米(图一一九，1)。

陶直颈无系罐　3件。均只残存口沿。直口，直颈，广肩。

H20：10，泥质灰陶。直颈，宽平唇，广肩，肩内壁有指窝痕。唇面有一圈凹槽，颈部饰三圈凹弦纹，肩部装饰竖线纹地菱形纹。口径40.8、残高6厘米(图一一九，2)。

H20：33，泥质红褐陶。直颈，宽平唇，广肩，肩内壁有指窝痕。颈部饰三圈凹弦纹，肩部饰竖线纹地重圈菱形纹。口径17.4、残高4.2厘米(图一一九，3)。

H20：39，泥质红陶。侈口，斜直颈，溜肩。颈部饰三圈凹弦纹，肩部纹饰模糊，仅可见一圈凹弦纹。口径40、残高7厘米(图一一九，4)。

陶釜形罐　1件。

H20：17，泥质灰陶。宽仰折沿，口沿残，沿面微凹，深弧腹，底残。器表饰网格纹。残高7.7厘米(图一一九，5)。

陶罐　2件。仅剩残片。

H20：26，泥质红陶。为肩部残片。肩部残留一泥条形横系。肩部饰三圈凹弦纹，其下饰竖线纹地菱形纹(图一一九，6)。

H20：27，泥质红陶。为腹部残片。器表拍印菱形纹(图一一九，7)。

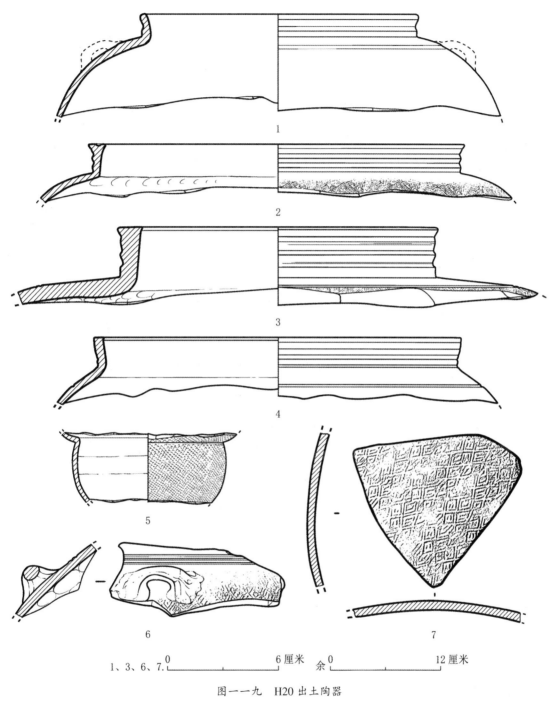

图一一九 H20 出土陶器

1. 陶侈口双竖系罐（H20：34） 2~4. 陶直颈无系罐（H20：10、33、39） 5. 陶釜形罐（H20：17）
6、7. 陶罐（H20：26、27）

陶折沿盆 5 件。均仅残存口沿。平折沿，上腹部饰二至三圈凹弦纹。

H20：51，泥质黄陶。上腹斜直。口径 31.3、残高 3.9 厘米（图一二〇，2）。

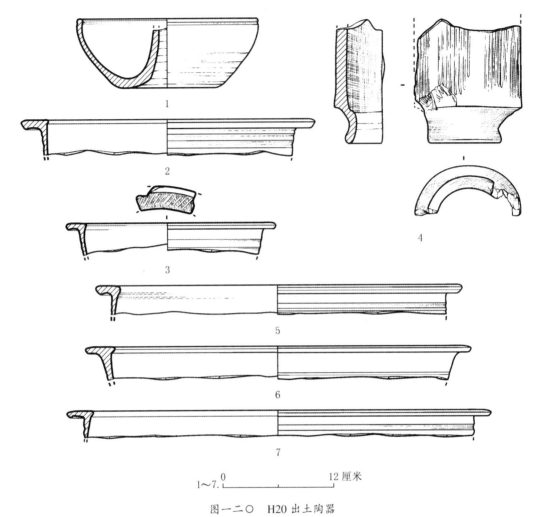

图一二〇　H20 出土陶器

1. 陶灯(H20：29)　2、3、5、6、7. 陶折沿盆(H20：51、25、55、54、53)　4. 陶筒瓦(H20：9)

　　H20：25，泥质灰陶。上腹斜直。口沿面饰竖线纹地菱格纹。口径 22.9、残高 3.4 厘米(图一二〇，3)。

　　H20：55，泥质灰陶。平折沿下缘起棱，上腹较直。口沿面饰一圈竖线纹地"＜"纹。口径 39.8、残高 3.3 厘米(图一二〇，5)。

　　H20：54，泥质黄陶。上腹斜直。口径 40.8、残高 3.5 厘米(图一二〇，6)。

　　H20：53，泥质黄陶。平折沿下缘起棱，上腹较直。口径 45.2、残高 3 厘米(图一二〇，7)。

陶灯　1件。

　　H20：29，泥质灰陶。承盘敛口，方唇，斜弧腹较深，承盘口沿外有一圈凹弦纹。承柱中空，上部残缺。承盘直径 19.8、高 7.4 厘米(图一二〇，1)。

陶筒瓦　1 件。

H20：9，泥质灰陶。残存前端。凸面饰竖线纹，凹面饰布纹。残长 13.1、宽 11.5、高 5.4 厘米(图一二〇，4)。

陶筒形支烧具　17 件。上下通透，托面与器壁的截面呈"T"字形，一般为束腰、底外侈。

H20：28，器表呈深灰色，胎呈红褐色。托面略内凹，腹中部有椭圆形穿孔。托面直径 18.9、底径 19.2、高 8 厘米(图一二一，1)。

H20：31，器表呈青灰色，胎呈红褐色。托面中部有一圈凹弦纹，中腹部偏下有椭圆形穿孔。托面直径 19.2、高 8.4 厘米(图一二一，2)。

H20：35，器表呈深灰色，胎呈红褐色。托面向外倾斜，底呈斜削状。中腹偏上有四个两两对称的不规则椭圆形穿孔。托面直径 18.1、高 6.8 厘米(图一二一，3)。

H20：32，器表呈灰色，胎呈红褐色。器壁自上而下内束，托面有一圈凹弦纹，腹中部有椭圆形穿孔。托面直径 19.9、底径 15.5、高 6 厘米(图一二一，4)。

H20：37，器表呈深灰色，胎呈红褐色。托面中部内凹，上腹直，下腹外斜，中腹部偏上有四个两两对称的椭圆形穿孔，底呈斜削状。托面直径 17.8、高 24.9 厘米(图一二一，5)。

H20：38，器表呈深灰色，胎呈红褐色，底部一圈呈砖红色。托面平坦，腹壁有四个两两对称的穿孔。托面直径 18.4、高 8.6 厘米(图一二一，6)。

H20：40，器表呈灰色，胎呈红褐色。托面平坦，底部有指窝痕、呈斜削状，腹中部有穿孔。托面直径 16.7、高 8.3 厘米(图一二一，7；彩版二一，1)。

H20：41，器表呈灰色，胎呈红褐色，底部一圈呈红色。托面平坦，底呈斜削状。托面直径 17、高 4.7 厘米(图一二一，8)。

H20：44，器表呈深灰色，胎呈红褐色。托面平坦，底呈斜削状，腹壁中部有四个两两对称的穿孔。托面直径 20.8、高 9.4 厘米(图一二一，9)。

H20：45，器表呈深灰色，胎呈红褐色。托面平坦，中腹偏上有穿孔。托面直径 14.3、高 7.8 厘米(图一二一，10)。

H20：47，器表呈灰色，胎呈红褐色。托面平坦，托面中部有一圈凹弦纹，腹中部有四个两两对称的椭圆形穿孔。托面直径 15、高 5.3 厘米(图一二一，11)。

H20：48，泥质灰陶，底部一圈呈砖红色。托面平坦，底部呈斜削状，腹壁中部有对称穿孔。托面直径 9.4、高 9.4 厘米(图一二一，12)。

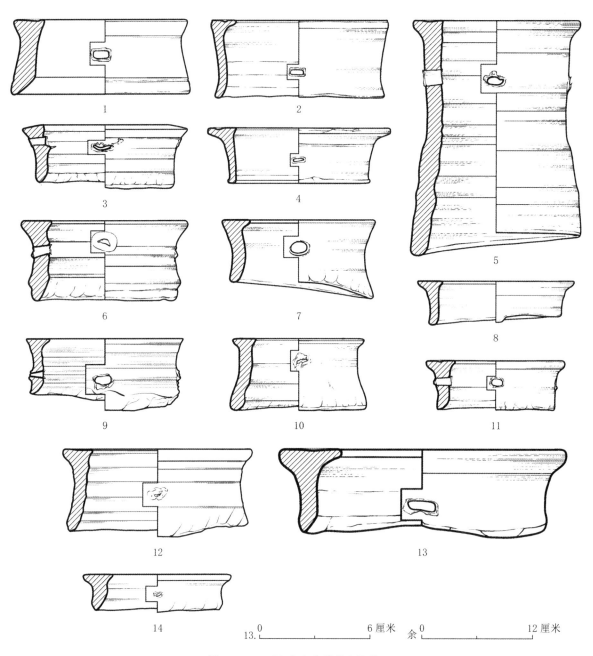

图一二一　H20 出土陶筒形支烧具

1. H20：28　2. H20：31　3. H20：35　4. H20：32　5. H20：37　6. H20：38　7. H20：40　8. H20：41
9. H20：44　10. H20：45　11. H20：47　12. H20：48　13. H20：30　14. H20：49

　　H20：30，器表呈深灰色，胎呈红褐色。底呈斜削状，中腹偏下有椭圆形穿孔。托面直径15.6、高 4.7 厘米(图一二一，13)。

　　H20：49，器表呈灰色，胎呈红褐色。托面平坦，腹壁中部有对称穿孔。托面直径 16.4、高

4.2 厘米(图一二一，14)。

H20：50，器表呈深灰色，胎呈红褐色。托面平坦，托面中部有一圈凹弦纹，底略呈斜削状。托面直径 18、高 5 厘米(图一二二，1)。

H20：52，器表呈灰色，胎呈红褐色，底部一圈呈红色。托面平坦，托面中部偏内侧有一圈凹弦纹，底呈斜削状，腹壁上有对称穿孔。托面直径 18.3、高 7.4 厘米(图一二二，2)。

H20：57，夹砂灰陶。托面平坦，托面中部有一圈凹弦纹，腹壁较直，底微外撇、呈斜削状，腹壁上部有对称的椭圆形穿孔。托面直径 17.8、高 7.9 厘米(图一二二，3)。

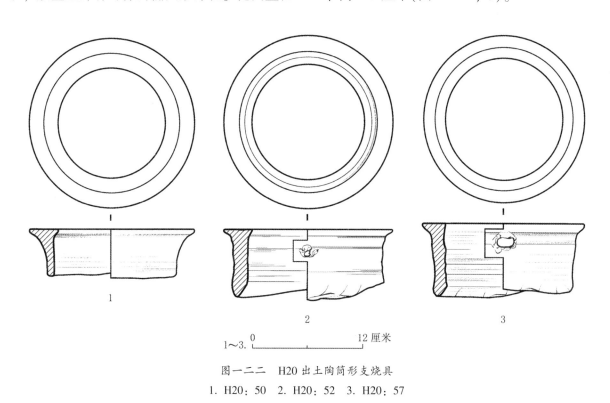

图一二二　H20 出土陶筒形支烧具
1. H20：50　2. H20：52　3. H20：57

9. H23

H23 位于 ⅢT0107 西部，开口于南发掘区⑤层下，被 H15 和 H18 打破，打破生土层，坑口距地表 0.7 米。H23 平面形状为近长方形，斜直壁，平底。坑壁与坑底均有修整的痕迹。坑口东西长 0.7、南北宽 0.46、坑底距坑口深 0.44 米(图一二三)。坑内堆积为灰黑色，土质较致密，呈水平状，包含少量陶片。出土遗物的可辨器形有陶折沿盆、板瓦。

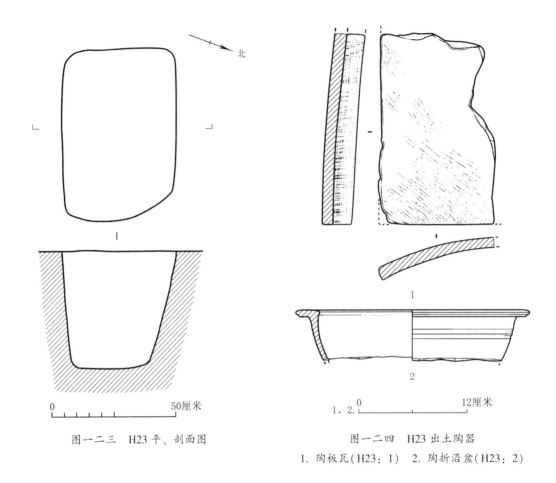

图一二三 H23 平、剖面图

图一二四 H23 出土陶器
1. 陶板瓦(H23：1) 2. 陶折沿盆(H23：2)

陶折沿盆 1件。

H23：2，泥质灰陶。残存口沿。平折沿，尖唇，斜弧腹。上腹部饰二圈凹弦纹。口径25.9、残高5.6厘米(图一二四，2)。

陶板瓦 1件。

H23：1，泥质灰陶。凸面饰绳纹，凹面饰布纹。残长20.7厘米(图一二四，1)。

10. H27

H27位于ⅢT0106中部，开口于南发掘区⑤层下，被H19打破，打破生土层，坑口距地表约0.3米。H27平面形状为椭圆形，弧壁，平底。坑口南北最大径2.8、东西最大径1.52、深0.3米(图一二五；彩版一〇，2)。坑内堆积为灰黑色，土质较疏松，包含有大量红烧土颗粒、陶片、窑具及少量瓷片。出土遗物的可辨器形有陶敛口双竖系罐、侈口双竖系罐、折沿盆、敛口盆、直口盆、灯、动物俑、筒形支烧具等。

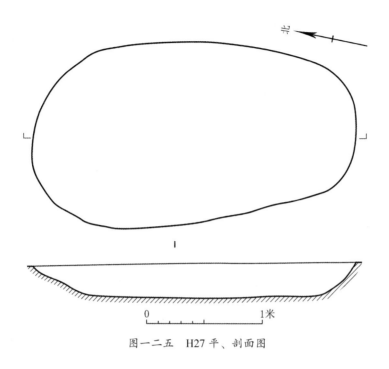

图一二五 H27 平、剖面图

青瓷残片 1件。

H27：224，器形不明，略有扭曲，系过烧所致。青黄釉，积釉处颜色较深，红褐胎，胎体致密(彩版二一，2)。

陶敛口双竖系罐 108件。 敛口，宽唇，唇面多内斜，多为斜直颈、溜肩，肩部置对称牛鼻状竖系，上腹圆鼓，下腹弧收，平底。

H27：3，泥质灰陶。肩部至中腹部饰由弦纹间隔的网格纹。口径22.6、腹径29.4、底径13、高24.5厘米(图一二六，1；彩版二一，3)。

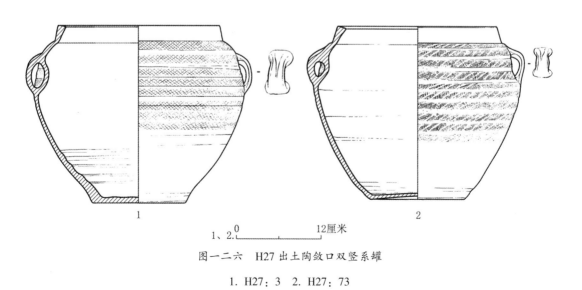

图一二六 H27 出土陶敛口双竖系罐

1. H27：3 2. H27：73

H27：73，泥质红陶。平底内凹。上腹部饰由弦纹间隔的竖线纹地短斜线纹。口径22.6、腹径29.3、底径13.4、高23.9厘米(图一二六，2；彩版二一，4)。

H27：74，泥质灰陶。肩部双系残缺。器身饰由弦纹间隔的竖线纹地纵向波折纹。口径19.6、残高6.8厘米(图一二七，1)。

H27：7，泥质灰陶。残存上半部。宽唇稍内斜，鼓肩。上腹部饰由弦纹间隔的竖线纹地纵向波折纹。口径16.2、腹径23.3、残高9.9厘米(图一二七，2)。

H27：6，泥质灰陶。鼓肩，肩部双系残缺。器身饰竖线纹地纵向波折纹。口径18.6、残高4.9厘米(图一二七，3)。

H27：10，泥质灰陶。肩部双系残缺。器身饰由弦纹间隔的竖线纹地纵向波折纹。口径16、残高6.4厘米(图一二七，4)。

H27：11，泥质红褐陶。肩部双系残。器身饰由弦纹间隔的竖线纹地纵向波折纹。口径13.5、残高8.7厘米(图一二七，5)。

H27：4，泥质灰陶。器身略有变形。宽平唇，直颈，肩部残留一牛鼻状竖系，肩部以下残。器身饰由弦纹间隔的竖线纹地纵向波折纹(图一二七，6)。

H27：9，泥质灰陶。残存口沿，略有变形。宽平唇，直颈，鼓肩，肩部双系残缺。器身饰由弦纹间隔的竖线纹地纵向波折纹(图一二七，7)。

H27：16，泥质灰陶。直颈。器身饰由弦纹间隔的竖线纹地纵向波折纹。口径14.8、残高6.9厘米(图一二七，8)。

H27：5，泥质灰陶。鼓肩，肩部双系残缺。器身饰由弦纹间隔的竖线纹地纵向波折纹(图一二七，9)。

H27：15，泥质灰陶。肩部双系残缺。器身饰由弦纹间隔的竖线纹地纵向波折纹。口径23、残高7.9厘米(图一二七，10)。

H27：8，泥质灰陶。残存口沿，略有变形。器身饰由弦纹间隔的竖线纹地纵向波折纹(图一二七，11)。

H27：12，泥质灰陶。肩部双系残缺。器身饰由弦纹间隔的网格纹。口径26、残高6厘米(图一二七，12)。

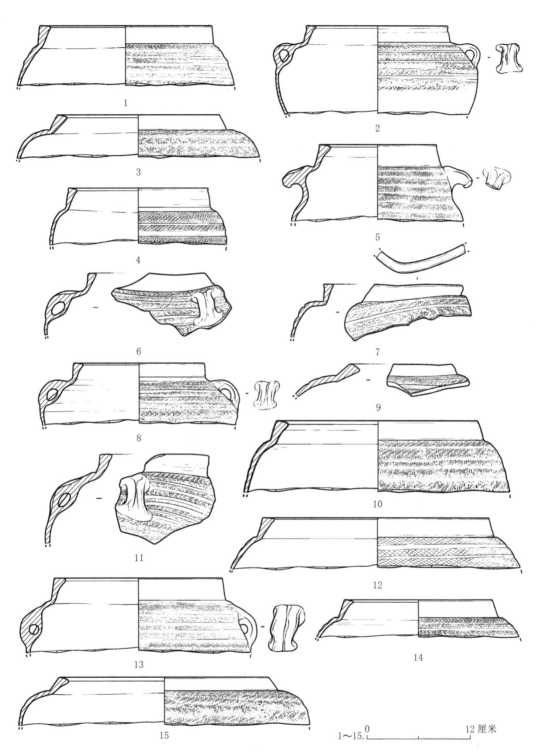

图一二七　H27 出土陶敛口双竖系罐

1. H27：74　2. H27：7　3. H27：6　4. H27：10　5. H27：11　6. H27：4　7. H27：9
8. H27：16　9. H27：5　10. H27：15　11. H27：8　12. H27：12　13. H27：18
14. H27：13　15. H27：19

H27：18，泥质灰陶。宽平唇。器身饰由弦纹间隔的竖线纹。口径19.2、残高8.4厘米(图一二七，13)。

H27：13，泥质灰陶。肩部双系残缺。器身饰由弦纹间隔的竖线纹地纵向波折纹。口径17.1、残高4.2厘米(图一二七，14)。

H27：19，泥质灰陶。鼓肩，肩部双系残缺。器身饰由弦纹间隔的竖线纹地纵向波折纹。口径23.8、残高5.5厘米(图一二七，15)。

H27：17，泥质灰陶。肩部双系残缺。器身饰由弦纹间隔的竖线纹地大网格纹。口径23.2、残高6.5厘米(图一二八，1)。

H27：20，泥质灰陶。肩部双系残缺。器身饰由弦纹间隔的竖线纹地纵向波折纹。口径24、残高6厘米(图一二八，2)。

H27：14，泥质灰陶。残存口沿，变形严重。直颈，鼓肩，肩部竖系残缺。器身饰由弦纹间隔的竖线纹地纵向波折纹(图一二八，3)。

H27：78，泥质灰陶。宽唇稍内斜，直颈，肩部双系残缺。器身饰竖线纹地纵向波折纹。口径22.8、残高6.9厘米(图一二八，4)。

H27：57，泥质红陶。肩部双系残缺。器身饰由弦纹间隔的竖线纹地纵向波折纹。口径24.4、残高5.5厘米(图一二八，5)。

H27：54，泥质灰陶。肩部竖系残。上腹部饰由弦纹间隔的竖线纹地网格纹。口径20.6、腹径25.4、残高16.2厘米(图一二八，6)。

H27：52，泥质灰陶。宽平唇，直颈。器身饰由弦纹间隔的竖线纹地纵向波折纹。口径22.2、腹径27.7、残高15厘米(图一二八，7)。

H27：53，泥质红陶。器身饰由弦纹间隔的竖线纹地网格纹。口径17.8、残高7.2厘米(图一二八，8)。

H27：60，泥质红陶。肩部双系残缺。器身饰由弦纹间隔的竖线纹地纵向波折纹。口径23.2、残高4.6厘米(图一二八，9)。

H27：59，泥质红陶。器身纹饰模糊，仅可辨数圈弦纹。口径25.2、残高7.9厘米(图一二八，10)。

H27：56，泥质红陶。器身饰由弦纹间隔的竖线纹地纵向波折纹。口径25.2、残高6.4厘米(图一二八，11)。

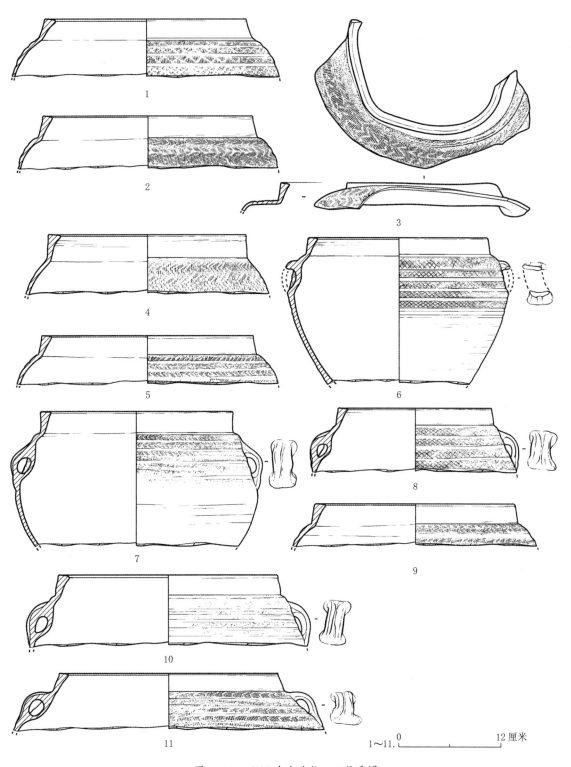

图一二八　H27 出土陶敛口双竖系罐

1. H27：17　2. H27：20　3. H27：14　4. H27：78　5. H27：57　6. H27：54
7. H27：52　8. H27：53　9. H27：60　10. H27：59　11. H27：56

H27：68，泥质红陶。宽唇稍内斜，直颈，肩部双系残缺。肩部饰由弦纹间隔的竖线纹地网格纹。口径 20.5、残高 6.2 厘米(图一二九，1)。

H27：76，泥质灰陶。肩部竖系残。器身饰由弦纹间隔的竖线纹地纵向波折纹。口径 15.4、残高 6.2 厘米(图一二九，2)。

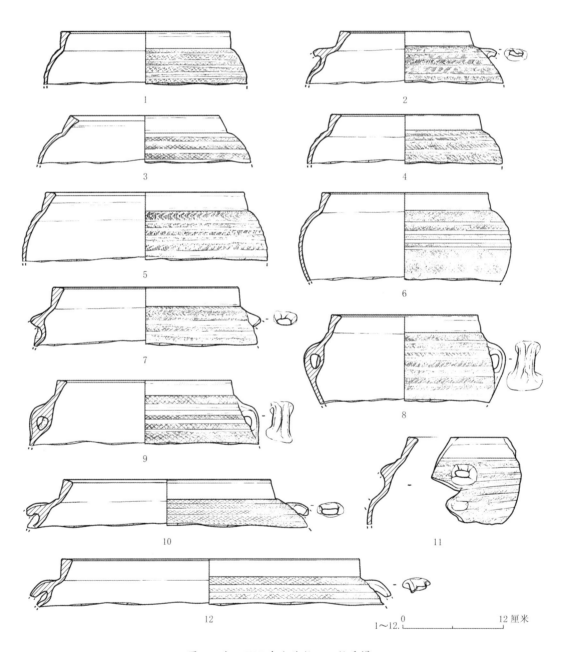

图一二九　H27 出土陶敛口双竖系罐

1. H27：68　2. H27：76　3. H27：96　4. H27：80　5. H27：64　6. H27：70

7. H27：63　8. H27：75　9. H27：66　10. H27：65　11. H27：79　12. H27：67

　　H27：96，泥质红陶。肩部双系残缺。器身饰由弦纹间隔的竖线纹地网格纹。口径18.6、残高6.7厘米(图一二九，3)。

　　H27：80，泥质灰陶。肩部双系残缺。器身饰由弦纹间隔的竖线纹地纵向波折纹。口径17.6、残高6.2厘米(图一二九，4)。

　　H27：64，泥质红陶。肩部双系残缺。器身饰由弦纹间隔的竖线纹地纵向波折纹。口径24.2、残高8厘米(图一二九，5)。

　　H27：70，泥质红陶。肩部双系残缺。器身饰由弦纹间隔的竖线纹地大网格纹。口径20、残高11.1厘米(图一二九，6)。

　　H27：63，泥质红陶。宽唇稍内斜，直颈，系残。器身饰由弦纹间隔的竖线纹地纵向波折纹。口径22.5、残高7.1厘米(图一二九，7)。

　　H27：75，泥质红陶。器身饰由弦纹间隔的竖线纹地纵向波折纹。口径17.6、残高10.7厘米(图一二九，8)。

　　H27：66，泥质红陶。器身饰由弦纹间隔的竖线纹地网格纹。口径21.2、残高7.6厘米(图一二九，9)。

　　H27：65，泥质红陶。肩部竖系残。器身饰由弦纹间隔的网格纹。口径25.2、残高5.8厘米(图一二九，10)。

　　H27：79，泥质红陶。肩部竖系残。器身饰由弦纹间隔的竖线纹地纵向波折纹(图一二九，11)。

　　H27：67，泥质红陶。宽唇稍内斜，直颈，系残。肩部饰由弦纹间隔的竖线纹地网格纹。口径36、残高5.8厘米(图一二九，12)。

　　H27：114，泥质灰陶。宽唇稍内斜。器身饰由弦纹间隔的竖线纹地纵向波折纹。口径22.9、残高10.9厘米(图一三〇，1)。

　　H27：115，泥质灰陶。鼓肩，肩部双系残缺。器身饰由弦纹间隔的竖线纹地纵向波折纹。口径25.2、残高5.7厘米(图一三〇，2)。

　　H27：121，泥质灰陶。肩部双系残缺。器身饰由弦纹间隔的网格纹。口径27.4、残高6.3厘米(图一三〇，3)。

　　H27：116，泥质红陶。宽唇平，直颈。器身饰由弦纹间隔的竖线纹地纵向波折纹。口径26、残高9.4厘米(图一三〇，4)。

　　H27：119，泥质灰陶。肩部双系残缺。器身饰由弦纹间隔的网格纹。口径25.8、残高6.3厘米(图一三〇，5)。

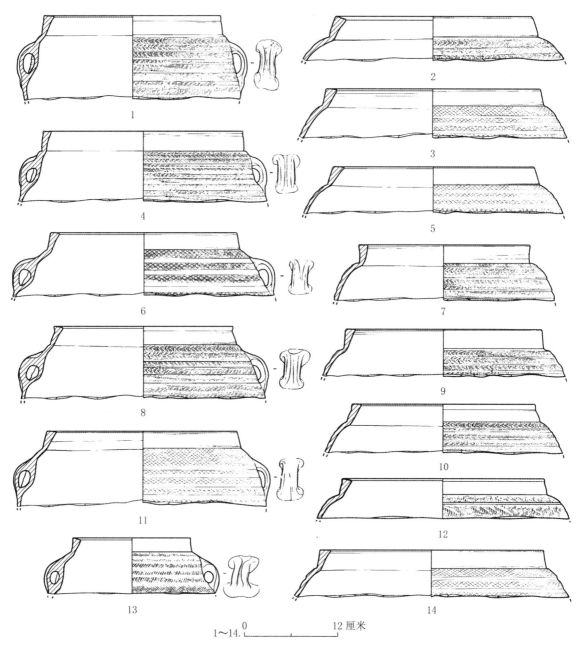

图一三〇　H27 出土陶敛口双竖系罐

1. H27：114　2. H27：115　3. H27：121　4. H27：116　5. H27：119　6. H27：117
7. H27：124　8. H27：118　9. H27：123　10. H27：122　11. H27：120　12. H27：126
13. H27：129　14. H27：125

　　H27：117，泥质红胎黑皮陶。器身饰由弦纹间隔的竖线纹地网格纹。口径 24.2、残高 8.3
厘米(图一三〇，6)。

　　H27：124，泥质红胎灰皮陶。宽平唇，直颈，肩部双系残缺。器身饰由弦纹间隔的竖线纹地纵向波折纹。口径 22、残高 6.8 厘米(图一三〇,7)。

H27:118,泥质灰陶。器身饰由弦纹间隔的竖线纹地纵向波折纹。口径 23.3、残高 9.4 厘米(图一三〇,8)。

H27:123,泥质灰陶。宽平唇,直颈,肩部双系残缺。器身饰由弦纹间隔的竖线纹地纵向波折纹。口径 25.2、残高 6.3 厘米(图一三〇,9)。

H27:122,泥质红胎灰皮陶。肩部双系残缺。器身饰由弦纹间隔的竖线纹地纵向波折纹。口径 23.6、残高 6.3 厘米(图一三〇,10)。

H27:120,泥质灰陶。器身饰由弦纹间隔的网格纹。口径 24.8、残高 9.9 厘米(图一三〇,11)。

H27:126,泥质红陶。鼓肩,肩部双系残缺。器身饰由弦纹间隔的竖线纹地纵向波折纹。口径 26、残高 5.2 厘米(图一三〇,12)。

H27:129,泥质灰陶。器身饰由弦纹间隔的网格纹。口径 15.4、残高 7.3 厘米(图一三〇,13)。

H27:125,泥质灰陶。宽平唇,肩部双系残缺。器身饰由弦纹间隔的网格纹。口径 28.8、残高 6.3 厘米(图一三〇,14)。

H27:137,泥质红胎灰皮陶。肩部双系残缺。器身饰由弦纹间隔的竖线纹地网格纹。口径 24、残高 7.1 厘米(图一三一,1)。

H27:139,泥质灰陶。直颈,系残。器身饰由弦纹间隔的竖线纹地网格纹。口径 17.6、残高 7.1 厘米(图一三一,2)。

H27:138,泥质灰陶。肩部双系残缺。器身饰由弦纹间隔的竖线纹地纵向波折纹。口径 25.6、残高 5.8 厘米(图一三一,3)。

H27:141,泥质红陶。直颈,肩部双系残缺。器身饰由弦纹间隔的竖线纹地纵向波折纹。口径 25.3、残高 5.3 厘米(图一三一,4)。

H27:140,泥质灰陶。肩部双系残缺。器身饰由弦纹间隔的竖线纹地网格纹。口径 27.1、残高 5.8 厘米(图一三一,5)。

H27:145,泥质灰陶。直颈,肩部双系残缺。器身饰由弦纹间隔的网格纹。口径 20.2、残高 6.2 厘米(图一三一,6)。

H27:142,泥质灰陶。器身饰由弦纹间隔的竖线纹地纵向波折纹。口径 20、残高 7.1 厘米(图一三一,7)。

H27:144,泥质红陶。肩部双系残缺。器身饰由弦纹间隔的竖线纹地纵向波折纹。口径 23、残高 4.8 厘米(图一三一,8)。

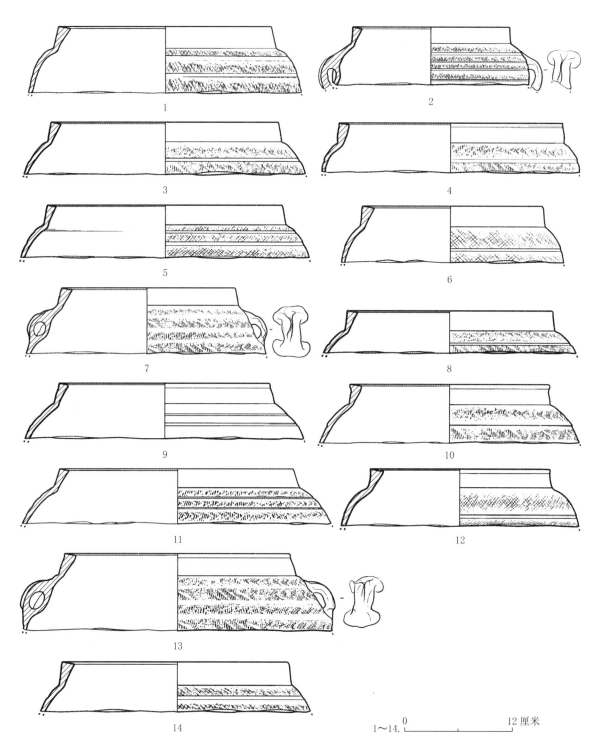

图一三一　H27 出土陶敛口双竖系罐

1. H27：137　2. H27：139　3. H27：138　4. H27：141　5. H27：140　6. H27：145
7. H27：142　8. H27：144　9. H27：147　10. H27：146　11. H27：149　12. H27：150
13. H27：136　14. H27：143

H27：147，泥质灰陶。肩部双系残缺。器身纹饰模糊，仅肩部的两圈凹弦纹清晰可辨。口径23.8、残高6.2厘米(图一三一，9)。

H27：146，泥质灰陶。肩部双系残缺。器身饰由弦纹间隔的竖线纹地纵向波折纹。口径22.7、残高6.7厘米(图一三一，10)。

H27：149，泥质灰陶。肩部双系残缺。器身饰由弦纹间隔的竖线纹地纵向波折纹。口径26.4、残高6.2厘米(图一三一，11)。

H27：150，泥质红陶。鼓肩，肩部双系残缺。器身饰由弦纹间隔的网格纹。口径20.4、残高6.2厘米(图一三一，12)。

H27：136，泥质灰陶。器身饰由弦纹间隔的竖线纹地纵向波折纹。口径25.4、残高8.4厘米(图一三一，13)。

H27：143，泥质红陶。肩部双系残缺。器身饰由弦纹间隔的竖线纹地网格纹。口径25.8、残高5.8厘米(图一三一，14)。

H27：151，泥质灰陶。肩部双系残缺。器身饰由弦纹间隔的竖线纹地网格纹。口径23.6、残高6.6厘米(图一三二，1)。

H27：152，泥质灰陶。肩部双系残缺。器身饰由弦纹间隔的竖线纹地网格纹。口径22.2、残高6.7厘米(图一三二，2)。

H27：154，泥质灰陶。器身饰由弦纹间隔的竖线纹地网格纹。口径20、残高9.3厘米(图一三二，3)。

H27：153，泥质灰陶。肩部双系残缺。器身饰由弦纹间隔的竖线纹地网格纹。口径20.4、残高5.3厘米(图一三二，4)。

H27：158，泥质灰陶。器身纹饰模糊，仅肩部的两圈凹弦纹清晰可辨。口径16.8、残高6.2厘米(图一三二，5)。

H27：155，泥质灰陶。直颈，肩部双系残缺。器身饰由弦纹间隔的竖线纹地纵向波折纹。口径24.8、残高10.6厘米(图一三二，6)。

H27：165，泥质灰陶。肩部双系残缺。器身饰由弦纹间隔的竖线纹地纵向波折纹。口径19、残高5.8厘米(图一三二，7)。

H27：156，泥质红陶。肩部竖系残。器身饰由弦纹间隔的网格纹。口径24.6、残高6.2厘米(图一三二，8)。

H27：169，泥质灰陶。直颈，肩部双系残缺。器身饰由弦纹间隔的竖线纹地网格纹。口径18.4、残高4.4厘米(图一三二，9)。

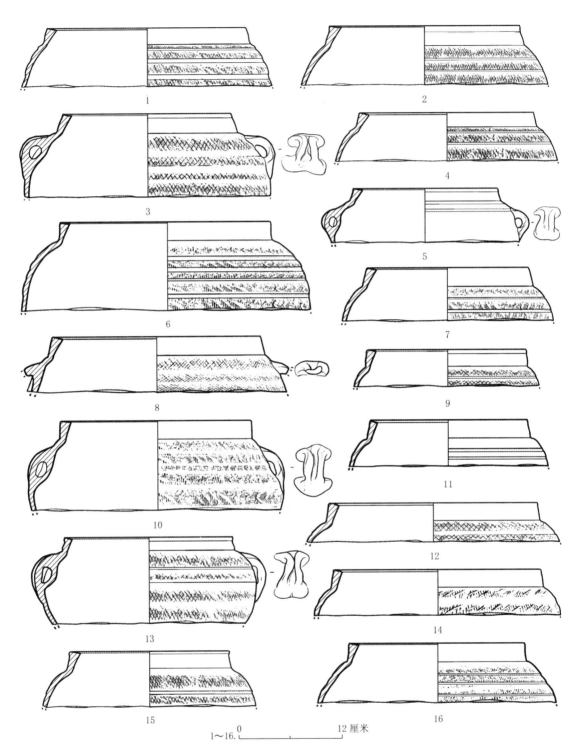

图一三二　H27 出土陶敛口双竖系罐

1. H27：151　2. H27：152　3. H27：154　4. H27：153　5. H27：158　6. H27：155
7. H27：165　8. H27：156　9. H27：169　10. H27：157　11. H27：171　12. H27：167
13. H27：170　14. H27：168　15. H27：177　16. H27：175

H27：157，泥质灰陶。宽平唇，直颈。器身饰由弦纹间隔的竖线纹地纵向波折纹。口径22.6、残高8.8厘米(图一三二，10)。

H27：171，泥质红陶。肩部双系残缺。器身纹饰模糊，仅肩部的两圈凹弦纹清晰可辨。口径18.4、残高5.3厘米(图一三二，11)。

H27：167，泥质红陶。肩部双系残缺。肩部饰由弦纹间隔的竖线纹地网格纹。口径24.8、残高4.4厘米(图一三二，12)。

H27：170，泥质灰陶。器身饰由弦纹间隔的竖线纹地网格纹。口径19.8、残高9.7厘米(图一三二，13)。

H27：168，泥质红陶。肩部双系残缺。肩部饰由弦纹间隔的竖线纹地纵向波折纹。口径24.4、残高5.3厘米(图一三二，14)。

H27：177，泥质灰陶。器身饰由弦纹间隔的竖线纹地网格纹。口径18.8、残高6.6厘米(图一三二，15)。

H27：175，泥质灰陶。直颈，肩部双系残缺。器身饰由弦纹间隔的竖线纹地纵向波折纹。口径20.4、残高6.6厘米(图一三二，16)。

H27：172，泥质灰陶。器身饰由弦纹间隔的竖线纹地纵向波折纹。口径19.8、残高7.5厘米(图一三三，1)。

H27：174，泥质红陶。肩部双系残缺。器身纹饰模糊，仅上腹部的三圈凹弦纹清晰可辨。口径17.6、残高7.5厘米(图一三三，2)。

H27：173，泥质灰陶。器身纹饰模糊，仅肩部的两圈凹弦纹清晰可辨。口径17.3、残高8.4厘米(图一三三，3)。

H27：180，泥质红陶。肩部双系残缺。肩部饰由弦纹间隔的竖线纹地纵向波折纹。口径23、残高6.2厘米(图一三三，4)。

H27：187，泥质灰陶。鼓肩，肩部双系残缺。器身饰由弦纹间隔的竖线纹地纵向波折纹。口径21.6、残高8.4厘米(图一三三，5)。

H27：176，泥质灰陶。器身饰由弦纹间隔的竖线纹地纵向波折纹。口径15.1、残高10.2厘米(图一三三，6)。

H27：188，泥质红陶。肩部双系残缺。器身饰由弦纹间隔的竖线纹地纵向波折纹。口径22.2、残高5.7厘米(图一三三，7)。

H27：183，泥质红陶。直颈。器身饰间断竖线纹。口径25.8、残高10.2厘米(图一三三，8)。

H27：178，泥质灰陶。宽唇稍内斜，直颈，肩部双系残缺。肩部饰由弦纹间隔的竖线纹地纵向波折纹。口径20.4、残高4.8厘米(图一三三，9)。

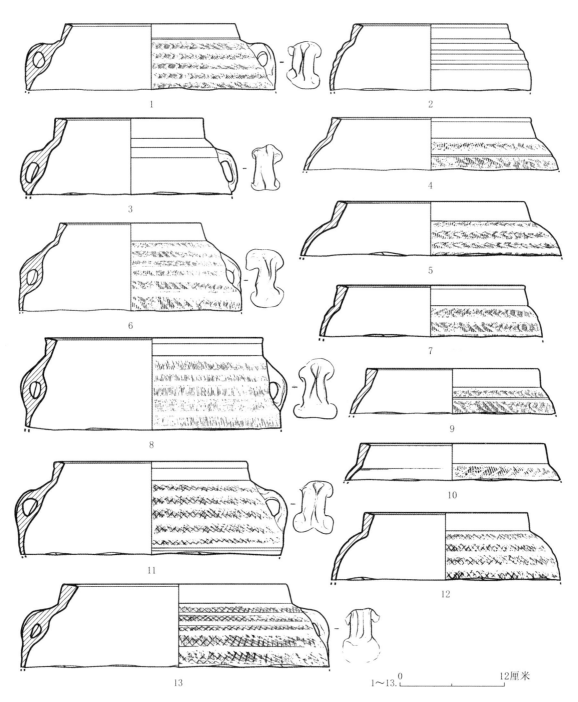

图一三三　H27出土陶敛口双竖系罐

1. H27：172　2. H27：174　3. H27：173　4. H27：180　5. H27：187　6. H27：176
7. H27：188　8. H27：183　9. H27：178　10. H27：179　11. H27：192
12. H27：191　13. H27：193

H27：179，泥质灰陶。肩部双系残缺。肩部饰竖线纹地纵向波折纹。口径 21.2、残高 4 厘米(图一三三，10)。

H27：192，泥质灰陶。器身饰由弦纹间隔的竖线纹地网格纹。口径 22.6、残高 10.2 厘米(图一三三，11)。

H27：191，泥质灰陶。鼓肩，肩部双系残缺。器身饰由弦纹间隔的竖线纹地网格纹。口径 19、残高 7.5 厘米(图一三三，12)。

H27：193，泥质红陶。器身饰由弦纹间隔的竖线纹地网格纹。口径 26.4、残高 9.3 厘米(图一三三，13)。

H27：201，泥质红陶。宽平唇，直颈，肩部双系残缺。器身饰由弦纹间隔的网格纹。口径 21.2、残高 8 厘米(图一三四，1)。

H27：195，泥质灰陶。肩部双系残缺。器身饰由弦纹间隔的竖线纹地短斜线纹。口径 23、残高 6.2 厘米(图一三四，2)。

H27：194，泥质灰陶。肩部双系残缺。器身饰由弦纹间隔的竖线纹地纵向波折纹。口径 21.2、残高 5.3 厘米(图一三四，3)。

H27：196，泥质灰陶。宽平唇，直颈，肩部双系残缺。器身纹饰模糊，仅肩部的三圈凹弦纹清晰可辨。口径 20.4、残高 6.6 厘米(图一三四，4)。

H27：199，泥质红陶。肩部双系残缺。器身饰由弦纹间隔的竖线纹地网格纹。口径 20.4、残高 5.3 厘米(图一三四，5)。

H27：200，泥质灰陶。宽平唇，直颈，肩部双系残缺。器身饰由弦纹间隔的竖线纹地网格纹。口径 19、残高 6.2 厘米(图一三四，6)。

H27：202，泥质红陶。肩部双系残缺。器身纹饰模糊，仅肩部的两圈凹弦纹清晰可辨。口径 26、残高 6.2 厘米(图一三四，7)。

H27：204，泥质灰陶。肩部双系残缺。器身饰由弦纹间隔的竖线纹地短斜线纹。口径 21.8、残高 6.6 厘米(图一三四，8)。

H27：189，泥质灰陶。肩部双系残缺。肩部饰网格纹。口径 20.4、残高 4 厘米(图一三四，9)。

H27：203，泥质红陶。肩部双系残缺。器身纹饰模糊，仅肩部的三圈凹弦纹清晰可辨。口径 19.2、残高 6.2 厘米(图一三四，10)。

H27：197，泥质灰陶。器身饰由弦纹间隔的竖线纹地网格纹。口径 32、残高 8.4 厘米(图一三四，11)。

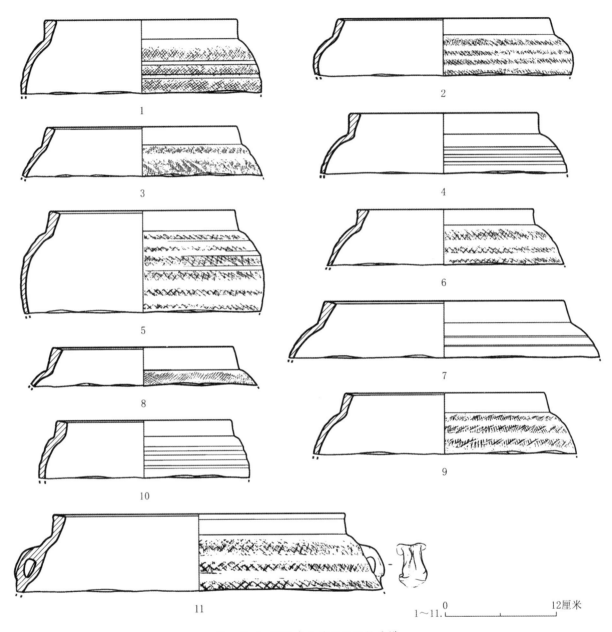

图一三四　H27 出土陶敛口双竖系罐

1. H27：201　2. H27：195　3. H27：194　4. H27：196　5. H27：199　6. H27：200
7. H27：202　8. H27：204　9. H27：189　10. H27：203　11. H27：197

陶侈口双竖系罐　**2 件**。均为泥质灰陶。侈口，短直颈，广肩，肩部置对称牛鼻形竖系，上腹圆鼓，下腹弧收，平底内凹。

H27：1，颈部饰两圈凹弦纹。口径 17.8、底径 15.7、高 20.8 厘米（图一三五，12）。

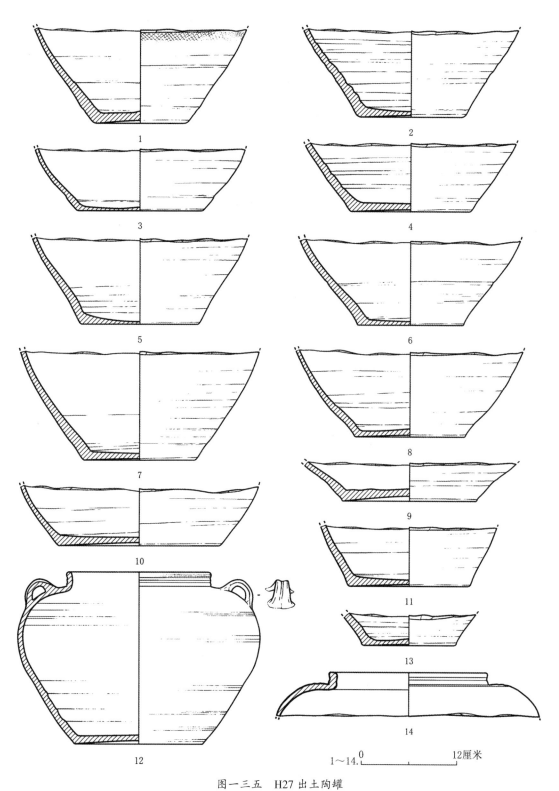

图一三五　H27 出土陶罐

1~11、13. 陶罐(H27：21、22、25、24、27、28、29、30、31、36、23、26)

12、14. 陶侈口双竖系罐(H27：1、213)

H27：213，肩部双系残缺。颈部饰一圈凹弦纹，肩部饰两圈凹弦纹。口径19.8、残高5.3厘米(图一三五，14)。

陶罐 45件。仅剩下半部。斜弧腹内收，平底。

H27：21，泥质灰陶。平底内凹。上部饰网格纹。底径10.9、残高11.1厘米(图一三五，1)。

H27：22，泥质红陶。底径12.8、残高10.6厘米(图一三五，2)。

H27：25，泥质红陶。底径15.6、残高7.5厘米(图一三五，3)。

H27：24，泥质红陶。底径15.5、残高8.4厘米(图一三五，4)。

H27：27，泥质红陶。底径14.3、残高10.2厘米(图一三五，5)。

H27：28，泥质红陶。底径13.3、残高10.2厘米(图一三五，6)。

H27：29，泥质红陶。底径13.6、残高13.3厘米(图一三五，7)。

H27：30，泥质红陶。底径13.8、残高10.2厘米(图一三五，8)。

H27：31，泥质灰陶。平底内凹。底径16.8、残高4.8厘米(图一三五，9)。

H27：36，泥质红陶。平底内凹。底径19.8、残高7.1厘米(图一三五，10)。

H27：23，泥质红陶。底径15.5、残高7.1厘米(图一三五，11)。

H27：26，泥质红陶。底径11.6、残高4.4厘米(图一三五，13)。

H27：32，泥质灰陶。底径14.1、残高10.6厘米(图一三六，1)。

H27：33，泥质灰陶。上部饰竖线纹地纵向波折纹。底径11.6、残高12.8厘米(图一三六，2)。

H27：34，泥质灰陶。底径12.4、残高12厘米(图一三六，3)。

H27：35，泥质灰陶。底径13、残高8厘米(图一三六，4)。

H27：37，泥质灰陶。平底内凹。底径12.9、残高7.5厘米(图一三六，5)。

H27：38，泥质灰陶。平底内凹。底径13.6、残高8.8厘米(图一三六，6)。

H27：40，泥质红胎灰皮陶。底径15.1、残高8厘米(图一三六，7)。

H27：48，泥质灰陶。平底内凹。底径14.7、残高6.2厘米(图一三六，8)。

H27：43，泥质灰陶。底径12.4、残高9.7厘米(图一三六，9)。

H27：46，泥质灰陶。腹部饰竖线纹地纵向波折纹。底径10.1、残高12厘米(图一三六，10)。

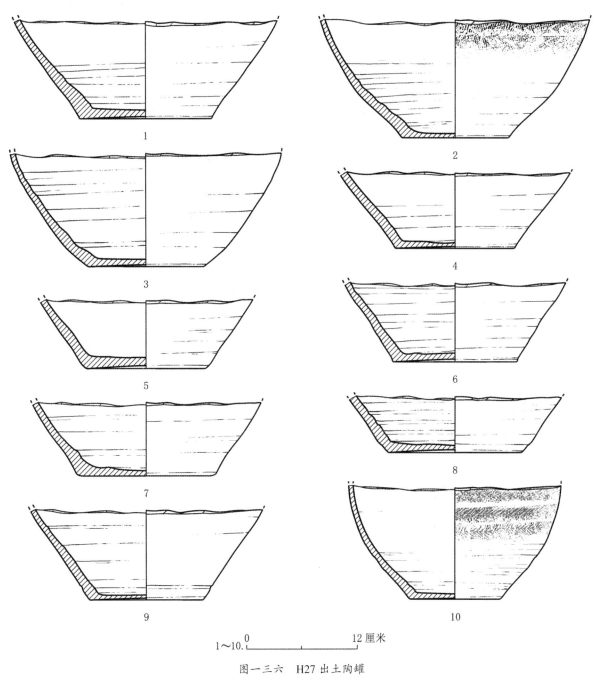

1～10.　0 ━━━━━━ 12 厘米

图一三六　H27 出土陶罐

1. H27：32　2. H27：33　3. H27：34　4. H27：35　5. H27：37　6. H27：38
7. H27：40　8. H27：48　9. H27：43　10. H27：46

H27：47，泥质灰陶。底径 10.4、残高 6.2 厘米(图一三七，1)。

H27：77，泥质灰陶。底径 13.4、残高 6.6 厘米(图一三七，2)。

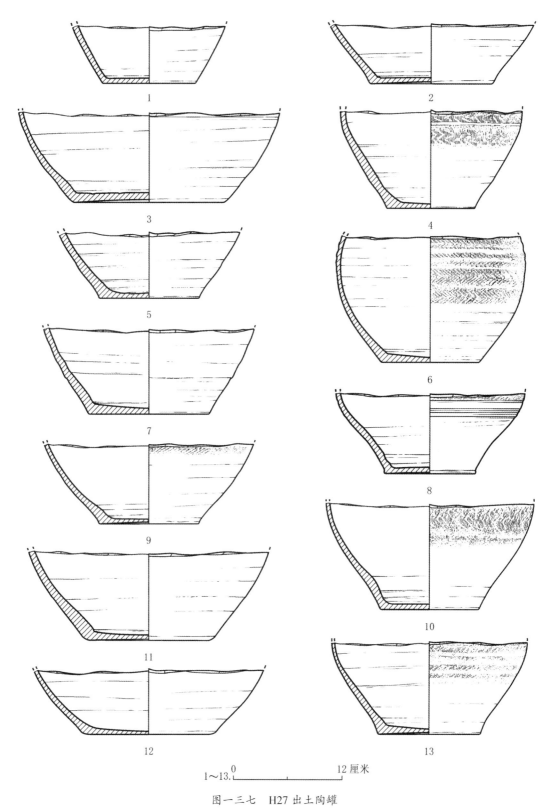

图一三七 H27 出土陶罐

1. H27：47 2. H27：77 3. H27：42 4. H27：44 5. H27：45 6. H27：50 7. H27：58
8. H27：51 9. H27：49 10. H27：71 11. H27：127 12. H27：69 13. H27：72

H27：42，泥质灰陶。平底内凹。底径 16.9、残高 9.7 厘米(图一三七，3)。

H27：44，泥质灰陶。中腹部饰由弦纹间隔的竖线纹地纵向波折纹。底径 9.7、残高 10.6 厘米(图一三七，4)。

H27：45，泥质灰陶。底径 11.2、残高 7.1 厘米(图一三七，5)。

H27：50，泥质灰陶。弧腹，平底。上腹饰由弦纹间隔的竖线纹地纵向波折纹。腹径 21.3、底径 11、残高 13.7 厘米(图一三七，6)。

H27：58，泥质红陶。底径 13.4、残高 9.3 厘米(图一三七，7)。

H27：51，泥质灰陶。弧腹内收，平底。腹部饰竖线纹。底径 10.1、残高 8.8 厘米(图一三七，8)。

H27：49，泥质灰陶。腹部饰竖线纹地纵向波折纹。底径 11.1、残高 8.8 厘米(图一三七，9)。

H27：71，泥质红陶。腹部饰竖线纹地纵向波折纹，底径 10.8、残高 11.5 厘米(图一三七，10)。

H27：127，泥质灰陶。底径 14.2、残高 9.3 厘米(图一三七，11)。

H27：69，泥质灰陶。底径 14.6、残高 7.5 厘米(图一三七，12)。

H27：72，泥质红陶。中腹部饰由弦纹间隔的竖线纹地纵向波折纹，底径 11.5、残高 10.2 厘米(图一三七，13)。

H27：130，泥质红胎黑皮陶。底径 13.2、残高 5.3 厘米(图一三八，1)。

H27：131，泥质灰陶。底径 13.3、残高 6.2 厘米(图一三八，2)。

H27：132，泥质灰陶。底径 9.3、残高 7.1 厘米(图一三八，3)。

H27：185，泥质红胎灰皮陶。底径 14.8、残高 7.1 厘米(图一三八，4)。

H27：134，泥质灰陶。平底内凹。底径 13、残高 8.4 厘米(图一三八，5)。

H27：166，泥质红陶。底径 14.6、残高 12.4 厘米(图一三八，6)。

H27：184，泥质灰陶。中腹部饰竖线纹地纵向波折纹。底径 10.6、残高 8.4 厘米(图一三八，7)。

H27：182，泥质灰陶。底径 14.8、残高 12.4 厘米(图一三八，8)。

H27：135，泥质灰陶。中腹部饰竖线纹地纵向波折纹。底径 13.6、残高 18.6 厘米(图一三八，9)。

H27：133，泥质灰陶。底径 14.8、残高 9.7 厘米(图一三八，10)。

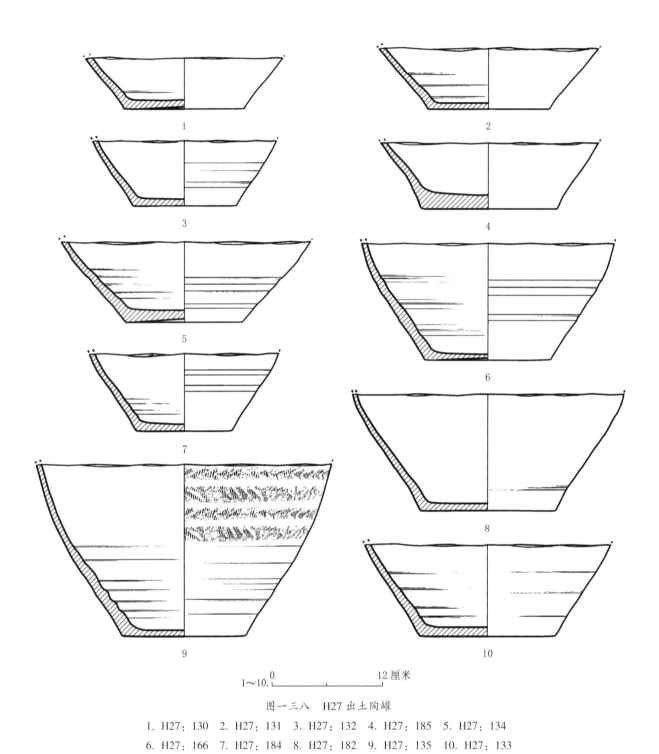

图一三八 H27 出土陶罐

1. H27：130 2. H27：131 3. H27：132 4. H27：185 5. H27：134
6. H27：166 7. H27：184 8. H27：182 9. H27：135 10. H27：133

陶折沿盆 53件。一般为平折沿，也有部分仰折沿的，弧腹内收，平底。上腹部饰二至三圈凹弦纹。

　　H27：128，泥质灰陶。平折沿下缘起棱，平底内凹。口径 35.1、底径 18.2、高 13.7 厘米（图一三九，1；彩版二一，5）。

　　H27：2，泥质灰陶。仰折沿，深弧腹。口径23.5、底径10、高11.5厘米（图一三九，2；彩版二一，6）。

　　H27：223，泥质黄陶。仰折沿。口径27.5、底径15.1、高11.1厘米（图一三九，3；彩版二二，1）。

　　H27：148，泥质灰陶。平折沿，平底内凹。口径26.2、底径13.4、高10.8厘米（图一三九，4；彩版二二，2）。

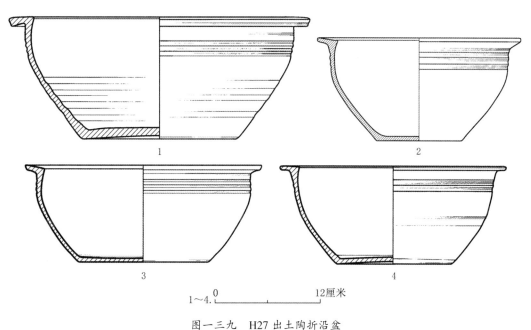

图一三九　H27 出土陶折沿盆
1. H27：128　2. H27：2　3. H27：223　4. H27：148

　　H27：81，泥质红陶。仰折沿，下缘起棱。口径34.2、残高8.4厘米（图一四〇，1）。

　　H27：83，泥质红陶。口沿残。底径15.4、残高9.3厘米（图一四〇，2）。

　　H27：82，泥质灰陶。平折沿下缘起棱。口径32.4、残高7.5厘米（图一四〇，3）。

　　H27：89，泥质红胎黑皮陶。平折沿，下缘起棱。口径28.8、残高6.2厘米（图一四〇，4）。

　　H27：186，泥质灰陶。平折沿，口沿边缘残。底径17、残高11.1厘米（图一四〇，5）。

　　H27：84，泥质红陶。平折沿。口径30.8、残高9.3厘米（图一四〇，6）。

　　H27：86，泥质灰陶。平折沿，下缘起棱。口径40、残高7.1厘米（图一四〇，7）。

　　H27：85，泥质灰陶。平折沿。口径28.8、残高6.6厘米（图一四〇，8）。

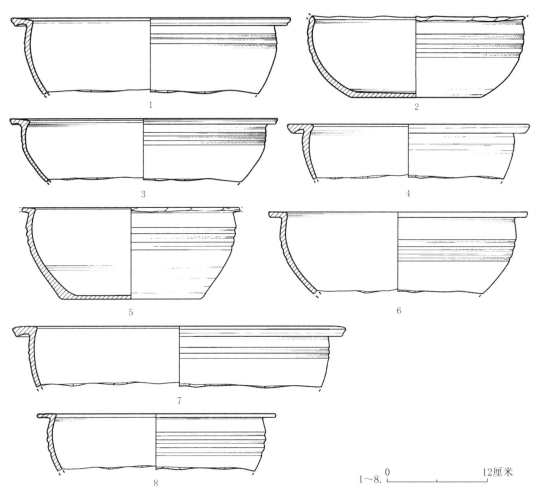

图一四〇 H27 出土陶折沿盆

1. H27：81 2. H27：83 3. H27：82 4. H27：89 5. H27：186 6. H27：84
7. H27：86 8. H27：85

H27：88，泥质红陶。平折沿，下缘起棱。口径 32.4、残高 5.3 厘米(图一四一，1)。

H27：100，泥质红陶。平折沿，下缘起棱。口径 28.4、残高 6.6 厘米(图一四一，2)。

H27：90，泥质红胎灰皮陶。平折沿，下缘起棱。口径 32.8、残高 6.6 厘米(图一四一，3)。

H27：95，泥质灰陶。平折沿。口径 24.4、残高 3.5 厘米(图一四一，4)。

H27：99，泥质红陶。平折沿，下缘起棱。口径 31.1、残高 7.5 厘米(图一四一，5)。

H27：93，泥质灰陶。平折沿。口径 26.6、残高 3.1 厘米(图一四一，6)。

H27：92，泥质红胎黑皮陶。平折沿。口径 30.2、残高 3.1 厘米(图一四一，7)。

H27：97，泥质灰陶。平折沿。口径 28.4、残高 8.8 厘米(图一四一，8)。

H27：101，泥质红胎黑皮陶。平折沿，下缘起棱。口径 27.5、残高 4 厘米(图一四一，9)。

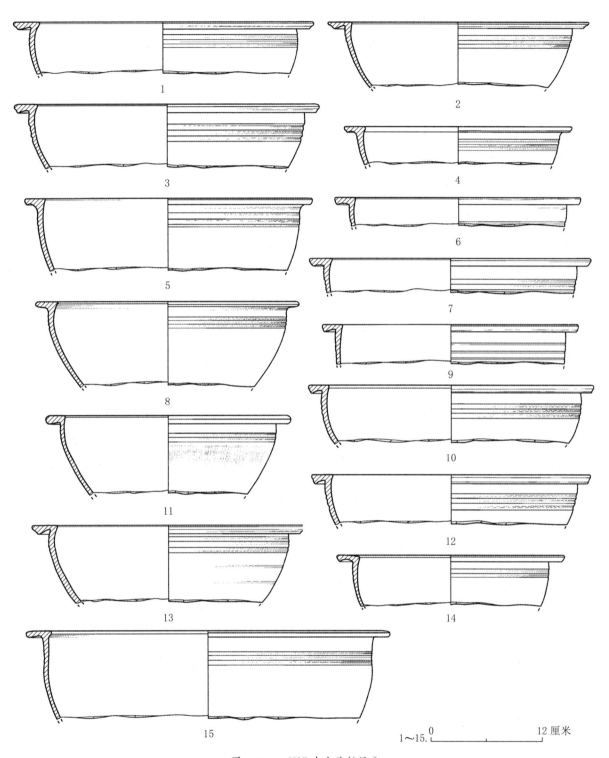

图一四一 H27 出土陶折沿盆

1. H27：88 2. H27：100 3. H27：90 4. H27：95 5. H27：99 6. H27：93
7. H27：92 8. H27：97 9. H27：101 10. H27：102 11. H27：98 12. H27：104
13. H27：91 14. H27：103 15. H27：94

H27：102，泥质红陶。平折沿，下缘起棱。口径30.6、残高5.7厘米(图一四一，10)。

H27：98，泥质灰陶。平折沿，下缘起棱。口径26.2、残高8厘米(图一四一，11)。

H27：104，泥质灰陶。平折沿，下缘起棱。口径30.2、残高5.3厘米(图一四一，12)。

H27：91，泥质红陶。平折沿，下缘起棱。口径29.3、残高7.5厘米(图一四一，13)。

H27：103，泥质灰陶。平折沿，下缘起棱。口径24.4、残高5.3厘米(图一四一，14)。

H27：94，泥质灰陶。平折沿。口径39.1、残高9.3厘米(图一四一，15)。

H27：106，泥质红陶。仰折沿。口径36.2、残高4.1厘米(图一四二，1)。

H27：105，泥质灰陶。平折沿，下缘起棱。口径31.5、残高6.6厘米(图一四二，2)。

H27：108，泥质红陶。平折沿，下缘起棱。口径35.5、残高4.1厘米(图一四二，3)。

H27：161，泥质灰陶。平折沿，下缘起棱，沿面微凹。口径31.6、残高7.1厘米(图一四二，4)。

H27：109，泥质红陶。平折沿。口径36.2、残高5.1厘米(图一四二，5)。

H27：110，泥质灰陶。平折沿，下缘起棱。口径35、残高5.6厘米(图一四二，6)。

H27：162，泥质灰陶。仰折沿，下缘起棱。口径30.6、残高9.2厘米(图一四二，7)。

H27：206，泥质灰陶。平折沿下翻。口径35.8、残高6.1厘米(图一四二，8)。

H27：207，泥质灰陶。平折沿，下缘起棱。口径32、残高5.6厘米(图一四二，9)。

H27：208，泥质红陶。平折沿，下缘起棱。口径36.4、残高8.2厘米(图一四二，10)。

H27：210，泥质灰陶。平折沿，唇面有一圈凹槽。口径33.2、残高5.6厘米(图一四二，11)。

H27：107，泥质灰陶。平折沿，下缘起棱。口径43.7、残高9.7厘米(图一四二，12)。

H27：164，泥质红陶。仰折沿。口径23、残高5.6厘米(图一四二，13)。

H27：214，泥质红陶。平折沿。口径26.4、残高4.1厘米(图一四二，14)。

H27：163，泥质红胎灰皮陶。平折沿略下翻。口沿面饰一圈网格纹。口径40、残高3.6厘米(图一四二，15)。

H27：211，泥质红陶。平折沿，下缘起棱。口径35.6、残高5.6厘米(图一四二，16)。

H27：215，泥质灰陶。平折沿，下缘起棱。口径35.2、残高6.1厘米(图一四二，17)。

H27：205，泥质红陶。平折沿略下翻。口径48、残高5.6厘米(图一四二，18)。

H27：209，泥质灰陶。平折沿，唇面有一圈凹槽。口径34.6、残高8.2厘米(图一四三，1)。

H27：212，泥质灰陶。平折沿，下缘起棱。口径35、残高3.6厘米(图一四三，2)。

H27：190，泥质灰陶。平折沿，下缘起棱。口径29.4、残高5.6厘米(图一四三，3)。

H27：219，泥质红陶。平折沿，尖唇，下缘起棱。口径29.1、残高3.3厘米(图一四三，4)。

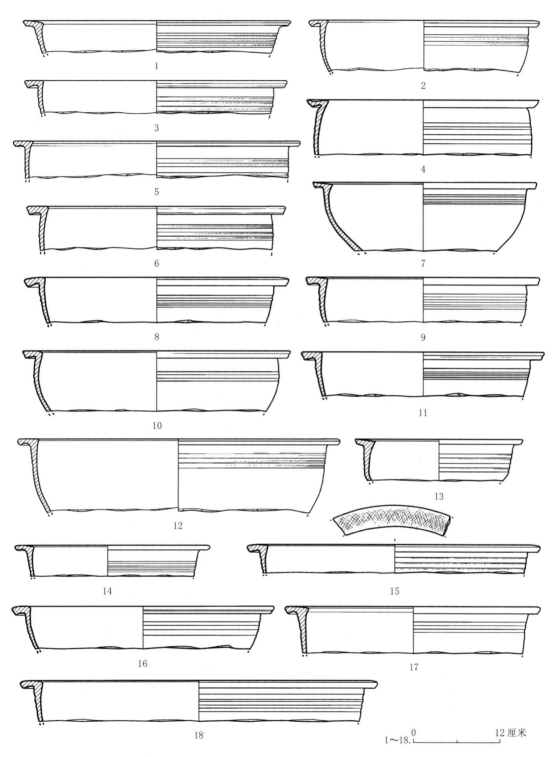

图一四二　H27 出土陶折沿盆

1. H27：106　2. H27：105　3. H27：108　4. H27：161　5. H27：109　6. H27：110　7. H27：162
8. H27：206　9. H27：207　10. H27：208　11. H27：210　12. H27：107　13. H27：164
14. H27：214　15. H27：163　16. H27：211　17. H27：215　18. H27：205

H27：218，泥质灰陶。平折沿，下缘起棱。口径34.7、残高3.6厘米(图一四三，5)。

H27：220，泥质灰陶。平折沿，下缘起棱。口径32.8、残高4.1厘米(图一四三，6)。

H27：217，泥质灰陶。平折沿，下缘起棱。口径41.2、残高4.1厘米(图一四三，7)。

H27：216，泥质灰陶。平折沿，下缘起棱。口径22.6、残高7.5厘米(图一四三，8)。

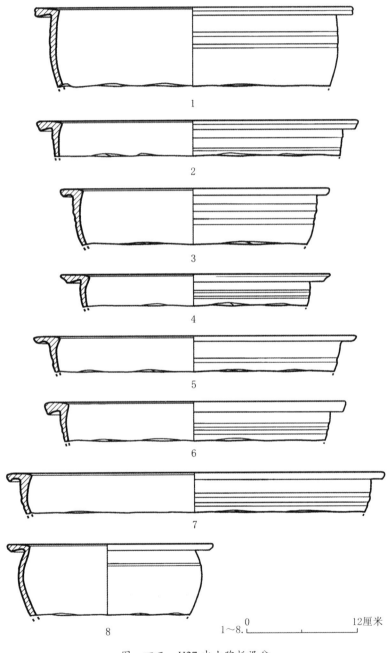

图一四三　H27出土陶折沿盆
1. H27：209　2. H27：212　3. H27：190　4. H27：219
5. H27：218　6. H27：220　7. H27：217　8. H27：216

陶敛口盆 2件。均为泥质灰陶。敛口，鼓肩，弧腹内收。

H27：55，底残。口沿外饰一圈竖线纹地"＜"纹。口径24.6、残高9.2厘米（图一四四，8）。

H27：198，肩部以下残。口沿外饰一圈竖线纹。口径27.1、残高4.6厘米（图一四四，6）。

陶直口盆 1件。

H27：222，泥质灰陶。直口，宽唇，斜直腹，平底。口径25.5、底径22、高11厘米（图一

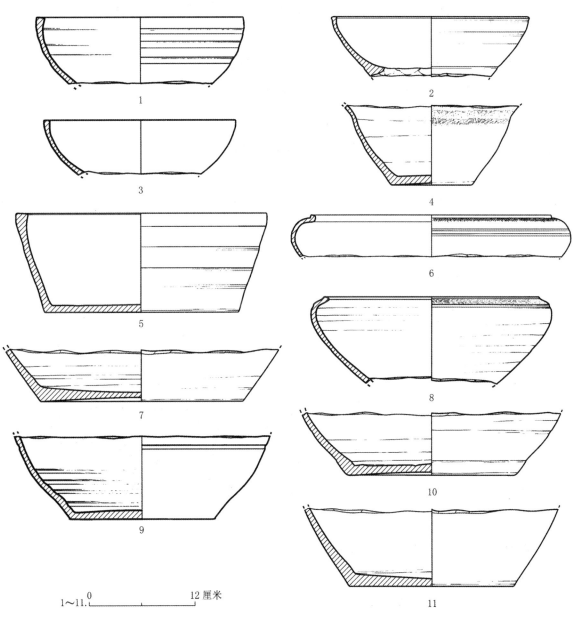

图一四四 H27出土陶器

1~3. 陶灯（H27：160、87、159） 4、7、9~11. 陶盆（H27：62、39、181、41、61）

5. 陶直口盆（H27：222） 6、8. 陶敛口盆（H27：198、55）

四四，5；彩版二二，3）。

陶盆 **5件**。仅剩下半部。斜弧腹内收，平底。

H27：62，泥质灰陶。上腹部饰竖线纹地纵向波折纹。底径9.1、残高8.7厘米(图一四四，4)。

H27：39，泥质红陶。平底内凹。底径23、残高6.2厘米(图一四四，7)。

H27：181，泥质红陶。底径16.8、残高9.3厘米(图一四四，9)。

H27：41，泥质灰陶。平底内凹。底径20、残高7.1厘米(图一四四，10)。

H27：61，泥质灰陶。底径19、残高8.8厘米(图一四四，11)。

陶灯 **3件**。均为泥质灰陶。仅存灯盘，直口，弧腹，底残。

H27：160，口径23.6、残高7.1厘米(图一四四，1)。

H27：87，口径22、残高6.6厘米(图一四四，2)。

H27：159，口径21.8、残高6.1厘米(图一四四，3)。

陶动物俑 **1件**。

H27：221，泥质黄陶。仅剩后半部，形象不明。残存部分为扁平背，扬尾，直立于地。残长16.4、高9.8厘米(图一四五，4)。

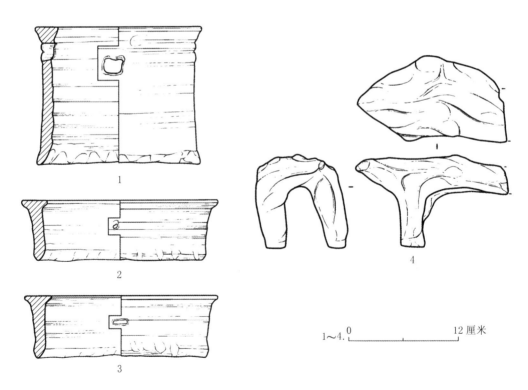

图一四五 H27 出土陶器

1~3. 陶筒形支烧具(H27：111、112、113) 4. 陶动物俑(H27：221)

陶筒形支烧具　3件。上下通透，托面与器壁的截面呈"T"字形，托面平坦，腹壁较直，底外侈，底部有一圈手指按压的痕迹。

H27：111，器表呈灰色，局部有黑褐色窑汗，胎呈红褐色，胎体致密。腹壁上部有四个两两对称的椭圆形穿孔。托面直径18.4、高14.7厘米(图一四五，1)。

H27：112，器表呈深灰色，底部一圈局部呈砖红色，胎呈红褐色，胎体致密。腹壁中部有穿孔。托面直径21.8、高6.5厘米(图一四五，2)。

H27：113，器表呈青灰色，胎呈红褐色，胎体致密。腹壁中部有椭圆形穿孔。托面直径21.5、高6.7厘米(图一四五，3)。

11. H28

H28位于ⅣT0106西南部扩方区域内，开口于南发掘区②层下，打破Y6操作坑和G4，坑口距地表约0.2米。H28平面形状为椭圆形，弧壁，平底，坑壁与坑底均较为粗糙。坑口南北长2.88、东西宽2.38、坑底距坑口深0.15米(图一四六)。坑内填土呈灰黑色，土质较致密，包含少量陶片。出土遗物中无可辨器形。

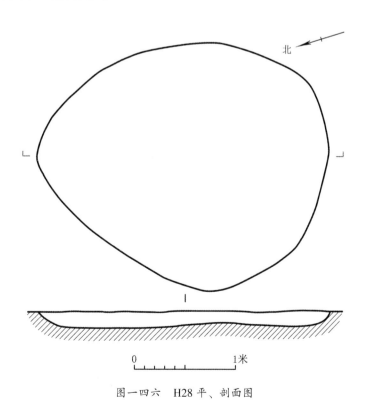

图一四六　H28平、剖面图

12. H29

H29 位于ⅣT0106 南部，Y5 西南侧，开口于南发掘区⑤层下，打破 G4 和 H64，坑口距地表 0.3 米。H29 平面形状为椭圆形，弧壁，圜底，坑壁与坑底均较为粗糙。坑口长 2.24、宽 1.97、坑底距坑口深 0.2 米（图一四七）。坑内填土上层为灰黄色夹褐色斑点土，土质较致密，包含大量陶片和少量瓷片，厚约 0.08 米。下层为黄褐色土，土质较疏松，厚约 0.12 米，包含较多窑具。出土遗物的可辨器形有青瓷盘口壶、陶敛口双竖系罐、直颈横系罐、釜形罐、折沿盆、砚、盏、器盖、禽俑、筒形支烧具等。

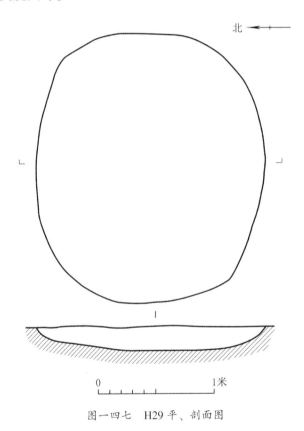

图一四七　H29 平、剖面图

青瓷盘口壶　1件。

H29：6，釉已全部脱落，红褐胎，胎质较致密。仅存下半部，弧腹内收，平底内凹。中腹部饰密集的凹弦纹。底径 10、残高 8.9 厘米（图一四八，9）。

陶敛口双竖系罐　5件。 敛口，宽唇内斜，斜直颈，肩部置对称牛鼻状竖系。

H29：15，泥质灰陶。溜肩，肩部双系残缺。器身饰由弦纹间隔的竖线纹。口径 19.9、残高 4.6 厘米（图一四八，3）。

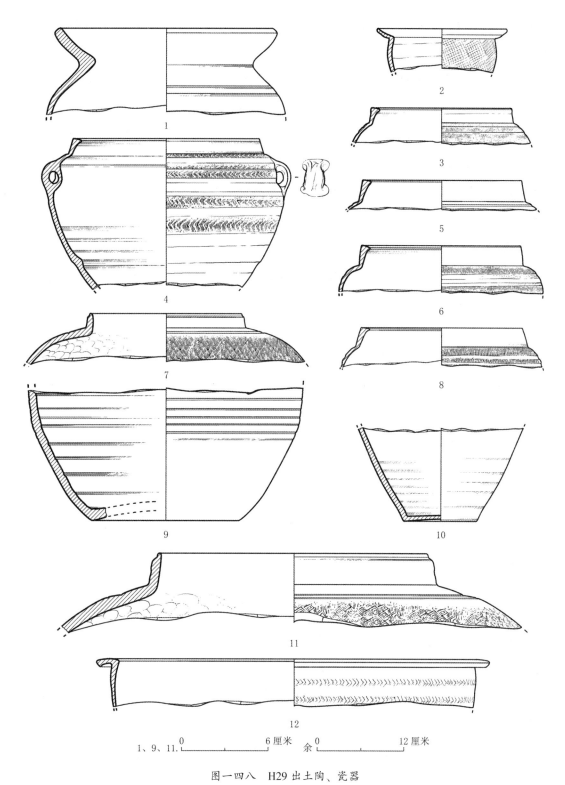

图一四八　H29 出土陶、瓷器

1、2. 陶釜形罐(H29：14、11)　　3~6、8. 陶敛口双竖系罐(H29：15、5、3、23、4)

7、11. 陶直颈横系罐(H29：10、8)　　9. 青瓷盘口壶(H29：6)　　10. 陶罐(H29：17)

12. 陶折沿盆(H29：21)

H29：5，泥质灰陶。溜肩，上腹圆鼓，下腹弧收，底残。上腹部饰由弦纹间隔的竖线纹地纵向波折纹。口径25.6、腹径31.7、残高19.4厘米(图一四八，4)。

H29：3，泥质红胎灰皮陶。残存口沿。肩部饰凹弦纹。口径22.2、残高4.1厘米(图一四八，5)。

H29：23，泥质灰陶。鼓肩，肩部双系残缺。器身饰由弦纹间隔的竖线纹。口径22.2、残高6.1厘米(图一四八，6)。

H29：4，泥质灰陶。溜肩，肩部双系残缺。器身饰由弦纹间隔的竖线纹。口径22.6、残高5.1厘米(图一四八，8)。

陶直颈横系罐　2件。均为泥质灰陶。直口，直颈，广肩，肩部横系残缺。肩部内壁有密集的手指按压痕迹。口沿外侧有一圈凹弦纹，肩部饰两圈凹弦纹，其下饰竖线纹地重圈菱形纹。

H29：10，口径21、残高6.6厘米(图一四八，7)。

H29：8，口径18.8、残高4.6厘米(图一四八，11)。

陶釜形罐　2件。均为泥质灰陶。

H29：14，宽仰折沿，沿面微凹，束颈，溜肩，肩部以下残。肩部饰两圈凹弦纹。口径15.3、残高5.7厘米(图一四八，1)。

H29：11，宽仰折沿，沿面微凹，弧腹，下半部残。器身饰网格纹。口径18.2、残高5.1厘米(图一四八，2)。

陶罐　1件。仅存下半部。

H29：17，泥质灰陶。斜直腹，平底微内凹。底径10、残高12.8厘米(图一四八，10)。

陶折沿盆　4件。均为泥质灰陶。仅存口沿，为平折沿，弧腹。

H29：21，泥质灰陶。平折沿下翻。上腹部饰二圈横向折线纹。口径54.1、残高6.6厘米(图一四八，12)。

H29：18，上腹部饰二圈凹弦纹。口径21.2、残高3.8厘米(图一四九，1)。

H29：20，平折沿下翻。上腹部饰凹弦纹。口径39.8、残高4厘米(图一四九，2)。

H29：22，平折沿下缘起棱。上腹部饰三圈凹弦纹。口径24、残高5.3厘米(图一四九，3)。

陶砚　1件。

H29：9，泥质红陶。砚墙较直，内底平坦，足残缺。砚盘口径20、残高3.1厘米(图一四九，5)。

陶盏　1件。

H29：13，泥质灰陶。敛口，弧腹内收，平底内凹。口径7.1、底径4.2、高2.9厘米(图一四九，7；彩版二二，4)。

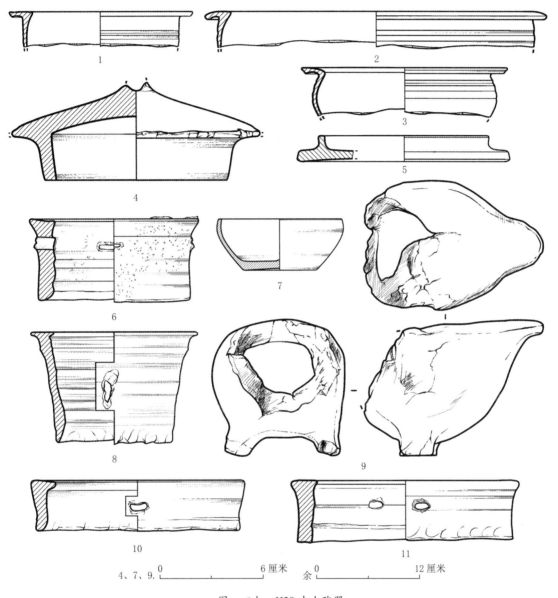

图一四九　H29 出土陶器

1~3. 陶折沿盆(H29：18、20、22)　4. 陶器盖(H29：7)　5. 陶砚(H29：9)
6、8、10、11. 陶筒形支烧具(H29：12、16、2、1)　7. 陶盖(H29：13)　9. 陶禽俑(H29：19)

陶器盖　1件。

H29：7，泥质灰陶。为笠形器盖，钮和帽檐边缘均残，子口较长。残高 5.6、子口直径
10.7厘米(图一四九，4)。

陶禽俑　1件。

H29：19，泥质黄陶。头颈残缺。身体圆鼓，扁尾平伸，双足短粗。残长 10.5、高 7.7 厘米（图一四九，9）。

陶筒形支烧具 4 件。上下通透，托面与器壁的截面呈"T"字形。

H29：12，器表呈深灰色，底部一圈呈砖红色，胎呈红褐色，胎体较致密。托面由外向内倾斜，腹壁较直，底呈斜削状，上腹部有四个两两对称的椭圆形穿孔。托面直径 19.6、高 9.4 厘米（图一四九，6）。

H29：16，器表呈深灰色，局部有褐色窑汗，胎呈红褐色，胎体致密。上宽下窄，腹壁由上至下斜收，底部有一圈指窝痕，腹中部有穿孔。托面直径 19.3、底径 13.3、高 12.7 厘米（图一四九，8；彩版二二，5）。

H29：2，泥质灰陶。托面略向内倾斜，腹壁中部有两个对称的椭圆形穿孔，底部有一圈指窝痕。托面直径 25.3、高 5.8 厘米（图一四九，10）。

H29：1，器表呈青灰色，胎呈红褐色，胎体较致密。托面平坦，腹壁较直，腹壁上部有两个对称的椭圆形穿孔，底部有一圈指窝痕。托面直径 27.1、高 6.7 厘米（图一四九，11）。

13．H31

H31 位于 ⅢT0206 南部，部分伸入 ⅢT0207 内，开口于南发掘区⑤层下，被 H39 打破，打破生土层，坑口距地表 0.65 米。H31 平面呈椭圆形，弧壁，圜底，坑壁和坑底有修整的痕迹。坑口南北长 2.1、东西宽 1.4、坑底距坑口深 0.4 米（图一五〇）。坑内填土为黑褐色黏土，土质较疏松，呈南高北低的坡状，包含有大量陶瓷片和少量砖瓦。出土遗物的可辨器形有陶敛口双竖系罐、卷沿双竖系罐、侈口双竖系罐、釜形罐、折沿盆、敛口盆、盘、灯、狗、圈厕等。

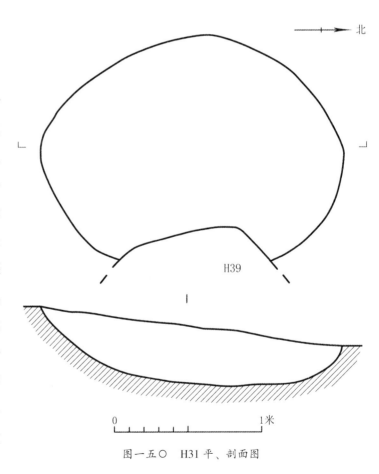

图一五〇 H31 平、剖面图

陶敛口双竖系罐　**92件**。敛口，宽唇，一般为斜直颈、溜肩，肩部置对称牛鼻状竖系，上腹圆鼓，下腹弧收，平底。

H31：2，泥质红陶，局部泛灰。宽唇稍内斜，斜直颈，溜肩，平底内凹。上腹部饰由弦纹间隔的竖线纹地纵向波折纹。口径14.5、底径10.4、高14.8厘米(图一五一，1；彩版二二，6)。

H31：7，泥质红陶。宽平唇，直颈，溜肩，肩部双系残缺，平底。上腹部饰由弦纹间隔的竖线纹地纵向波折纹。口径14.5、底径10.9、高16厘米(图一五一，2；彩版二三，1)。

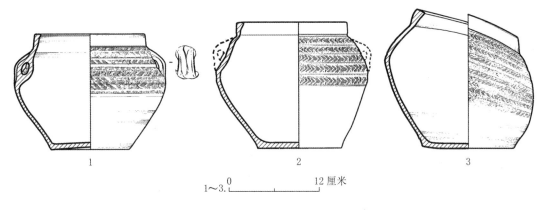

图一五一　H31出土陶敛口双竖系罐
1. H31：2　2. H31：7　3. H31：8

H31：8，泥质灰陶。器体扭曲变形严重。宽唇内斜，斜直颈，溜肩，肩部双系残缺，中腹外鼓，平底。上腹部饰由弦纹间隔的竖线纹地纵向波折纹。口径13.8、底径12.5、高17.8厘米(图一五一，3)。

H31：17，泥质灰陶。宽平唇，斜直颈，溜肩。器身饰由弦纹间隔的竖线纹地纵向波折纹。口径17.3、残高5.2厘米(图一五二，1)。

H31：20，泥质灰陶。宽平唇，斜直颈，溜肩，肩部双系残缺。器身饰由弦纹间隔的竖线纹地短斜线纹。口径19.6、残高5.3厘米(图一五二，2)。

H31：3，泥质灰陶。宽平唇，直颈，溜肩，肩部双系残缺。器身饰由弦纹间隔的竖线纹地纵向波折纹。口径21.7、残高6.7厘米(图一五二，3)。

H31：1，泥质灰陶。宽唇稍内斜，直颈，溜肩。器身饰由弦纹间隔的竖线纹地短斜线纹。口径19、残高7.4厘米(图一五二，4)。

H31：10，泥质灰陶。宽唇稍内斜，斜直颈，溜肩。器身饰竖线纹地大网格纹。口径15.6、残高6.1厘米(图一五二，5)。

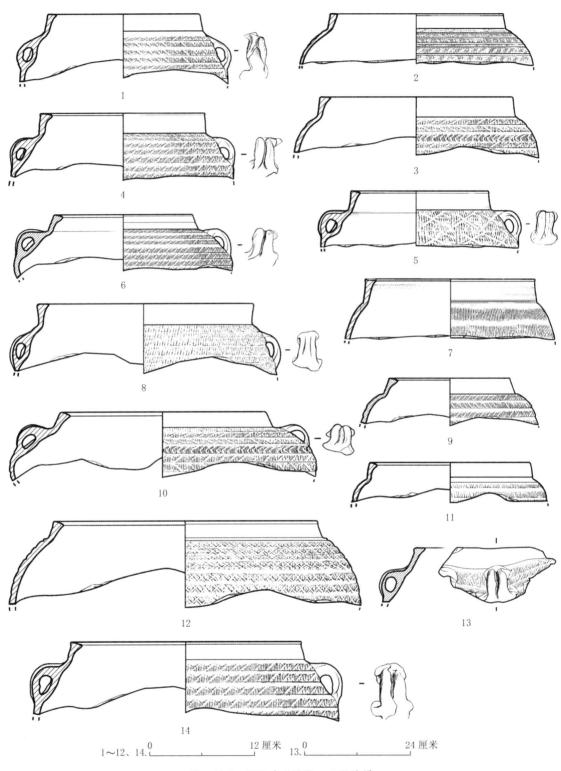

图一五二　H31 出土陶敛口双竖系罐

1. H31：17　2. H31：20　3. H31：3　4. H31：1　5. H31：10　6. H31：4　7. H31：6
8. H31：15　9. H31：5　10. H31：24　11. H31：22　12. H31：16　13. H31：13　14. H31：25

H31：4，泥质灰陶。宽唇内斜，斜直颈，溜肩。器身饰由弦纹间隔的竖线纹地短斜线纹。口径 15.8、残高 7 厘米(图一五二，6)。

H31：6，泥质灰陶。宽平唇，斜直颈，溜肩，肩部双系残缺。器身饰间断竖线纹。口径 19.2、残高 6.6 厘米(图一五二，7)。

H31：15，泥质灰陶。宽平唇，直颈，溜肩。器身饰由弦纹间隔的竖线纹。口径 24.4、残高 7.9 厘米(图一五二，8)。

H31：5，泥质灰陶。宽唇内斜，斜直颈，鼓肩，肩部双系残缺。器身饰由弦纹间隔的竖线纹地纵向波折纹。口径 13.5、残高 5.2 厘米(图一五二，9)。

H31：24，泥质灰陶。宽唇内斜，斜直颈，鼓肩。器身饰由弦纹间隔的竖线纹地纵向波折纹。口径 23.5、残高 5.2 厘米(图一五二，10)。

H31：22，泥质灰陶。宽唇内斜，斜直颈，溜肩，肩部双系残缺。器身饰由弦纹间隔的竖线纹。口径 18.1、残高 4.3 厘米(图一五二，11)。

H31：16，泥质灰陶。宽唇内斜，斜直颈，溜肩，肩部双系残缺。器身饰由弦纹间隔的竖线纹地网格纹。口径 30.1、残高 9.6 厘米(图一五二，12)。

H31：13，泥质灰陶。宽平唇，斜直颈，溜肩，肩部置牛鼻状竖系。器身饰由弦纹间隔的竖线纹地大网格纹(图一五二，13)。

H31：25，泥质灰陶。宽唇内斜，斜直颈，溜肩。器身饰由弦纹间隔的竖线纹地短斜线纹。口径 26.4、残高 8.7 厘米(图一五二，14)。

H31：29，泥质红陶。宽平唇，斜直颈，鼓肩。肩部饰竖线纹地纵向波折纹。口径 32、残高 3.7 厘米(图一五三，1)。

H31：31，泥质灰陶。宽唇内斜，直颈，溜肩，肩部双系残缺。肩部饰一圈竖线纹地网格纹装饰带，装饰带上下饰弦纹。口径 12.4、残高 4.2 厘米(图一五三，2)。

H31：28，泥质黄陶。宽唇稍内斜，斜直颈，溜肩，肩部双系残缺。器身饰由弦纹间隔的竖线纹地纵向波折纹。口径 31.3、残高 5.2 厘米(图一五三，3)。

H31：32，泥质灰陶。宽唇内斜，斜直颈，鼓肩，肩部双系残缺，圆鼓腹。器身饰由弦纹间隔的竖线纹地纵向波折纹。口径 23.7、残高 8.4 厘米(图一五三，4)。

H31：72，泥质灰陶。宽平唇，斜直颈，溜肩，肩部双系残缺。肩部饰由弦纹间隔的竖线纹地纵向波折纹。口径 21.2、残高 5.2 厘米(图一五三，5)。

H31：203，泥质灰陶。宽平唇，直颈，溜肩。器身饰由弦纹间隔的竖线纹地纵向波折纹。口径 23、残高 8.9 厘米(图一五三，6)。

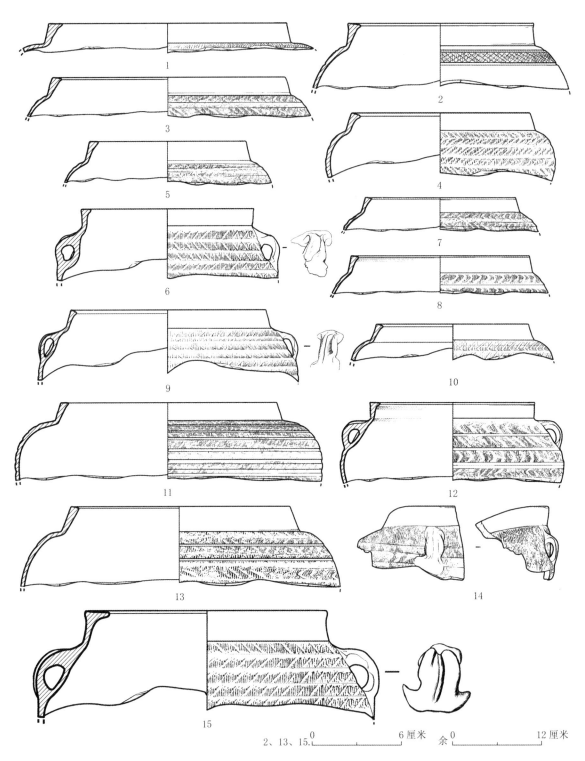

图一五三 H31 出土陶敛口双竖系罐

1. H31：29　2. H31：31　3. H31：28　4. H31：32　5. H31：72　6. H31：203
7. H31：73　8. H31：42　9. H31：156　10. H31：172　11. H31：140
12. H31：141　13. H31：36　14. H31：84　15. H31：39

H31：73，泥质灰陶。宽唇稍内斜，斜直颈，溜肩，肩部双系残缺。肩部饰由弦纹间隔的竖线纹地纵向波折纹。口径20、残高4.2厘米(图一五三，7)。

H31：42，泥质红陶。宽唇内斜，斜直颈，溜肩，肩部双系残缺。肩部饰由弦纹间隔的竖线纹地纵向波折纹。口径23.8、残高4.9厘米(图一五三，8)。

H31：156，泥质灰陶。唇面内斜，斜直颈，溜肩。器身饰由弦纹间隔的竖线纹地纵向波折纹。口径26.2、残高8.4厘米(图一五三，9)。

H31：172，泥质灰陶。宽唇内斜，斜直颈，鼓肩，肩部双系残缺。器身饰由弦纹间隔的竖线纹地纵向波折纹。口径20.2、残高4.7厘米(图一五三，10)。

H31：140，泥质灰陶。宽平唇，斜直颈，鼓肩，弧腹，肩部双系残缺。器身饰由弦纹间隔的竖线纹地纵向波折纹。口径29.8、残高9.9厘米(图一五三，11)。

H31：141，泥质灰陶。宽平唇，直颈，溜肩。器身饰由弦纹间隔的竖线纹地纵向波折纹。口径22、残高10.3厘米(图一五三，12)。

H31：36，泥质灰陶。宽唇内斜，斜直颈，鼓肩，肩部双系残缺。器身饰由弦纹间隔的竖线纹地纵向波折纹。口径14.8、残高4.9厘米(图一五三，13)。

H31：84，泥质灰陶。残存口沿，变形较严重。器身饰由弦纹间隔的竖线纹地纵向波折纹(图一五三，14)。

H31：39，泥质黄陶。宽唇稍内斜，直颈，溜肩。器身饰由弦纹间隔的竖线纹地短斜线纹。口径16.6、残高5.7厘米(图一五三，15)。

H31：194，泥质红陶。宽平唇，斜直颈，溜肩，肩部双系残缺。器身饰由弦纹间隔的竖线纹地纵向波折纹。口径23.1、残高5.9厘米(图一五四，1)。

H31：199，泥质灰陶。宽平唇，直颈，溜肩，肩部双系残缺。器身饰由弦纹间隔的竖线纹。口径23、残高5.2厘米(图一五四，2)。

H31：195，泥质灰陶。宽平唇，直颈，溜肩，肩部双系残缺。器身饰由弦纹间隔的竖线纹地纵向波折纹。口径25.2、残高6.3厘米(图一五四，3)。

H31：9，泥质灰陶。宽平唇，斜直颈，溜肩，肩部双系残缺。器身饰由弦纹间隔的竖线纹地纵向波折纹。口径22.6、残高8.5厘米(图一五四，4)。

H31：198，泥质灰陶。宽平唇，直颈，溜肩，肩部双系残缺。器身饰由弦纹间隔的竖线纹地纵向波折纹。口径24.5、残高5.4厘米(图一五四，5)。

H31：175，泥质灰陶。宽平唇，直颈，溜肩，鼓腹。器身饰由弦纹间隔的竖线纹地纵向波折纹。口径14.6、残高9.6厘米(图一五四，6)。

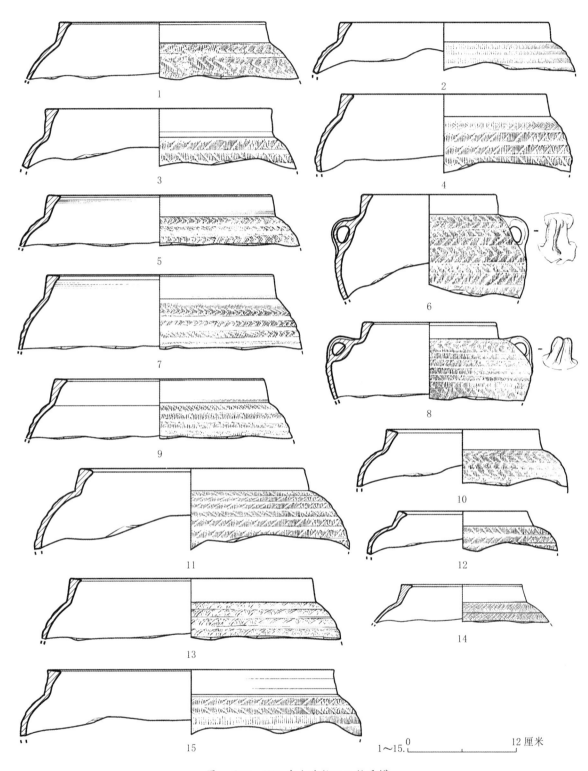

图一五四　H31 出土陶敛口双竖系罐

1. H31：194　2. H31：199　3. H31：195　4. H31：9　5. H31：198　6. H31：175
7. H31：202　8. H31：11　9. H31：12　10. H31：176　11. H31：196　12. H31：191
13. H31：14　14. H31：18　15. H31：19

H31：202，泥质灰陶。宽平唇，直颈，溜肩，肩部双系残缺。器身饰由弦纹间隔的竖线纹地纵向波折纹。口径25.4、残高7.9厘米(图一五四，7)。

H31：11，泥质灰陶。宽平唇，斜直颈，鼓肩。器身饰由弦纹间隔的竖线纹地纵向波折纹。口径14.8、残高8.3厘米(图一五四，8)。

H31：12，泥质灰陶。宽唇稍内斜，斜直颈，溜肩，肩部双系残缺。器身饰由弦纹间隔的竖线纹地纵向波折纹。口径23.3、残高6.6厘米(图一五四，9)。

H31：176，泥质灰陶。宽唇内斜，斜直颈，鼓肩，肩部双系残缺。器身饰由弦纹间隔的竖线纹地纵向波折纹。口径16.5、残高6.1厘米(图一五四，10)。

H31：196，泥质灰陶。宽唇内斜，斜直颈，溜肩，肩部双系残缺。器身饰由弦纹间隔的竖线纹地纵向波折纹。口径24.8、残高8.7厘米(图一五四，11)。

H31：191，泥质灰陶。宽唇内斜，斜直颈，鼓肩，肩部双系残缺。器身饰由弦纹间隔的竖线纹地纵向波折纹。口径14.2、残高4.8厘米(图一五四，12)。

H31：14，泥质灰陶。宽唇内斜，斜直颈，溜肩，肩部双系残缺。器身饰由弦纹间隔的竖线纹地短斜线纹。口径27.2、残高6.3厘米(图一五四，13)。

H31：18，泥质灰陶。宽唇稍内斜，斜直颈，溜肩，肩部双系残缺。器身饰间断竖线纹地网格纹。口径13.4、残高3.9厘米(图一五四，14)。

H31：19，泥质灰陶。宽唇稍内斜，斜直颈，溜肩，肩部双系残缺。器身饰由弦纹间隔的竖线纹地纵向波折纹。口径32、残高7厘米(图一五四，15)。

H31：21，泥质灰陶。宽唇稍内斜，斜直颈，溜肩，肩部双系残缺。器身饰由弦纹间隔的竖线纹地短斜线纹。口径23.2、残高7.1厘米(图一五五，1)。

H31：23，泥质灰陶。宽平唇，斜直颈，鼓肩，肩部双系残缺。器身饰由弦纹间隔的竖线纹地纵向波折纹。口径22.4、残高8.7厘米(图一五五，2)。

H31：26，泥质灰陶。宽唇稍内斜，直颈，溜肩。器身饰由弦纹间隔的竖线纹。口径18.7、残高9.6厘米(图一五五，3)。

H31：27，泥质灰陶。宽唇内斜，斜直颈，溜肩，肩部双系残缺。器身饰由弦纹间隔的竖线纹。口径22.2、残高10厘米(图一五五，4)。

H31：30，泥质灰陶。宽唇内斜，斜直颈，溜肩。器身饰由弦纹间隔的竖线纹地纵向波折纹。口径21.8、残高8.3厘米(图一五五，5)。

H31：33，泥质灰陶。宽唇稍内斜，斜直颈，溜肩，肩部双系残缺。器身饰由弦纹间隔的竖线纹地纵向波折纹。口径20.6、残高6.6厘米(图一五五，6)。

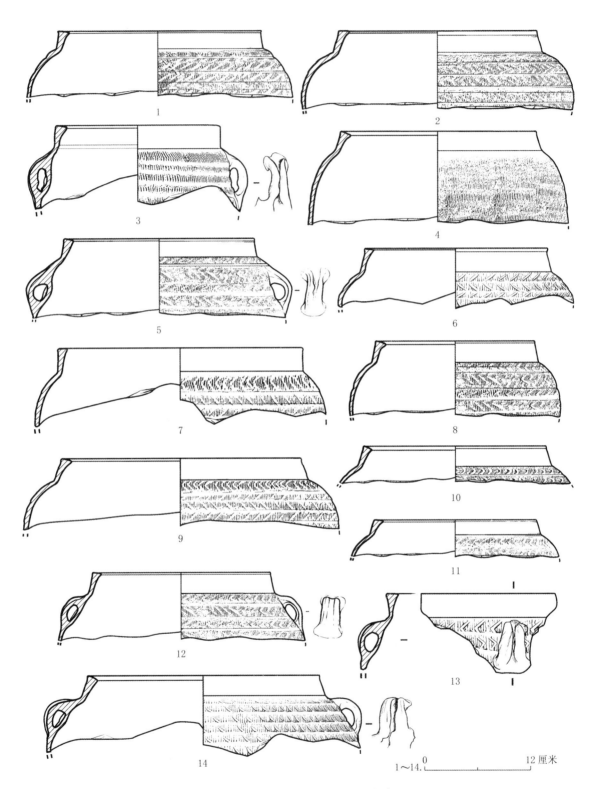

图一五五 H31 出土陶敛口双竖系罐

1. H31：21 2. H31：23 3. H31：26 4. H31：27 5. H31：30 6. H31：33 7. H31：34
8. H31：37 9. H31：38 10. H31：40 11. H31：41 12. H31：47 13. H31：48 14. H31：53

H31：34，泥质灰陶。宽平唇，直颈，溜肩，肩部双系残缺。器身饰由弦纹间隔的竖线纹地纵向波折纹。口径28.1、残高8.6厘米(图一五五，7)。

H31：37，泥质灰陶。宽唇内斜，斜直颈，溜肩，弧腹，肩部双系残缺。器身饰由弦纹间隔的竖线纹地纵向波折纹。口径18、残高8.2厘米(图一五五，8)。

H31：38，泥质灰陶。宽唇内斜，斜直颈，溜肩，肩部双系残缺。器身饰由弦纹间隔的竖线纹地纵向波折纹。口径27.6，残高7.8厘米(图一五五，9)。

H31：40，泥质灰陶。宽唇内斜，斜直颈，溜肩，肩部双系残缺。器身饰由弦纹间隔的竖线纹地纵向波折纹。口径20.8、残高4.3厘米(图一五五，10)。

H31：41，泥质灰陶。宽唇稍内斜，斜直颈，溜肩，肩部双系残缺。器身饰由弦纹间隔的竖线纹地纵向波折纹。口径18.2、残高3.9厘米(图一五五，11)。

H31：47，泥质灰陶。宽唇稍内斜，斜直颈，溜肩。器身饰由弦纹间隔的竖线纹地纵向波折纹。口径20.4、残高7.4厘米(图一五五，12)。

H31：48，泥质红陶。宽平唇，直颈，溜肩。器身饰由弦纹间隔的竖线纹地纵向波折纹(图一五五，13)。

H31：53，泥质灰陶。宽唇内斜，斜直颈，溜肩。器身饰由弦纹间隔的竖线纹地短斜线纹。口径26.7、残高8.7厘米(图一五五，14)。

H31：55，泥质灰陶。宽平唇，斜直颈，溜肩，肩部双系残缺。器身饰由弦纹间隔的竖线纹地纵向波折纹。口径26.4、残高10.4厘米(图一五六，1)。

H31：56，泥质灰陶。宽唇内斜，斜直颈，溜肩。器身饰由弦纹间隔的竖线纹。口径24.2、残高7.6厘米(图一五六，2)。

H31：61，泥质灰陶。宽平唇，直颈，溜肩。器身饰由弦纹间隔的竖线纹。口径23.8、残高8.1厘米(图一五六，3)。

H31：62，泥质灰陶。宽唇内斜，斜直颈，溜肩。器身饰由弦纹间隔的竖线纹地纵向波折纹。口径20.9、残高7.8厘米(图一五六，4)。

H31：63，泥质灰陶。宽唇内斜，斜直颈，溜肩，肩部双系残缺。器身饰由弦纹间隔的竖线纹。口径20.8、残高6.8厘米(图一五六，5)。

H31：69，泥质灰陶。宽平唇，斜直颈，溜肩。器身饰由弦纹间隔的竖线纹。口径25.8、残高8.3厘米(图一五六，6)。

H31：70，泥质灰陶。宽平唇，斜直颈，溜肩，圆鼓腹。器身饰由弦纹间隔的竖线纹地网格纹。口径13.8、残高8.3厘米(图一五六，7)。

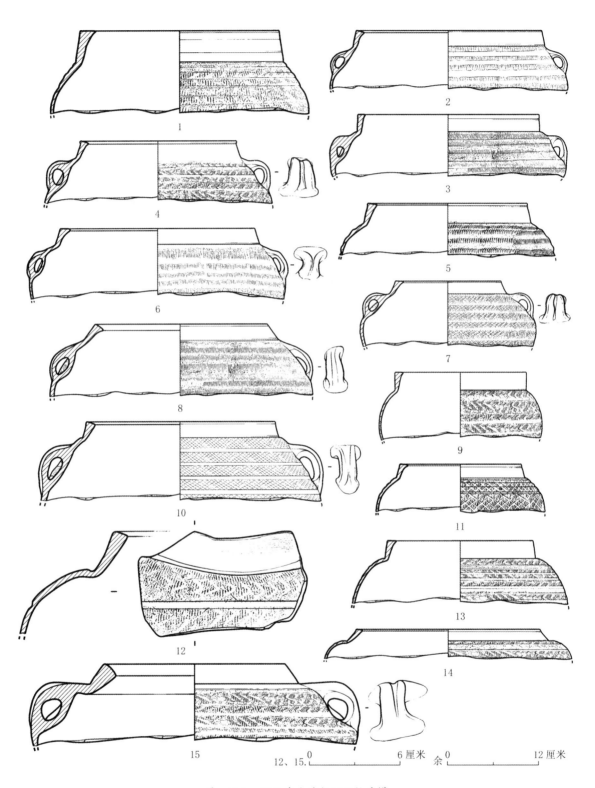

图一五六　H31 出土陶敛口双竖系罐

1. H31：55　2. H31：56　3. H31：61　4. H31：62　5. H31：63　6. H31：69　7. H31：70　8. H31：71
9. H31：74　10. H31：75　11. H31：76　12. H31：78　13. H31：80　14. H31：81　15. H31：83

H31：71，泥质红陶。宽唇内斜，斜直颈，溜肩。器身饰间断竖线纹。口径22.9、残高9.1厘米(图一五六，8)。

H31：74，泥质灰陶。宽平唇，直颈，溜肩，圆鼓腹，肩部双系残缺。器身饰由弦纹间隔的竖线纹地纵向波折纹。口径17.2、残高8.3厘米(图一五六，9)。

H31：75，泥质黄陶。宽唇内斜，斜直颈，溜肩。器身饰由弦纹间隔的网格纹。口径25.2、残高9.9厘米(图一五六，10)。

H31：76，泥质灰陶。宽唇稍内斜，斜直颈，溜肩，肩部双系残缺。器身饰由弦纹间隔的竖线纹地网格纹。口径15.8、残高6.3厘米(图一五六，11)。

H31：78，泥质灰陶。残存口沿，变形较严重。敛口，宽唇内斜，斜直颈，鼓肩，肩部竖系残缺。器身饰由弦纹间隔的竖线纹地纵向波折纹(图一五六，12)。

H31：80，泥质灰陶。宽平唇，直颈，溜肩，肩部双系残缺。器身饰由弦纹间隔的竖线纹地纵向波折纹。口径19.2、残高7.8厘米(图一五六，13)。

H31：81，泥质灰陶。宽唇内斜，斜直颈，鼓肩，肩部双系残缺。器身饰由弦纹间隔的竖线纹地纵向波折纹。口径24.8、残高3.7厘米(图一五六，14)。

H31：83，泥质灰陶。宽唇内斜，斜直颈，溜肩。器身饰由弦纹间隔的竖线纹地纵向波折纹。口径12、残高5.2厘米(图一五六，15)。

H31：85，泥质灰陶。宽唇内斜，斜直颈，溜肩。器身饰由弦纹间隔的竖线纹地纵向波折纹。口径19.5、残高7.8厘米(图一五七，1)。

H31：86，泥质灰陶。宽唇内斜，斜直颈，溜肩，肩部双系残缺。器身饰由弦纹间隔的竖线纹地纵向波折纹。口径21.9、残高4.7厘米(图一五七，2)。

H31：87，泥质灰陶。宽平唇，直颈，溜肩，肩部双系残缺。器身饰由弦纹间隔的竖线纹地纵向波折纹。口径24、残高9.9厘米(图一五七，3)。

H31：88，泥质灰陶。宽平唇，直颈，溜肩。器身饰由弦纹间隔的竖线纹地纵向波折纹。口径22.4、残高8.4厘米(图一五七，4)。

H31：89，泥质红陶。残存口沿，器形扭曲变形。器身饰由弦纹间隔的竖线纹地纵向波折纹(图一五七，5)。

H31：91，泥质灰陶。宽唇内斜，斜直颈，溜肩。器身饰由弦纹间隔的竖线纹地纵向波折纹。口径23.8、残高9.3厘米(图一五七，6)。

H31：92，泥质灰陶。宽唇内斜，斜直颈，溜肩。器身饰由弦纹间隔的竖线纹地纵向波折纹。口径25.2、残高8.4厘米(图一五七，7)。

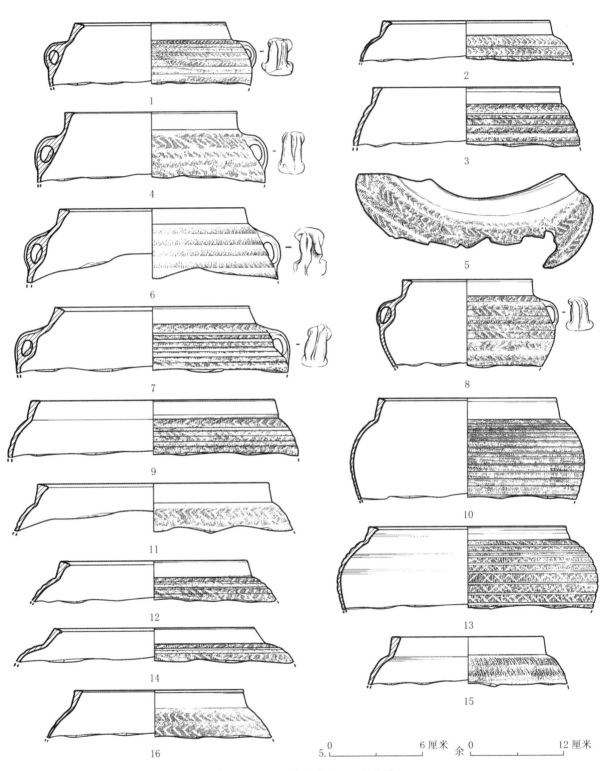

图一五七　H31 出土陶敛口双竖系罐

1. H31：85　2. H31：86　3. H31：87　4. H31：88　5. H31：89　6. H31：91
7. H31：92　8. H31：93　9. H31：94　10. H31：95　11. H31：96　12. H31：97
13. H31：98　14. H31：99　15. H31：100　16. H31：101

H31：93，泥质灰陶。宽唇内斜，直颈，鼓肩。器身饰由弦纹间隔的竖线纹地纵向波折纹。口径 16.6、残高 10.9 厘米（图一五七，8）。

H31：94，泥质黄陶。宽平唇，斜直颈，溜肩，肩部双系残缺。器身饰由弦纹间隔的竖线纹地纵向波折纹。口径 32.3、残高 6.8 厘米（图一五七，9）。

H31：95，泥质灰陶。宽唇内斜，斜直颈，溜肩，肩部双系残缺。器身饰由弦纹间隔的竖线纹。口径 23.4、残高 12.5 厘米（图一五七，10）。

H31：96，泥质灰陶。宽唇内斜，斜直颈，溜肩，肩部双系残缺。器身饰竖线纹地纵向波折纹。口径 30.7、残高 6 厘米（图一五七，11）。

H31：97，泥质灰陶。宽唇内斜，斜直颈，溜肩，肩部双系残缺。器身饰由弦纹间隔的竖线纹地纵向波折纹。口径 24.4、残高 5.2 厘米（图一五七，12）。

H31：98，泥质灰陶。宽唇内斜，斜直颈，溜肩，圆鼓腹，肩部双系残缺。器身饰由弦纹间隔的竖线纹地网格纹。口径 25.3、残高 10.4 厘米（图一五七，13）。

H31：99，泥质灰陶。宽唇内斜，斜直颈，鼓肩，肩部双系残缺。器身饰由弦纹间隔的竖线纹地纵向波折纹。口径 26、残高 4.2 厘米（图一五七，14）。

H31：100，泥质灰陶。宽平唇，斜直颈，溜肩，肩部双系残缺。器身饰由弦纹间隔的竖线纹地短斜线纹。口径 19.4、残高 6.4 厘米（图一五七，15）。

H31：101，泥质灰陶。宽平唇，斜直颈，溜肩，肩部双系残缺。器身饰由弦纹间隔的竖线纹地纵向波折纹。口径 22.4、残高 5.9 厘米（图一五七，16）。

陶卷沿双竖系罐 **2 件**。卷沿，束颈，溜肩，肩部置对称牛鼻状竖系，腹部扁圆，平底内凹。

H31：102，泥质灰陶，局部泛红。上腹部饰两圈竖线纹地短斜线纹。口径 14、底径 10.4、高 12.9 厘米（图一五八，6；彩版二三，2）。

H31：103，泥质红陶。肩部双系残缺。上腹部饰一圈竖线纹地短斜线纹。口径 19.3、底径 10.4、高 12.7 厘米（图一五八，8）。

陶侈口双竖系罐 **5 件**。均为泥质灰陶。

H31：124，侈口，短颈，广肩，肩部置对称牛鼻状竖系。颈部有二圈凹弦纹。口径 17.2、残高 3.1 厘米（图一五八，1）。

H31：106，侈口，溜肩，肩部置对称牛鼻状竖系。颈、肩各饰两圈凹弦纹，系上模印叶脉纹。口径 18.6、残高 7.3 厘米（图一五八，2）。

H31：136，侈口，圆鼓肩，肩部置对称牛鼻状竖系。颈部和肩部上方各饰两圈凹弦纹，双系上模印叶脉纹。口径 21.2、残高 9.9 厘米（图一五八，3）。

H31：107，侈口，短颈，广肩，上腹圆鼓，下腹弧收，底残，肩部双系残缺。肩部饰两圈凹弦纹。口径11.8、残高11.2厘米(图一五八，4)。

H31：104，侈口，短颈，鼓肩，肩部双系残缺。颈、肩各饰两圈凹弦纹。口径20.6、残高6.3厘米(图一五八，5)。

陶釜形罐　1件。

H31：105，泥质灰陶。宽仰折沿，束颈，溜肩，扁鼓腹，平底。肩部饰两圈凹弦纹。口径13.1、底径8、高8.1厘米(图一五八，7；彩版二三，3)。

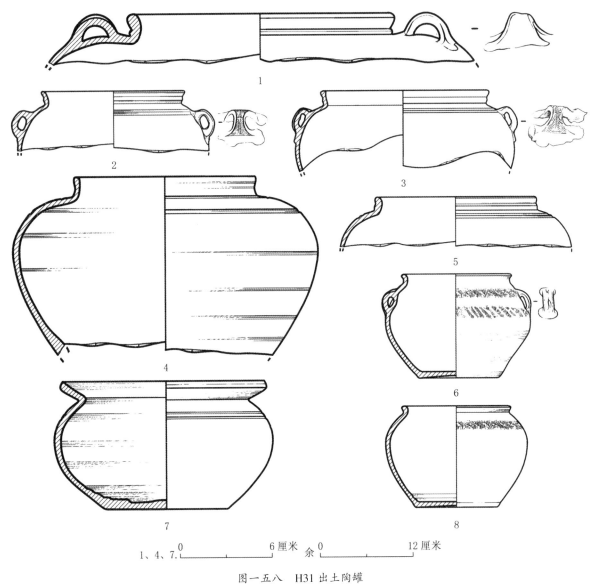

图一五八　H31 出土陶罐

1~5. 陶侈口双竖系罐(H31：124、106、136、107、104)　6、8. 陶卷沿双竖系罐(H31：102、103)

7. 陶釜形罐(H31：105)

陶罐　**22 件**。仅存下半部。一般为弧腹内收，也有少量斜直腹的，平底。

H31：67，泥质灰陶。腹部饰由弦纹间隔的竖线纹地大网格纹。底径 11、残高 10 厘米(图一五九，1)。

H31：68，泥质红陶。平底内凹。底径 13.3、残高 10.4 厘米(图一五九，2)。

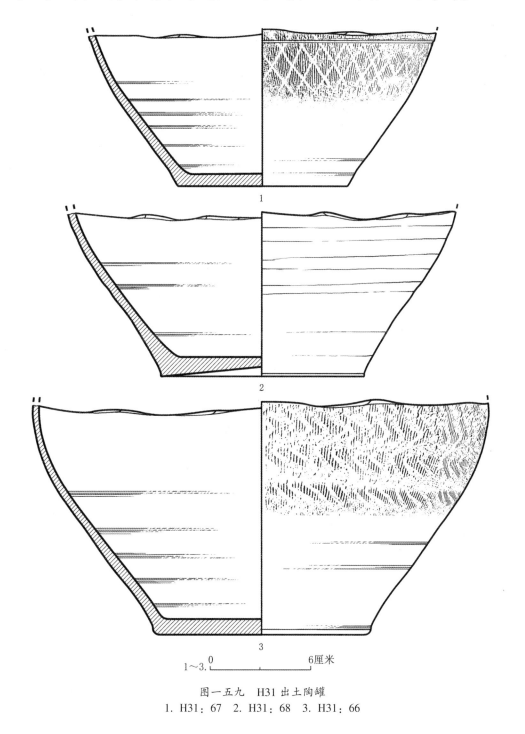

图一五九　H31 出土陶罐
1. H31：67　2. H31：68　3. H31：66

　　H31：66，泥质灰陶。中腹部饰竖线纹地纵向波折纹。底径 13.9、残高 14.8 厘米（图一五九，3）。

　　H31：65，泥质灰陶。平底内凹。底径 28.4、残高 9.8 厘米（图一六〇，1）。

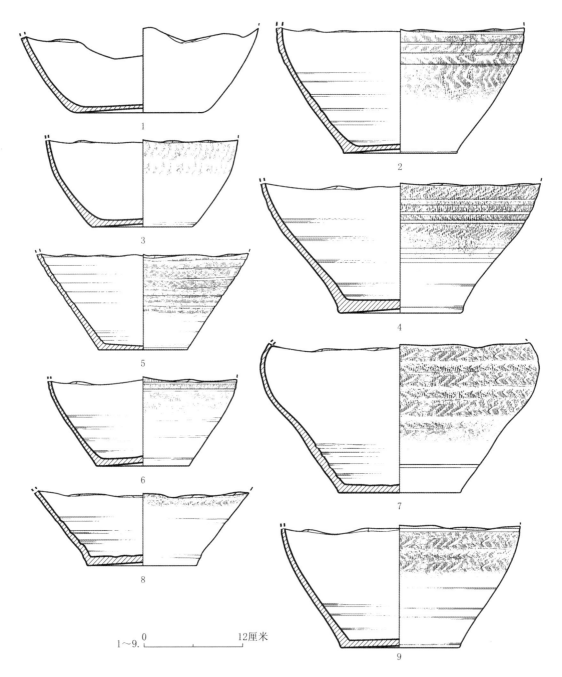

1～9.　0 ────── 12厘米

图一六〇　H31 出土陶罐
1. H31：65　2. H31：128　3. H31：90　4. H31：82　5. H31：129　6. H31：108
7. H31：109　8. H31：110　9. H31：111

H31：128，泥质灰陶。平底内凹。中腹部饰由弦纹间隔的竖线纹地纵向波折纹。底径 13.6、残高 14.4 厘米（图一六〇，2）。

H31：90，泥质灰陶。平底内凹。中腹部饰竖线纹地纵向波折纹。底径 12.2、残高 10 厘米（图一六〇，3）。

H31：82，泥质灰陶。平底内凹。中腹部饰由弦纹间隔的竖线纹地纵向波折纹。底径 14.8、残高 15 厘米（图一六〇，4）。

H31：129，泥质灰陶。斜直腹内收。中腹部饰由弦纹间隔的竖线纹地网格纹。底径 10.7、残高 10.9 厘米（图一六〇，5）。

H31：108，泥质灰陶。平底内凹。中腹部饰由弦纹间隔的竖线纹。底径 11.2、残高 10.3 厘米（图一六〇，6）。

H31：109，泥质灰陶。中腹圆鼓，下腹弧收，平底。中腹部饰间断竖线纹地纵向波折纹。底径 14.6、残高 17.3 厘米（图一六〇，7）。

H31：110，泥质灰陶。斜直腹内收，平底内凹。中腹部饰竖线纹地纵向波折纹。底径 13.2、残高 8.3 厘米（图一六〇，8）。

H31：111，泥质灰陶。中腹部饰间断竖线纹地纵向波折纹。底径 14.4、残高 13.9 厘米（图一六〇，9）。

H31：112，泥质灰陶。平底内凹。中腹部饰竖线纹地纵向波折纹。底径 10.4、残高 9.8 厘米（图一六一，1）。

H31：113，泥质灰陶。中腹部饰由弦纹间隔的竖线纹。底径 9.6、残高 7.4 厘米（图一六一，2）。

H31：114，泥质灰陶。中腹部饰竖线纹地纵向波折纹。底径 10.9、残高 10 厘米（图一六一，3）。

H31：116，泥质灰陶。中腹部饰竖线纹地纵向波折纹。底径 13、残高 11.8 厘米（图一六一，4）。

H31：117，泥质灰陶。斜直腹内收，平底内凹。中腹部饰间断竖线纹地纵向波折纹。底径 12.9、残高 12.4 厘米（图一六一，5）。

H31：118，泥质灰陶。中腹部饰由弦纹间隔的竖线纹地纵向波折纹。底径 14.3、残高 14.8 厘米（图一六一，6）。

H31：119，泥质灰陶。中腹部饰竖线纹地纵向波折纹。底径 15、残高 14.4 厘米（图一六一，7）。

H31：120，泥质红陶。斜直腹内收，平底内凹。中腹部饰竖线纹地纵向波折纹。底径 14.2、残高 13.7 厘米（图一六一，8）。

H31：121，泥质红陶。平底内凹。中腹部饰竖线纹地纵向波折纹。底径 14.8、残高 16.8 厘米（图一六一，9）。

H31：122，泥质灰陶。下腹斜直，平底内凹。底径14、残高9.6厘米(图一六一，10)。

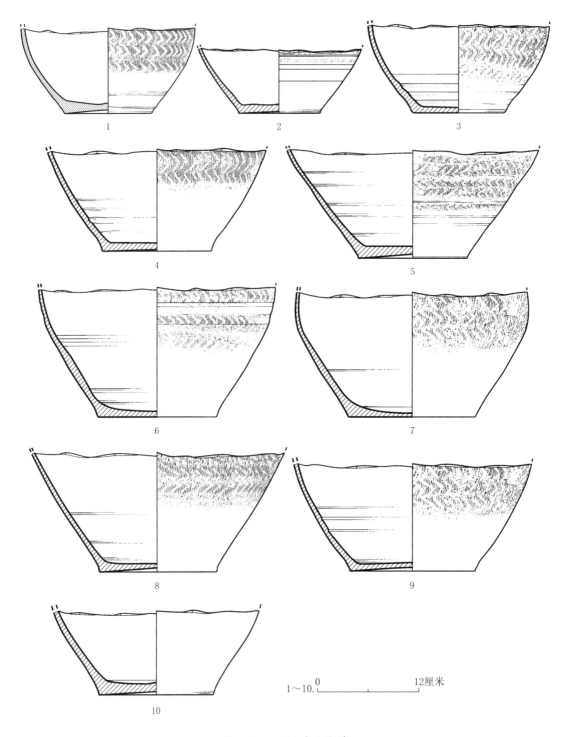

图一六一　H31 出土陶罐

1. H31：112　2. H31：113　3. H31：114　4. H31：116　5. H31：117　6. H31：118
7. H31：119　8. H31：120　9. H31：121　10. H31：122

陶折沿盆　**63件**。除极少数为泥质黄陶外，均为泥质灰陶。平折沿，弧腹内收，平底。大多数仅存上半部。上腹部一般饰二至三圈凹弦纹。

H31：54，平折沿下缘起棱。口径37.3、残高5.2厘米(图一六二，1)。

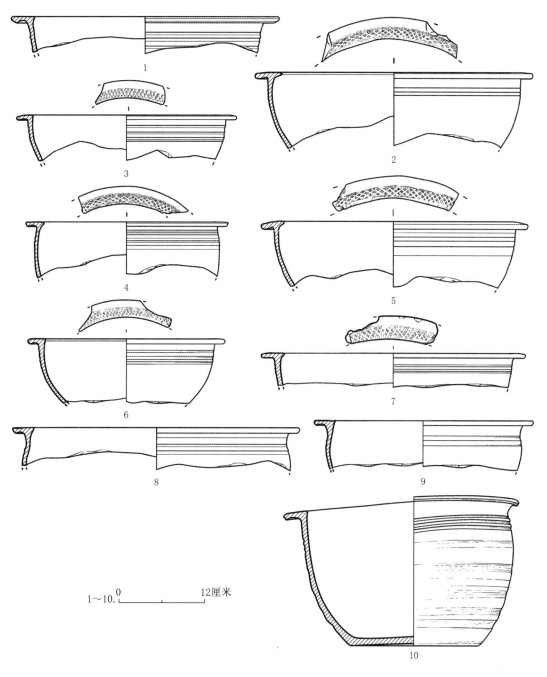

图一六二　H31 出土陶折沿盆

1. H31：54　2. H31：43　3. H31：35　4. H31：46　5. H31：45　6. H31：115
7. H31：44　8. H31：49　9. H31：77　10. H31：123

H31：43，沿面饰竖线纹地网格纹。口径 39.6、残高 10.4 厘米(图一六二，2)。

H31：35，平折沿略下翻。沿面饰竖线纹地网格纹。口径 31、残高 6.3 厘米(图一六二，3)。

H31：46，沿面饰竖线纹地网格纹。口径 28.2、残高 7.5 厘米(图一六二，4)。

H31：45，平折沿外翻。沿面饰竖线纹地网格纹。口径 38、残高 9.1 厘米(图一六二，5)。

H31：115，沿面饰竖线纹地网格纹。口径 27.6、残高 8.8 厘米(图一六二，6)。

H31：44，沿面饰竖线纹地网格纹。口径 37.2、残高 4.7 厘米(图一六二，7)。

H31：49，口径 39.9、残高 5.7 厘米(图一六二，8)。

H31：77，束颈，弧腹。口径 31、残高 6.3 厘米(图一六二，9)。

H31：123，器物变形较严重。平折沿，唇面有一圈凹槽，深腹，平底内凹。口径 33.2、底径 18.2、高 20.4 厘米(图一六二，10；彩版二三，4)。

H31：50，上腹部饰一圈凹弦纹。口径 39、残高 5.5 厘米(图一六三，1)。

H31：184，口径 31.2、残高 5.7 厘米(图一六三，2)。

H31：51，平折沿外翻。沿面饰竖线纹地网格纹。口径 39.8、残高 7.5 厘米(图一六三，3)。

H31：57，平折沿下缘起棱。口径 37.2、残高 6.8 厘米(图一六三，4)。

H31：125，平折沿下缘起棱。口径 30.8、残高 6.3 厘米(图一六三，5)。

H31：52，平折沿略外翻。口径 39.4、残高 6.5 厘米(图一六三，6)。

H31：126，沿面饰一圈竖线纹地网格纹。口径 35.2、残高 8.3 厘米(图一六三，7)。

H31：58，平折沿下缘起棱。口径 39.6、残高 8.8 厘米(图一六三，8)。

H31：177，平折沿下缘起棱。口径 34、残高 5.2 厘米(图一六三，9)。

H31：59，平折沿略外翻。口径 36.9、残高 14.6 厘米(图一六三，10)。

H31：152，平折沿下缘起棱。器身饰竖线纹地纵向波折纹。口径 37.2、残高 7.3 厘米(图一六三，11)。

H31：127，口径 30、残高 5.2 厘米(图一六三，12)。

H31：130，折沿略外翻。口径 40.7、残高 7.8 厘米(图一六三，13)。

H31：186，泥质黄陶。平折沿下缘起棱。口径 46.4、残高 5.2 厘米(图一六三，14)。

H31：131，口径 41.4、残高 3.6 厘米(图一六三，15)。

H31：133，折沿略外翻。口径 31.8、残高 7.8 厘米(图一六四，1)。

H31：79，平折沿略外翻。器身饰竖线纹地网格纹。口径 37.2、残高 4.7 厘米(图一六四，2)。

H31：134，平折沿下缘起棱。器身饰竖线纹地纵向波折纹。口径 37.6、残高 7.3 厘米(图一六四，3)。

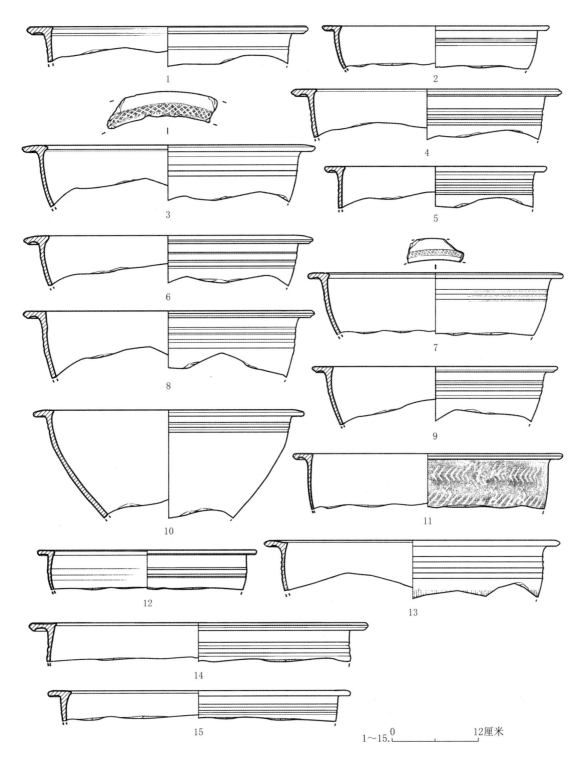

图一六三　H31 出土陶折沿盆

1. H31：50　2. H31：184　3. H31：51　4. H31：57　5. H31：125　6. H31：52
7. H31：126　8. H31：58　9. H31：177　10. H31：59　11. H31：152　12. H31：127
13. H31：130　14. H31：186　15. H31：131

H31：135，沿面内侧饰一圈竖线纹地网格纹。口径31.3、残高6.3厘米(图一六四，4)。

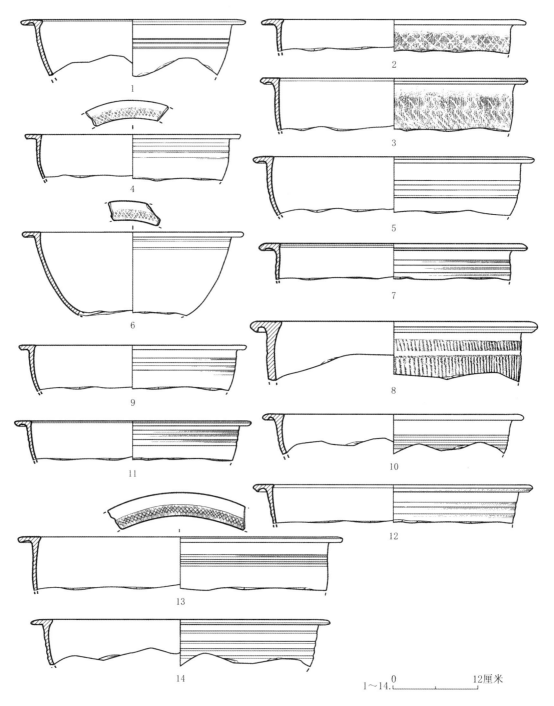

图一六四　H31 出土陶折沿盆

1. H31：133　2. H31：79　3. H31：134　4. H31：135　5. H31：185　6. H31：137

7. H31：138　8. H31：139　9. H31：142　10. H31：143　11. H31：144

12. H31：145　13. H31：146　14. H31：147

H31：185，平折沿略外翻。口径 39.6、残高 7.8 厘米(图一六四，5)。

H31：137，沿面靠内侧饰一周竖线纹地网格纹。口径 31.9、残高 11.5 厘米(图一六四，6)。

H31：138，平折沿略外翻。口径 37.8、残高 4.9 厘米(图一六四，7)。

H31：139，平折沿下缘起棱。器身饰由弦纹间隔的竖线纹。口径 40.4、残高 7.8 厘米(图一六四，8)。

H31：142，口径 32.5、残高 6.3 厘米(图一六四，9)。

H31：143，平折沿外翻。口径 36.8、残高 5.7 厘米(图一六四，10)。

H31：144，平折沿下缘起棱。口径 33.7、残高 5.2 厘米(图一六四，11)。

H31：145，平折沿下缘起棱。口径 39.4、残高 5.2 厘米(图一六四，12)。

H31：146，沿面靠内侧饰一圈竖线纹地网格纹。口径 46.4、残高 7.3 厘米(图一六四，13)。

H31：147，口径 42.7、残高 6.5 厘米(图一六四，14)。

H31：148，口径 39.6、残高 4.7 厘米(图一六五，1)。

H31：149，平折沿略外翻。沿面靠内侧饰一周竖线纹地网格纹。口径 27.7、残高 4.7 厘米(图一六五，2)。

H31：150，口径 40、残高 5.7 厘米(图一六五，3)。

H31：151，口径 27.2、残高 5.8 厘米(图一六五，4)。

H31：153，平折沿下缘起棱。口径 38.5、残高 4.2 厘米(图一六五，5)。

H31：154，平折沿略下翻。口径 39.3、残高 5.7 厘米(图一六五，6)。

H31：155，沿面内侧饰一周竖线纹地网格纹。口径 29.2、残高 3.1 厘米(图一六五，7)。

H31：157，平折沿下缘起棱。口径 37.7、残高 7.8 厘米(图一六五，8)。

H31：158，口径 26、残高 5.2 厘米(图一六五，9)。

H31：159，平折沿下缘起棱。口径 29.8、残高 4.7 厘米(图一六五，10)。

H31：160，平折沿下翻。口径 36.8、残高 6.8 厘米(图一六五，11)。

H31：161，平折沿下缘起棱。器身饰间断竖线纹地纵向波折纹。口径 36.2、残高 4.7 厘米(图一六五，12)。

H31：162，平折沿下缘起棱。口径 35、残高 4.9 厘米(图一六五，13)。

H31：163，沿面内侧饰一周竖线纹地网格纹。口径 38.8、残高 7.8 厘米(图一六五，14)。

H31：164，平折沿下缘起棱。沿面靠内侧饰一周竖线纹地网格纹。口径 27.5、残高 5.7 厘米(图一六五，15)。

H31：165，平折沿下缘起棱。口径 47、残高 6.3 厘米(图一六五，16)。

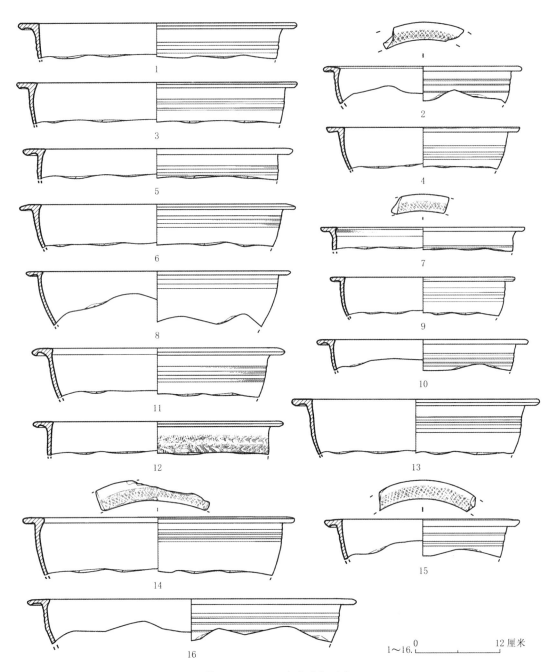

图一六五　H31 出土陶折沿盆

1. H31：148　2. H31：149　3. H31：150　4. H31：151　5. H31：153　6. H31：154
7. H31：155　8. H31：157　9. H31：158　10. H31：159　11. H31：160　12. H31：161
13. H31：162　14. H31：163　15. H31：164　16. H31：165

　　H31：166，平折沿下缘起棱。口径 39.2、残高 5.7 厘米(图一六六，1)。

　　H31：167，口径 37.4、残高 6.3 厘米(图一六六，2)。

　　H31：168，平折沿略下翻。口径 37.5、残高 8.3 厘米(图一六六，3)。

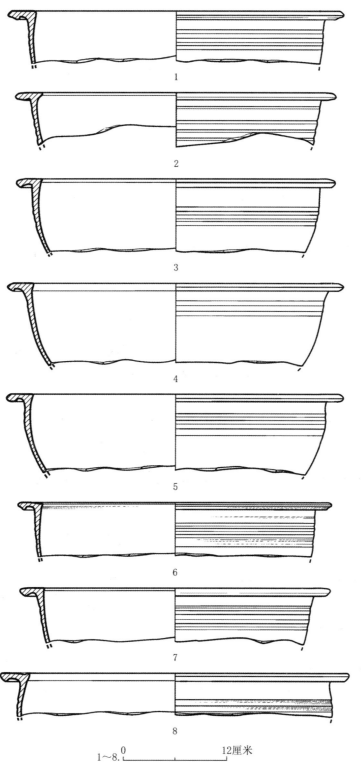

1~8. 0 _____ 12厘米

图一六六 H31 出土陶折沿盆

1. H31：166　2. H31：167　3. H31：168　4. H31：169　5. H31：170
6. H31：171　7. H31：173　8. H31：174

H31：169，平折沿略下翻。口径41.1、残高9.4厘米(图一六六，4)。

H31：170，平折沿下缘起棱。口径39.4、残高9.1厘米(图一六六，5)。

H31：171，平折沿下缘起棱，唇面靠内侧有一圈凹槽。口径36.9、残高6.3厘米(图一六六，6)。

H31：173，平折沿下缘起棱。口径36.2、残高6.3厘米(图一六六，7)。

H31：174，泥质黄陶。平折沿下缘起棱，沿面靠内侧有一圈凹槽。口径41.1、残高4.7厘米(图一六六，8)。

陶敛口盆　9件。除一件为泥质黄陶外，其余均为泥质灰陶。敛口，方唇，鼓肩，弧腹内收，平底。

H31：183，口沿外饰一周竖线纹地网格纹。口径16.8、残高6.5厘米(图一六七，1)。

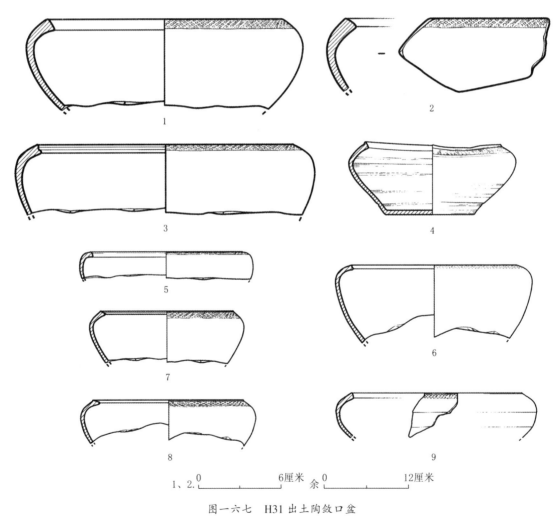

图一六七　H31 出土陶敛口盆

1. H31：183　2. H31：188　3. H31：189　4. H31：190　5. H31：180　6. H31：132
7. H31：179　8. H31：181　9. H31：182

H31：188，口沿外饰一周竖线纹地网格纹(图一六七，2)。

H31：189，口沿外饰一周竖线纹地网格纹。口径 37.5、残高 8.2 厘米(图一六七，3)。

H31：190，泥质黄陶。器形变形较严重。口沿外饰一周竖线纹地短斜线纹。口径 19.3、底径 12.5、高 10.2 厘米(图一六七，4；彩版二三，5)。

H31：180，残存口沿。口沿外饰一周竖线纹地网格纹。口径 22、残高 3.6 厘米(图一六七，5)。

H31：132，口沿外饰一圈竖线纹地网格纹。口径 23.6、残高 10.9 厘米(图一六七，6)。

H31：179，口沿外饰一周竖线纹地网格纹。口径 19.2、残高 7.3 厘米(图一六七，7)。

H31：181，口沿外饰一周竖线纹地网格纹。口径 21.7、残高 5.7 厘米(图一六七，8)。

H31：182，口沿外饰一周竖线纹地网格纹。口径 24.5、残高 6.7 厘米(图一六七，9)。

陶盘　1 件。

H31：193，泥质灰陶。直口，方唇，直壁，浅腹，大平底。口径 25.6、底径 25.5、高 4.5 厘米(图一六八，2；彩版二三，6)。

陶灯　1 件。

H31：192，泥质黄陶。承柱上部残缺。承柱中空，承盘较深，敛口，宽唇，斜弧腹。承盘口沿外有一周凹弦纹。承盘口径 20.5、残高 7 厘米(图一六八，1)。

陶狗　1 件。

H31：197，泥质黄陶。昂首，长脸，长颈，躯干细长。颈部有项圈。耳、臀部、足残缺。残长 13.5、残高 4.9 厘米(图一六八，4；彩版二四，1)。

陶圈厕　1 件。

H31：64，泥质灰陶。敛口，斜直壁，平底，外壁附楼梯。口径 20.5、残高 4.4 厘米(图一六八，3)。

陶筒瓦　1 件。

H31：200，泥质灰陶。残存前端。凸面饰竖线纹，凹面饰布纹。残长 20.3、宽 19.8 厘米(图一六八，5)。

陶板瓦　1 件。

H31：201，泥质灰陶。残片。凸面饰纵向和斜向直线纹，凹面饰布纹。残长 17.7、宽 16.7 厘米(图一六八，6)。

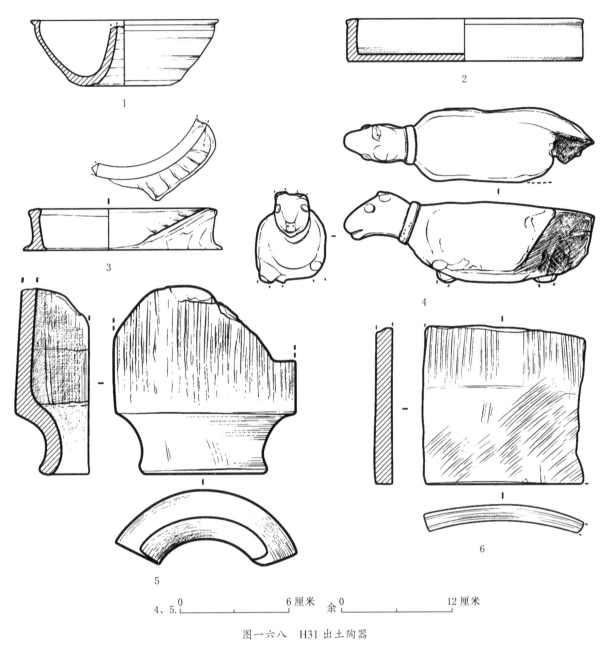

4、5. $\underset{0 \qquad\qquad\qquad 6厘米}{\vdash\!\dashv}$ 余 $\underset{0 \qquad\qquad\qquad 12厘米}{\vdash\!\dashv}$

图一六八 H31 出土陶器

1. 陶灯(H31：192)　2. 陶盘(H31：193)　3. 陶圈厕(H31：64)　4. 陶狗(H31：197)
5. 陶筒瓦(H31：200)　6. 陶板瓦(H31：201)

14. H32

H32 位于ⅢT0106 西北部，开口于南发掘区⑤层下，打破 H47，坑口距地表约 0.3 米。H32

北部平整土地时被破坏，从现存部分看，平面应呈圆形，弧壁，平底，坑壁与坑底均较为粗糙。已发掘部分坑口长 1.1、宽 1.52、坑底距坑口深 0.6 米（图一六九）。坑内填土呈灰黑色，包含有大量陶片。出土遗物的可辨器形有陶敛口双竖系罐、敛口无系罐、折沿盆等。

陶敛口双竖系罐　16 件。除一件为泥质红陶外，其余均为泥质灰陶。敛口，宽唇，一般为斜直颈，溜肩，肩部置对称牛鼻状竖系，上腹圆鼓，下腹弧收，平底。

H32：3，宽唇稍内斜，斜直颈，溜肩。上腹部饰由弦纹间隔的竖线纹地网格纹。口径 19.8、底径 13.1、高 24.4 厘米（图一七〇，1；彩版二四，2）。

H32：4，器体扭曲变形，宽唇内斜，斜直颈，鼓肩，平底内凹。上腹部饰五圈凹弦纹。口径 14.7、底径 10.9、高 17.5 厘米（图一七〇，2；彩版二四，3）。

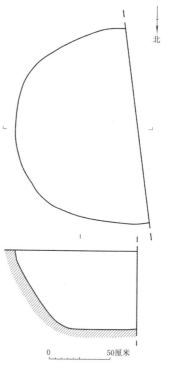

图一六九　H32 平、剖面图

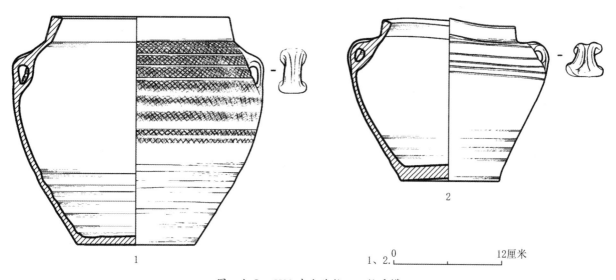

图一七〇　H32 出土陶敛口双竖系罐
1. H32：3　2. H32：4

H32：30，宽平唇，斜直颈，溜肩，肩部双系残缺。器身饰由弦纹间隔的竖线纹地网格纹。口径 26、残高 8.7 厘米（图一七一，1）。

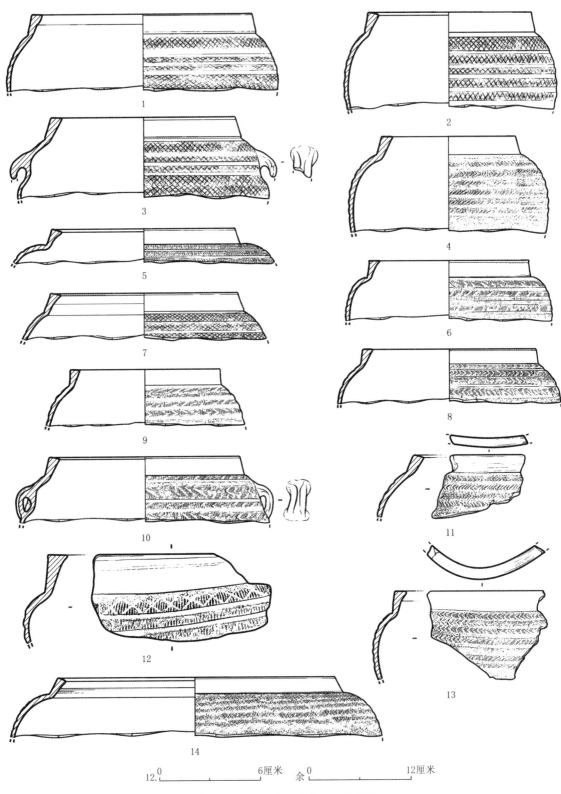

图一七一 H32 出土陶敛口双竖系罐

1. H32：30 2. H32：1 3. H32：22 4. H32：24 5. H32：27 6. H32：25 7. H32：18 8. H32：33
9. H32：5 10. H32：7 11. H32：32 12. H32：6 13. H32：31 14. H32：20

H32：1，宽唇内斜，斜直颈，溜肩，肩部双系残缺。上腹部饰由弦纹间隔的竖线纹地网格纹。口径 19、残高 10.7 厘米(图一七一，2)。

H32：22，宽平唇，斜直颈，溜肩，肩部系残。器身饰由弦纹间隔的竖线纹地网格纹。口径 21.8、残高 9.2 厘米(图一七一，3)。

H32：24，宽平唇，斜直颈，溜肩，肩部双系残缺。器身饰由弦纹间隔的竖线纹地纵向波折纹。口径 15.6、残高 10.7 厘米(图一七一，4)。

H32：27，宽唇内斜，斜直颈，鼓肩，肩部双系残缺。器身饰由弦纹间隔的竖线纹地纵向波折纹。口径 21.7、残高 5.2 厘米(图一七一，5)。

H32：25，宽平唇，斜直颈，鼓肩，肩部双系残缺。器身饰由弦纹间隔的竖线纹地纵向波折纹。口径 18.7、残高 6.5 厘米(图一七一，6)。

H32：18，宽唇内斜，斜直颈，溜肩，肩部双系残缺。器身饰由弦纹间隔的竖线纹地网格纹。口径 22.2、残高 5.2 厘米(图一七一，7)。

H32：33，宽平唇，斜直颈，溜肩，肩部双系残缺。器身饰由弦纹间隔的竖线纹地纵向波折纹。口径 20.5、残高 6.1 厘米(图一七一，8)。

H32：5，宽平唇，直颈，溜肩，肩部双系残缺。器身饰由弦纹间隔的竖线纹地纵向波折纹。口径 17.8、残高 6.5 厘米(图一七一，9)。

H32：7，宽唇内斜，斜直颈，溜肩。器身饰由弦纹间隔的竖线纹地纵向波折纹。口径 22.6、残高 7.6 厘米(图一七一，10)。

H32：32，宽唇内斜，斜直颈，溜肩。器身饰由弦纹间隔的竖线纹地纵向波折纹(图一七一，11)。

H32：6，残存口沿，变形较严重。宽平唇，斜直颈，鼓肩。器身饰由弦纹间隔的竖线纹地大网格纹(图一七一，12)。

H32：31，宽平唇，直颈，溜肩。器身饰由弦纹间隔的竖线纹地纵向波折纹(图一七一，13)。

H32：20，宽唇内斜，斜直颈，鼓肩，肩部双系残缺。器身饰由弦纹间隔的竖线纹地网格纹。口径 32.8、残高 6.7 厘米(图一七一，14)。

陶敛口无系罐　1件。

H32：2，泥质红褐陶。敛口，宽厚唇，唇外起一圈凸棱，溜肩，肩部以下残缺。肩、腹部内壁有密集的指窝痕。肩部以下拍印竖线纹地重圈菱形纹。口径 33.2、残高 5.8 厘米(图一七二，1)。

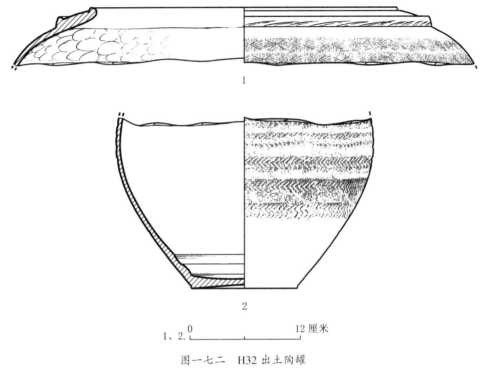

图一七二　H32 出土陶罐

1. 陶敛口无系罐(H32：2)　2. 陶罐(H32：21)

陶罐　1 件。仅存下半部。

H32：21，泥质灰陶。中腹圆鼓，下腹弧收，平底内凹。中腹部饰由弦纹间隔的竖线纹地纵向波折纹。底径 11.4、残高 18.1 厘米(图一七二，2)。

陶折沿盆　16 件。均为泥质灰陶。仅残存上半部，平折沿，下缘起棱，弧腹，上腹部饰二至三圈凹弦纹。

H32：8，平折沿略下翻。口径 36、残高 8.2 厘米(图一七三，1)。

H32：9，平折沿略下翻。口径 36.9、残高 9.8 厘米(图一七三，2)。

H32：10，口径 38、残高 6 厘米(图一七三，3)。

H32：11，口径 37、残高 6.5 厘米(图一七三，4)。

H32：12，口径 37.6、残高 4.4 厘米(图一七三，5)。

H32：13，口径 31.9、残高 4.6 厘米(图一七三，6)。

H32：14，口径 39.6、残高 4.4 厘米(图一七三，7)。

H32：15，口径 32、残高 5.5 厘米(图一七三，8)。

H32：16，平折沿略下翻。口径 39.4、残高 4.9 厘米(图一七三，9)。

H32：17，口径 26.2、残高 7.1 厘米(图一七三，10)。

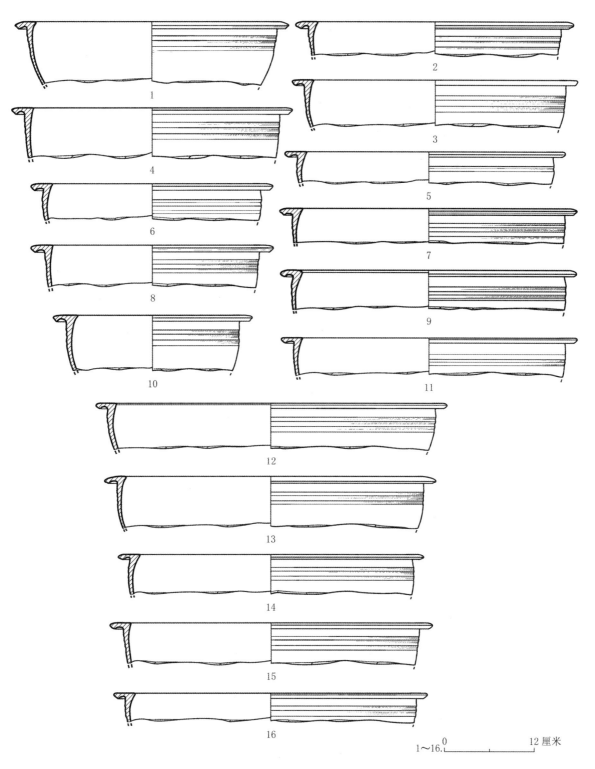

图一七三　H32 出土陶折沿盆

1. H32：8　2. H32：9　3. H32：10　4. H32：11　5. H32：12　6. H32：13　7. H32：14
8. H32：15　9. H32：16　10. H32：17　11. H32：23　12. H32：19　13. H32：26
14. H32：28　15. H32：29　16. H32：34

H32：23，口径 39.5、残高 4.9 厘米(图一七三，11)。

H32：19，口径 46.5、残高 6 厘米(图一七三，12)。

H32：26，平折沿下翻。口径 44、残高 6.5 厘米(图一七三，13)。

H32：28，口径 40.5、残高 4.9 厘米(图一七三，14)。

H32：29，口径 42.8、残高 5.5 厘米(图一七三，15)。

H32：34，口径 41.6、残高 3.8 厘米(图一七三，16)。

15．H34

H34 位于 ⅣT0106 西南部扩方区域的西南角，Y6 东侧，开口于南发掘区②层下，打破生土层，坑口距地表约 0.2 米。H34 部分延伸至南部断崖内，已发掘部分平面形状为椭圆形，弧壁，圜底，坑壁与坑底均较为粗糙。已发掘部分坑口长 0.98、宽 1.18、坑底距坑口深 0.22 米(图一七四)。坑

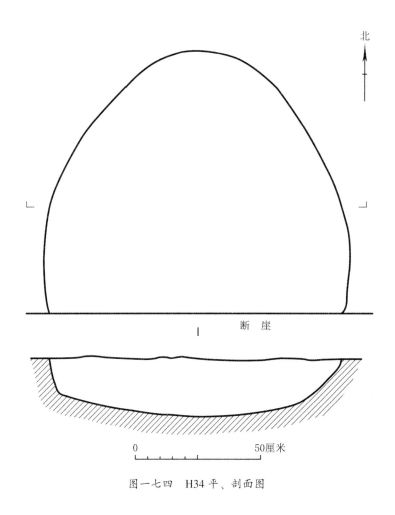

图一七四　H34 平、剖面图

内填土呈灰黑色，土质较致密，包含大量红烧土颗粒、少量陶片及附有窑汗的窑壁。出土遗物的可辨器形有陶敛口双竖系罐、筒瓦、筒形支烧具等。

陶敛口双竖系罐 2件。均为泥质灰陶，残存上半部。敛口，宽唇稍内斜，上腹圆鼓，肩部双系残缺。器身饰由弦纹间隔的竖线纹地纵向波折纹。

H34：4，斜直颈，溜肩。口径26.6、残高9厘米（图一七五，1）。

H34：3，直颈，鼓肩。口径14.8、残高5.1厘米（图一七五，2）。

陶筒瓦 1件。

H34：1，泥质灰陶，局部泛黄。凸面饰多组纵向和斜向的直线纹，凹面饰布纹。残长19.2、宽12.3、高6厘米（图一七五，4）。

陶筒形支烧具 1件。

H34：2，器表呈灰色，胎呈红褐色，胎体坚硬。残存上半部。上下通透，托面与器壁的截面呈"T"字形，腹壁有四个两两对称的椭圆形穿孔。托面直径18.4、残高5.2厘米（图一七五，3）。

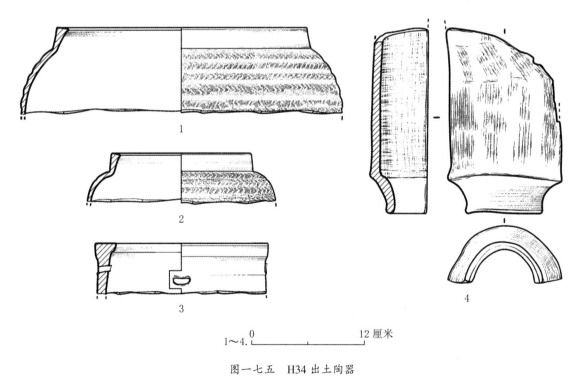

图一七五 H34 出土陶器

1、2. 陶敛口双竖系罐（H34：4、3） 3. 陶筒形支烧具（H34：2） 4. 陶筒瓦（H34：1）

16. H36

H36 位于 III T0106 西南部，部分伸入 III T0107 内，开口于南发掘区⑤层下，打破 H38、H46、H59、H60、H61，坑口距地表约 0.3 米。H36 平面形状为长方形，四壁略外弧，坑壁斜直，平底，坑壁与坑底均较为粗糙。坑口东西长 2.2、南北宽 1.6 米，坑底距坑口最深处为 0.15 米（图一七六）。坑内堆积为灰黑色黏土，土质较致密，呈北低南高的坡状，包含有少量陶片。出土遗物的可辨器形有陶敛口双竖系罐、敛口盆。

图一七六 H36 平、剖面图

陶敛口双竖系罐　1件。

H36：1，泥质灰陶。残存上半部。敛口，宽唇内斜，直颈，溜肩，肩部置牛鼻状竖系。器身饰由弦纹间隔的竖线纹地纵向波折纹(图一七七，1)。

陶敛口盆　1件。

H36：2，泥质灰陶。残存上半部。敛口，鼓肩，斜弧腹。口沿外饰一周竖线纹地短斜线纹，其下饰一圈凹弦纹。口径20.6、残高7厘米(图一七七，2)。

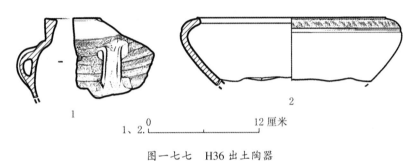

图一七七　H36出土陶器

1. 陶敛口双竖系罐(H36：1)　2. 陶敛口盆(H36：2)

17. H38

H38位于ⅢT0106西南部，开口于南发掘区⑤层下，同时被H36打破，打破H60、H61，坑口距地表约0.3米。H38平面形状为不规则多边形，南壁斜直，较陡峭，北壁较缓，分为两段，上段为斜直壁，下段为弧壁，圜底，坑壁与坑底均较为粗糙。坑口东西长2.2、南北宽2.1、坑底距坑口最深处约0.44米(图一七八)。坑内堆积为灰黑色黏土，包含有较多陶片、碎砖等。出土遗物的可辨器形有陶敛口双竖系罐、直口双竖系罐、敛口无系罐、鸭、筒瓦、筒形支烧具等。

陶敛口双竖系罐　1件。

H38：5，泥质红陶。敛口，宽唇内斜，斜直颈，溜肩，肩部置对称牛鼻状竖系，上腹圆

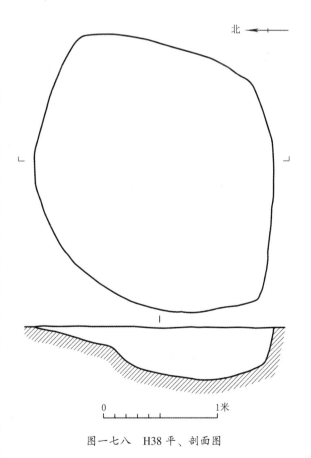

北 ←

图一七八　H38平、剖面图

鼓,下腹弧收,平底。上腹饰由弦纹间隔的竖线纹地纵向波折纹。口径 20.4、底径 15.2、高 23.8 厘米(图一七九,3;彩版二四,4)。

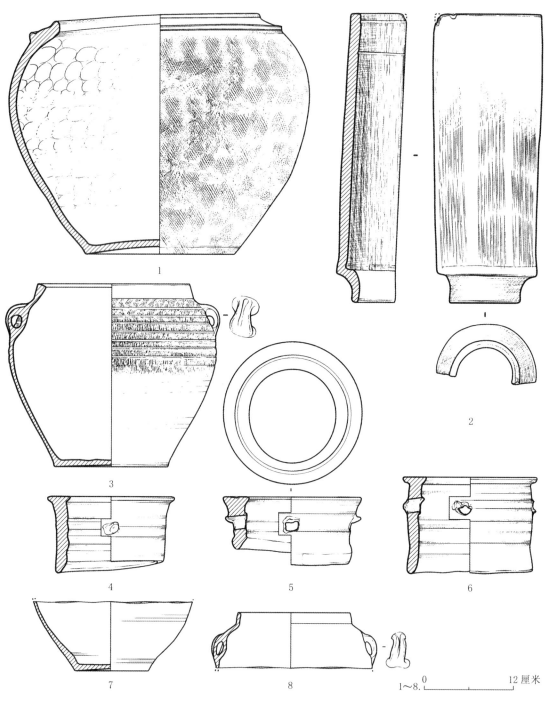

图一七九　H38 出土陶器

1. 陶敛口无系罐(H38:3)　2. 陶筒瓦(H38:4)　3. 陶敛口双竖系罐(H38:5)

4~6. 陶筒形支烧具(H38:8、9、7)　7. 陶罐(H38:1)　8. 陶直口双竖系罐(H38:2)

陶直口双竖系罐　1件。

H38：2，泥质灰陶。残存上半部。直口，直颈，溜肩，肩部置对称牛鼻状竖系。素面。口径15、残高7.2厘米(图一七九，8)。

陶敛口无系罐　1件。

H38：3，泥质红褐陶。敛口，宽厚唇，唇外起一圈凸棱，溜肩，上腹圆鼓，下腹弧收，平底内凹。肩、腹部内壁有密集的指窝痕。肩部以下拍印方格纹。口径27.5、底径20.1、高31.4厘米(图一七九，1；彩版二四，5)。

陶罐　1件。

H38：1，泥质灰陶。残存下半部。弧腹内收，平底内凹。底径10、残高9厘米(图一七九，7)。

陶鸭　1件。

H38：6，泥质黄陶。扁嘴，圆头，尾上翘，足中空。双翅上的羽毛装饰十分形象。长11.7、高6.4厘米(图一八○；彩版二四，6)。

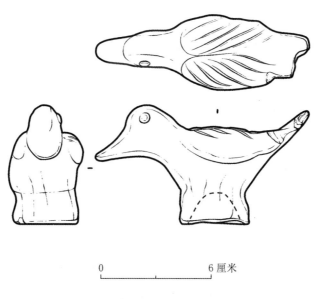

0　　　　　　　6厘米

图一八○　H38出土陶鸭(H38：6)

陶筒瓦　1件。

H38：4，泥质灰陶。凸面饰竖线纹，凹面饰布纹。长38.2、宽14.6、高7.1厘米(图一七九，2；彩版二五，1)。

陶筒形支烧具　3件。上下通透，托面与器壁的截面呈"T"字形，腹壁有两个或四个对称的椭圆形穿孔。

H38：8，器表呈深灰色，底部一圈呈砖红色，胎呈红褐色，胎体较致密。底呈斜削状，腹壁有两个对称的椭圆形穿孔。托面直径 17.1、高 10 厘米(图一七九，4；彩版二五，2)。

H38：9，夹砂灰陶，底部一圈呈砖红色。底呈斜削状，腹壁有四个两两对称的椭圆形穿孔。托面中部有一圈凹弦纹。托面直径 18.5、高 9.1 厘米(图一七九，5)。

H38：7，器表呈深灰色，底部一圈呈砖红色，胎呈红褐色，胎体较致密。腹壁上部有四个两两对称的穿孔。托面直径 18、高 12.6 厘米(图一七九，6)。

18. H39

H39 位于ⅢT0206 南部，部分伸入ⅢT0207 内，开口于南发掘区⑤层下，打破 H31，坑口距地表 0.7 米。H39 平面形状为近梨形，弧壁，平底，坑壁和坑底有修整的痕迹。坑口南北长 2.1、东西宽 2.14、坑底距坑口深 0.4 米(图一八一)。坑内堆积为黑褐色黏土，土质较致密，呈南高北低的坡状，包含有大量陶片和少量红烧土。出土遗物的可辨器形有陶敛口双竖系罐、折沿盆、三足间隔具等。

陶敛口双竖系罐 30 件。均仅残存上半部。敛口，宽唇，一般为斜直颈、溜肩，肩部置对称牛鼻状竖系。

H39：2，泥质灰陶。宽唇内斜，斜直颈，溜肩，上腹圆鼓。器身饰由弦纹间隔的竖线纹地纵向波折纹。口径 22.9、残高 10.1 厘米(图一八二，1)。

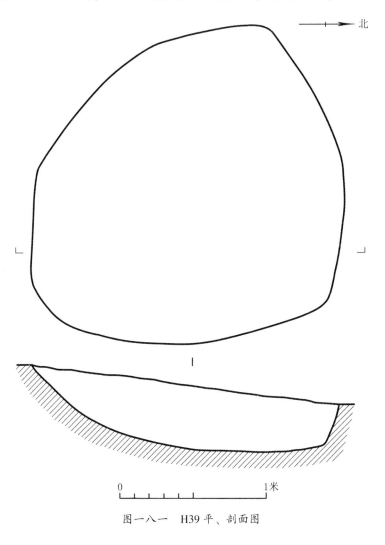

图一八一　H39 平、剖面图

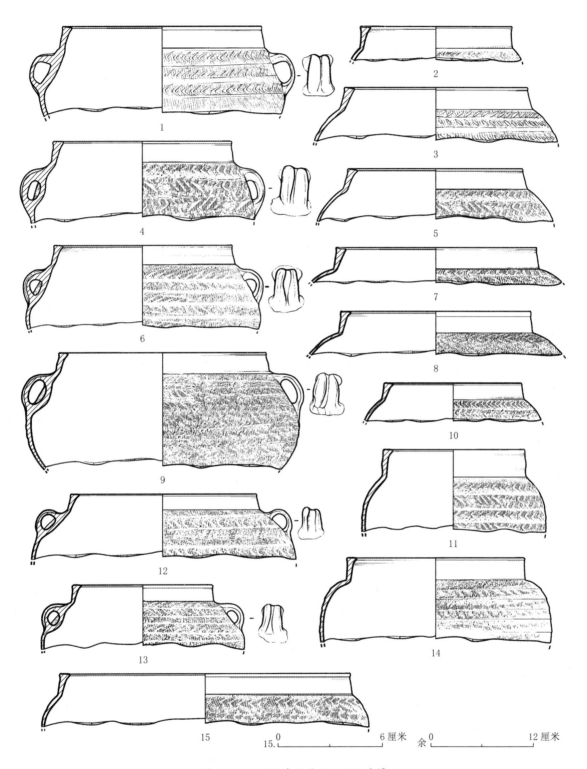

图一八二 H39 出土陶敛口双竖系罐

1. H39：2　2. H39：34　3. H39：3　4. H39：8　5. H39：4　6. H39：25

7. H39：23　8. H39：12　9. H39：11　10. H39：35　11. H39：26

12. H39：28　13. H39：5　14. H39：32　15. H39：24

H39：34，泥质灰陶。宽平唇，唇面有一圈凹槽，直颈，溜肩，肩部双系残缺。器身饰竖线纹地纵向波折纹。口径 17.7、残高 4.1 厘米(图一八二，2)。

H39：3，泥质红陶。宽唇内斜，斜直颈，溜肩，肩部双系残缺。器身饰由弦纹间隔的竖线纹地纵向波折纹。口径 21.3、残高 6.4 厘米(图一八二，3)。

H39：8，泥质灰陶。宽平唇，直颈，溜肩。器身饰竖线纹地纵向波折纹。口径 20.6、残高 9.2 厘米(图一八二，4)。

H39：4，泥质灰陶。宽唇内斜，斜直颈，溜肩，肩部双系残缺。器身饰竖线纹地纵向波折纹。口径 20.4、残高 6 厘米(图一八二，5)。

H39：25，泥质灰陶。宽平唇，斜直颈，溜肩。器身饰由弦纹间隔的竖线纹地纵向波折纹。口径 20.6、残高 9.6 厘米(图一八二，6)。

H39：23，泥质红陶。宽唇稍内斜，唇面微凹，斜直颈，鼓肩，肩部双系残缺。器身饰竖线纹地纵向波折纹。口径 23.2、残高 4.1 厘米(图一八二，7)。

H39：12，泥质红陶。宽平唇，直颈，鼓肩，肩部双系残缺。器身饰竖线纹地纵向波折纹。口径 22.1、残高 5 厘米(图一八二，8)。

H39：11，泥质灰陶。宽唇稍内斜，斜直颈，溜肩，上腹扁鼓。器身饰竖线纹地纵向波折纹。口径 24、残高 13.3 厘米(图一八二，9)。

H39：35，泥质灰陶。宽唇稍内斜，斜直颈，溜肩，肩部双系残缺。器身饰竖线纹地纵向波折纹。口径 16.4、残高 4.6 厘米(图一八二，10)。

H39：26，泥质灰陶。宽平唇，直颈，溜肩，肩部双系残缺。器身饰由弦纹间隔的竖线纹地纵向波折纹。口径 16.6、残高 9.4 厘米(图一八二，11)。

H39：28，泥质灰陶。宽平唇，斜直颈，溜肩。器身饰由弦纹间隔的竖线纹地纵向波折纹。口径 21.4、残高 7.3 厘米(图一八二，12)。

H39：5，泥质红陶。宽平唇，直颈，溜肩。器身饰由弦纹间隔的竖线纹地纵向波折纹。口径 16.2、残高 7.3 厘米(图一八二，13)。

H39：32，泥质灰陶。宽平唇，直颈，鼓肩，上腹圆鼓，肩部双系残缺。器身饰由弦纹间隔的竖线纹地纵向波折纹。口径 20.8、残高 9.6 厘米(图一八二，14)。

H39：24，泥质红陶。宽平唇，斜直颈，溜肩，肩部双系残缺。器身饰竖线纹地纵向波折纹。口径 16.8、残高 2.9 厘米(图一八二，15)。

H39：40，泥质灰陶。器体略有变形，宽平唇，直颈，溜肩。器身饰由弦纹间隔的竖线纹。口径 23、残高 8.5 厘米(图一八三，1)。

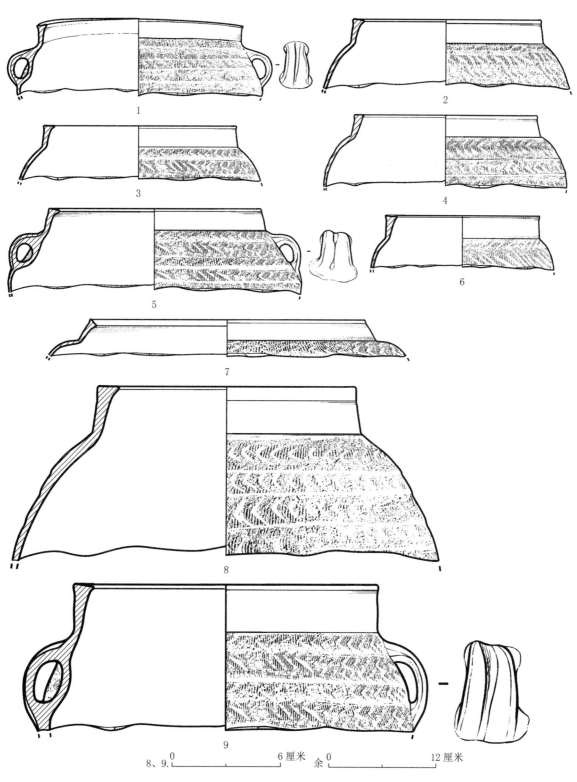

图一八三　H39 出土陶敛口双竖系罐

1. H39：40　2. H39：6　3. H39：7　4. H39：10　5. H39：13　6. H39：15
7. H39：17　8. H39：29　9. H39：18

H39：6，泥质灰陶。宽唇内斜，斜直颈，溜肩，肩部双系残缺。器身饰竖线纹地纵向波折纹。口径21.1、残高7.6厘米(图一八三，2)。

H39：7，泥质红陶。宽平唇，斜直颈，溜肩，肩部双系残缺。器身饰由弦纹间隔的竖线纹地纵向波折纹。口径21.4、残高6厘米(图一八三，3)。

H39：10，泥质灰陶。宽平唇，斜直颈，溜肩，肩部双系残缺。器身饰由弦纹间隔的竖线纹地纵向波折纹。口径20.6、残高7.8厘米(图一八三，4)。

H39：13，泥质灰陶。宽唇内斜，斜直颈，溜肩。器身饰由弦纹间隔的竖线纹地纵向波折纹。口径23.6、残高9.2厘米(图一八三，5)。

H39：15，泥质红陶。宽平唇，唇面微凹，直颈，溜肩，肩部双系残缺。器身饰竖线纹地纵向波折纹。口径17.3、残高5.8厘米(图一八三，6)。

H39：17，泥质灰陶。宽唇内斜，斜直颈，鼓肩，肩部双系残缺。器身饰竖线纹地纵向波折纹。口径30.4、残高4.2厘米(图一八三，7)。

H39：29，泥质灰陶。宽平唇，斜直颈，溜肩，肩部双系残缺。器身饰由弦纹间隔的竖线纹地纵向波折纹。口径14.4、残高9.1厘米(图一八三，8)。

H39：18，泥质灰陶。宽唇稍内斜，直颈，溜肩。器身饰竖线纹地纵向波折纹。口径17、残高7.9厘米(图一八三，9)。

H39：19，泥质灰陶。宽唇内斜，斜直颈，鼓肩，肩部双系残缺。器身饰竖线纹地纵向波折纹。口径26.6、残高3.6厘米(图一八四，1)。

H39：21，泥质灰陶。宽唇内斜，斜直颈，鼓肩，肩部双系残缺。器身饰由弦纹间隔的竖线纹。口径20、残高4.5厘米(图一八四，2)。

H39：22，泥质灰陶。宽平唇，斜直颈，溜肩，肩部双系残缺。器身饰竖线纹地纵向波折纹。口径24.9、残高6.6厘米(图一八四，3)。

H39：27，泥质黄陶。宽唇稍内斜，斜直颈，溜肩，肩部双系残缺。器身饰由弦纹间隔的竖线纹地纵向波折纹。口径18.2、残高5.7厘米(图一八四，4)。

H39：30，泥质红陶。宽唇稍内斜，唇面微凹，斜直颈，鼓肩。器身饰由弦纹间隔的竖线纹地纵向波折纹。口径22.1、残高7.7厘米(图一八四，5)。

H39：31，泥质灰陶。宽唇稍内斜，斜直颈，溜肩，肩部双系残缺。器身饰竖线纹地纵向波折纹。口径22、残高6.8厘米(图一八四，6)。

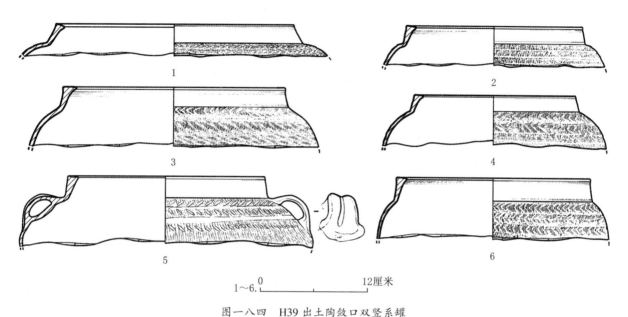

图一八四　H39 出土陶敛口双竖系罐

1. H39：19　2. H39：21　3. H39：22　4. H39：27　5. H39：30　6. H39：31

陶罐　4 件。均为泥质灰陶。仅存下半部。

H39：38，斜直腹内收，平底。底径 14、残高 10.9 厘米(图一八五，7)。

H39：33，斜直腹内收，平底。底径 12.7、残高 10 厘米(图一八五，8)。

H39：1，器体变形较严重，斜腹内收，平底内凹。中腹部饰竖线纹地短斜线纹。底径 10.5、残高 9.8 厘米(图一八五，9)。

H39：14，弧腹内收，平底内凹。中腹部饰竖线纹地纵向波折纹。底径 15.1、残高 15.4 厘米(图一八五，10)。

陶折沿盆　6 件。平折沿，弧腹，平底。

H39：16，泥质黄陶。平折沿略下翻。上腹部饰竖线纹地水波纹。口径 39.5、残高 9.1 厘米(图一八五，1)。

H39：9，泥质灰陶。上腹较直。上腹部饰凹弦纹。口径 30.3、残高 3.2 厘米(图一八五，3)。

H39：41，泥质灰陶。平折沿略下翻。上腹部饰三周凹弦纹。口径 22.9、残高 5.9 厘米(图一八五，4)。

H39：20，泥质灰陶。平折沿略下翻。沿面内侧饰一周竖线纹地网格纹，上腹部饰凹弦纹。口径 35.2、残高 4.5 厘米(图一八五，5)。

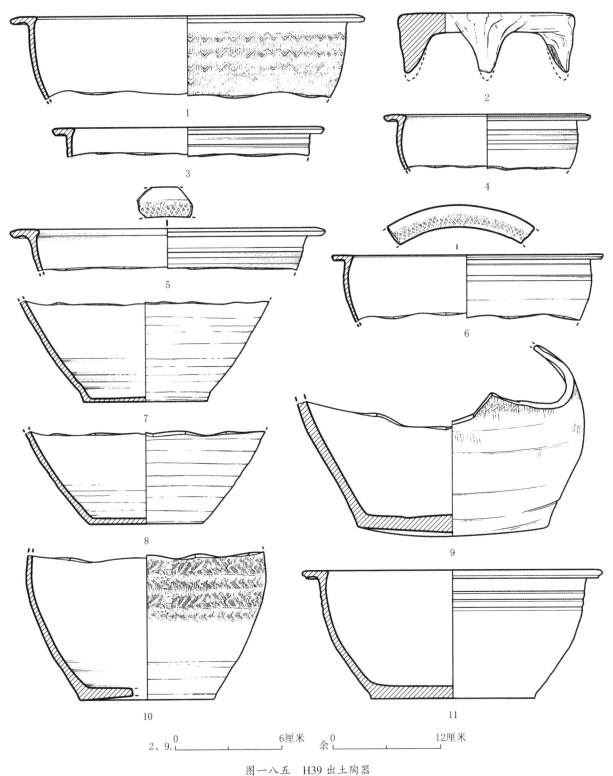

图一八五　H39 出土陶器

1、3~6、11. 陶折沿盆（H39：16、9、41、20、39、37）　2. 陶三足间隔具（H39：36）

7~10. 陶罐（H39：38、33、1、14）

H39：39，泥质灰陶。沿面内侧饰一周竖线纹地网格纹，上腹部饰凹弦纹。口径 30.1、残高 7.2 厘米(图一八五，6)。

H39：37，泥质灰陶。平折沿下缘起棱。上腹部饰三周凹弦纹。口径 33.3、高 13.9 厘米(图一八五，11；彩版二五，3)。

陶三足间隔具　1件。

H39：36，泥质灰陶。托面呈圆形，平坦，下装三个锥状足。直径 9.8、高 3.4 厘米(图一八五，2)。

19．H40

H40 位于ⅢT0206 扩方内的南侧，部分伸入ⅢT0207 扩方内，开口于南发掘区⑤层下，打破生土层，坑口距地表 0.7 米。H40 平面形状为不规则的椭圆形，斜壁，平底，坑壁和坑底有修整的痕迹。坑口南北长 2.3、东西宽 1.5、坑底距坑口深 0.5 米(图一八六)。坑内堆积为黑褐色黏土，土质较致密，呈南高北低的坡状，包含有大量陶片和红烧土块。出土遗物的可辨器形有陶敛口双竖系罐、侈口双竖系罐、折沿盆、敛口盆、甑、灯、碗等。

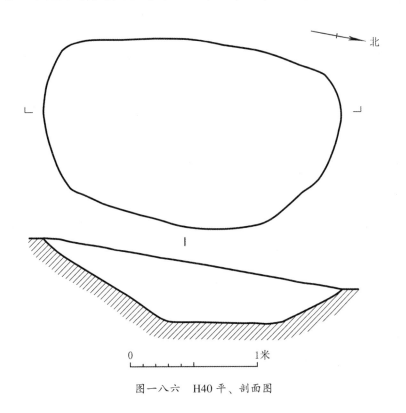

北

0　　　　　　1米

图一八六　H40 平、剖面图

陶敛口双竖系罐 **12件**。均为泥质灰陶。仅存上半部，敛口，宽唇，溜肩，肩部置对称牛鼻状竖系。

H40：11，宽平唇，斜直颈。器身饰由弦纹间隔的竖线纹。口径21.5、残高9.4厘米（图一八七，1）。

H40：6，宽唇稍内斜，唇面有一圈凹槽，直颈，肩部双系残缺。器身饰由弦纹间隔的竖线纹。口径20.2、残高6厘米（图一八七，2）。

H40：15，宽平唇，斜直颈，肩部双系残缺。器身饰由弦纹间隔的竖线纹。口径21.9、残高6厘米（图一八七，3）。

H40：28，宽平唇，斜直颈，肩部双系残缺。器身饰由弦纹间隔的竖线纹。口径24.2、残高6.9厘米（图一八七，4）。

H40：2，宽唇内斜，斜直颈，肩部双系残缺。器身饰由弦纹间隔的竖线纹。口径21.5、残高6.4厘米（图一八七，5）。

H40：3，宽唇内斜，斜直颈，肩部双系残。器身饰由弦纹间隔的竖线纹。口径17.3、残高5.7厘米（图一八七，6）。

H40：21，宽平唇，直颈，上腹圆鼓，肩部双系残缺。器身饰由弦纹间隔的竖线纹。口径15.4、残高12.2厘米（图一八七，7）。

H40：10，宽平唇，斜直颈。器身饰由弦纹间隔的竖线纹。口径23.4、残高10.1厘米（图一八七，8）。

H40：4，宽平唇，直颈，上腹圆鼓。器身饰由弦纹间隔的竖线纹。口径14.4、残高12厘米（图一八七，9）。

H40：22，宽平唇，直颈，肩部双系残缺。器身饰由弦纹间隔的竖线纹。口径19、残高8厘米（图一八七，11）。

H40：20，宽唇内斜，斜直颈，上腹圆鼓，肩部双系残缺。器身饰由弦纹间隔的竖线纹地纵向波折纹。口径20、残高13.6厘米（图一八七，12）。

H40：23，宽平唇，斜直颈，肩部双系残缺。器身饰由弦纹间隔的竖线纹。口径26.8、残高8.5厘米（图一八七，14）。

陶侈口双竖系罐 **3件**。均为泥质灰陶。仅存上半部，侈口，短颈，溜肩，肩部双系残缺。

H40：12，肩部饰三圈凹弦纹。口径11.7、残高6.3厘米（图一八七，10）。

H40：24，颈部有两圈凹弦纹，肩部饰一圈网格纹。口径13.6、残高4.1厘米（图一八七，13）。

H40：5，颈部和肩部各饰两圈凹弦纹。口径15.4、残高5.5厘米（图一八七，15）。

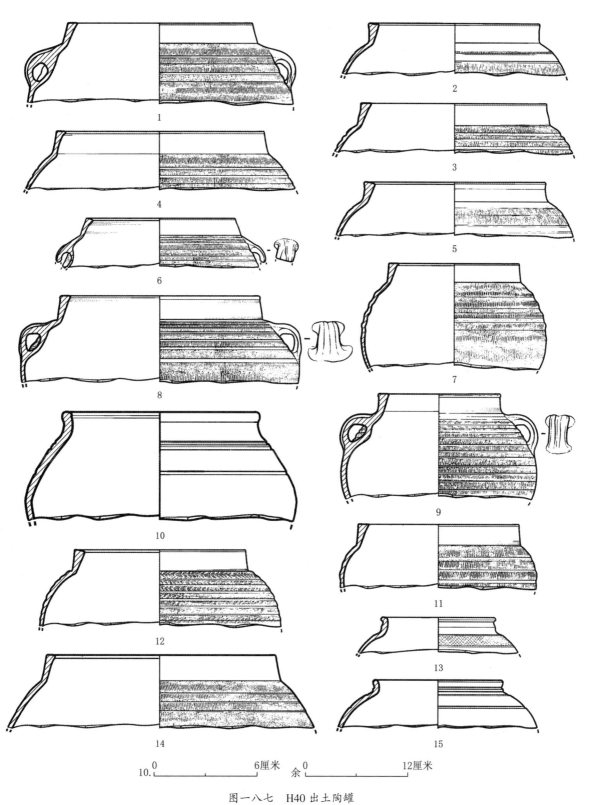

图一八七　H40 出土陶罐

1~9、11、12、14. 陶敛口双竖系罐(H40：11、6、15、28、2、3、21、10、4、22、20、23)

10、13、15. 陶侈口双竖系罐(H40：12、24、5)

陶折沿盆 **11件**。均仅存上半部，平折沿，弧腹。

H40：31，泥质灰陶。折沿下翻，上腹较直。器身饰竖线纹。口径48.8、残高7.6厘米(图一八八，1)。

H40：29，泥质灰陶。上腹部饰两周凹弦纹。口径26、残高10.1厘米(图一八八，2)。

H40：9，泥质灰陶。器身饰竖线纹。口径40.3、残高7.9厘米(图一八八，3)。

H40：7，泥质黄陶。上腹部饰三周凹弦纹。口径30.7、残高10.9厘米(图一八八，4)。

H40：16，泥质灰陶。平折沿略下翻，下缘起棱。上腹部饰三周凹弦纹。口径35.5、残高7.6厘米(图一八八，5)。

H40：18，泥质灰陶。上腹部饰竖线纹。口径37.6、残高7.1厘米(图一八八，6)。

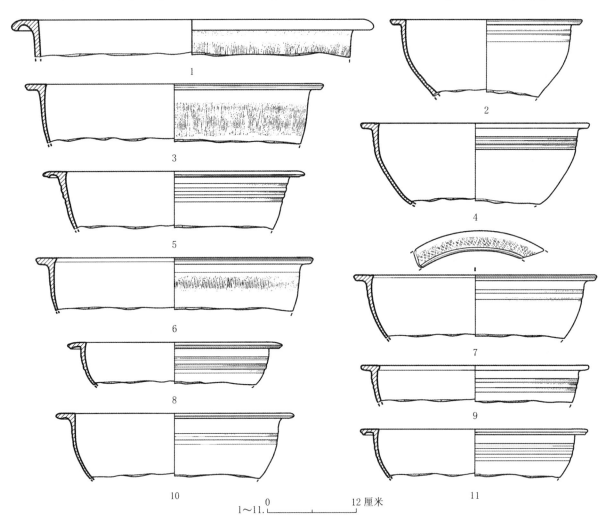

1～11. └─────0─────────12厘米─────┘

图一八八 H40出土陶折沿盆

1. H40：31 2. H40：29 3. H40：9 4. H40：7 5. H40：16 6. H40：18 7. H40：8
8. H40：26 9. H40：17 10. H40：27 11. H40：19

H40：8，泥质黄陶。沿面靠内侧饰一周竖线纹地网格纹，上腹部饰两周凹弦纹。口径32.6、残高8.2厘米(图一八八，7)。

H40：26，泥质灰陶。平折沿略下翻。上腹部饰三周凹弦纹。口径29.2、残高5.5厘米(图一八八，8)。

H40：17，泥质灰陶。上腹部饰三周凹弦纹。口径30.6、残高4.9厘米(图一八八，9)。

H40：27，泥质灰陶。上腹部饰两周凹弦纹。口径32.4、残高8.7厘米(图一八八，10)。

H40：19，泥质灰陶。平折沿下缘起棱。上腹部饰三周凹弦纹。口径30.5、残高6.5厘米(图一八八，11)。

陶敛口盆　1件。

H40：25，泥质灰陶。残存上半部。敛口，鼓肩，斜直腹内收。口沿外饰一周竖线纹，其下再饰一周凹弦纹。口径21.5、残高7.8厘米(图一八九，5)。

陶盆　1件。仅剩下半部。

H40：30，泥质灰陶。弧腹内收，平底内凹。腹部饰间断竖线纹。底径18.2、残高13.3厘

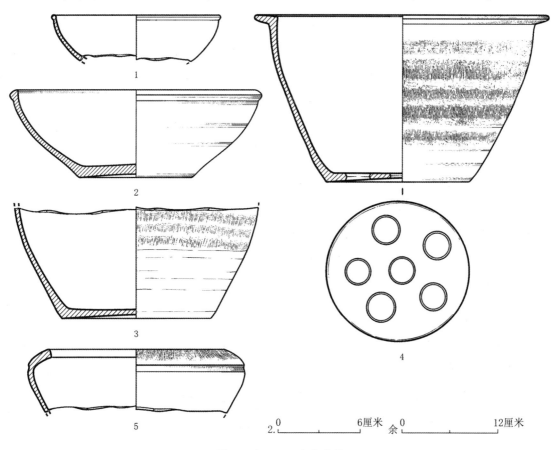

图一八九　H40 出土陶器

1. 陶灯（H40：14）　2. 陶碗（H40：13）　3. 陶盆（H40：30）　4. 陶甑（H40：1）　5. 陶敛口盆（H40：25）

米(图一八九，3)。

陶甑　1件。

H40：1，泥质灰陶。仰折沿，深腹，腹壁微弧，平底内凹，底部有六个圆形箅孔。腹外壁饰间断竖线纹。口径36.4、底径18、高20.1厘米(图一八九，4；彩版二五，4)。

陶灯　1件。

H40：14，泥质灰陶。仅残存部分灯盘。口径20.7、残高5.5厘米(图一八九，1)。

陶碗　1件。

H40：13，泥质灰陶。敞口，厚圆唇，斜弧腹内收，平底内凹。口径18.5、高6.3厘米(图一八九，2)。

20. H41

H41位于ⅢT0106南部，部分伸入ⅢT0107内，开口于南发掘区④层下，被H19打破，打破生土层，坑口距地表约0.3米。H41平面形状为委角长方形，斜壁，平底，坑壁与坑底均较为粗糙。坑口南北长1.7、东西宽1.4米，坑底距坑口最深处为0.4米(图一九○)。坑内堆积为灰黑色黏土，土质较致密，呈南低北高的坡状，包含较多陶瓷片、碎砖等。出土陶瓷片的可辨器形有青瓷直颈横系罐、盘口壶、陶敛口双竖系罐、折沿盆、筒形支烧具。

青瓷直颈横系罐　1件。

H41：4，外壁和内壁近口沿处施青黄釉，釉层较薄，胎釉结合差，大部分釉已经脱落，胎呈红褐色，胎质致密。直口，尖唇，唇外内凹，短直颈，鼓肩，肩部置对称四横系，胖鼓腹，底部残。肩部内壁有密集的手指按压痕迹。肩部饰凹弦纹，弦纹以下满饰席纹。口径21.8、残高21.2厘米(图一九一，10)。

青瓷盘口壶　3件。 仅存底部。青黄色釉，釉层较薄，胎釉结合度较差，大部分已经脱釉，红褐色胎，胎土细腻，胎质较致密。

H41：1，斜弧腹内收，平底内凹。底径12.1、残高12.7厘米(图一九一，6)。

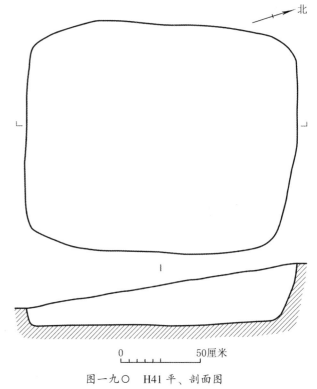

图一九○　H41平、剖面图

0　　　　　　50厘米

北

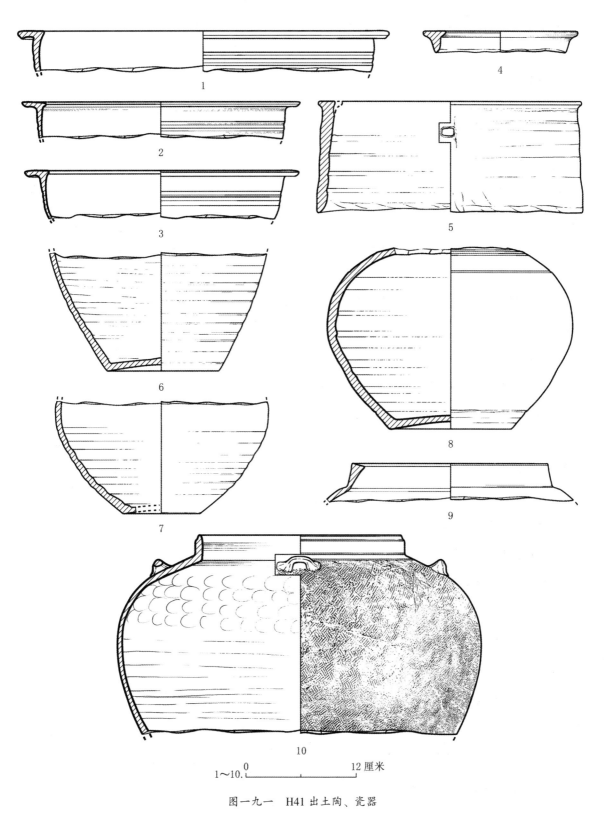

图一九一　H41 出土陶、瓷器

1~3.陶折沿盆(H41：5、6、7)　4、5.陶筒形支烧具(H41：9、10)　6~8.青瓷盘口壶(H41：1、3、2)

9.陶敛口双竖系罐(H41：8)　10.青瓷直颈横系罐(H41：4)

H41：3，胖鼓腹，平底内凹。底径8.6、残高12厘米(图一九一，7)。

H41：2，胖鼓腹，平底内凹。底径13.5、残高19.2厘米(图一九一，8)。

陶敛口双竖系罐　1件。

H41：8，泥质红陶。残存口沿。敛口，宽唇内斜，斜直颈，溜肩，肩部双系残缺。口径21.4、残高3.9厘米(图一九一，9)。

陶折沿盆　3件。均仅残留口沿。平折沿，上腹微弧。

H41：5，泥质灰陶。平折沿下缘起棱。上腹部饰两周凹弦纹。口径40.6、残高4.4厘米(图一九一，1)。

H41：6，泥质黄陶。上腹部饰两周凹弦纹。口径30.2、残高3.9厘米(图一九一，2)。

H41：7，泥质灰陶。上腹部饰三周凹弦纹。口径30、残高5.3厘米(图一九一，3)。

陶筒形支烧具　2件。上下通透，托面与器壁的截面呈“T”字形。

H41：9，泥质灰陶，底部一圈呈红色。腹外壁由上向下内收。托面直径17、高2.8厘米(图一九一，4)。

H41：10，泥质灰陶。托面内侧残，腹壁由上向下外扩，腹壁上部有两个对称的椭圆形穿孔。托面直径28.7、高12厘米(图一九一，5)。

21. H43

H43位于ⅢT0107北部，开口于南发掘区④层下，被H19打破，打破生土层，坑口距地表0.7米。H43东北角被H19完全打破，从现存情况看，平面形状应为近方形，直壁，平底，坑壁与坑底均有修整的痕迹。坑口南北长1、东西宽1、坑底距坑口深0.1米(图一九二)。坑内堆积为灰黑色黏土，土质较疏松、纯净，呈水平状。H43仅出土少量陶片，无可辨器形。

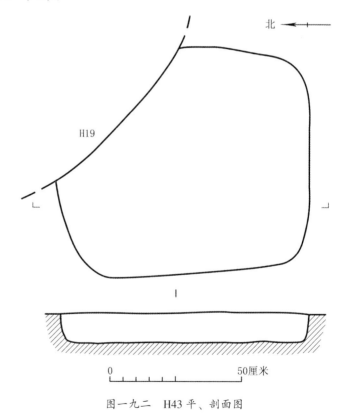

图一九二　H43平、剖面图

22. H45

H45 位于ⅢT0107 西北部，部分伸入ⅢT0207 内，开口于南发掘区⑤层下，打破 Y1、H46、H54，坑口距地表约 0.4 米。H45 平面形状略呈椭圆形，西部为直壁，东部为弧壁，平底，坑壁与坑底均较为粗糙。坑口东西长 1.7、南北宽 0.9、坑底距坑口深 0.2 米(图一九三)。坑内堆积为灰黑色黏土，土质较致密，为水平状，包含较多陶片。出土遗物的可辨器形有陶敛口双竖系罐、折沿盆、灯、筒形支烧具等。

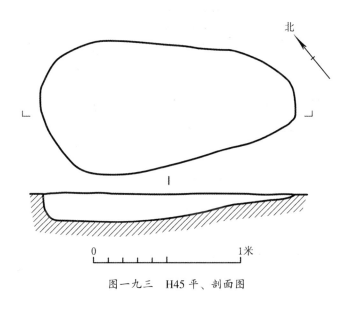

图一九三 H45 平、剖面图

陶敛口双竖系罐 5 件。 均为泥质灰陶。仅残存上半部，敛口，宽唇，肩部置对称牛鼻状竖系。

H45：4，宽平唇，直颈，溜肩，肩部双系残缺。器身饰由弦纹间隔的竖线纹地纵向波折纹。口径 23.1、残高 6.3 厘米(图一九四，2)。

H45：5，宽唇内斜，直颈，溜肩，肩部双系残缺。器身饰由弦纹间隔的竖线纹地短斜线纹。口径 23.8、残高 4.7 厘米(图一九四，4)。

H45：6，残存口沿，器体变形较严重。敛口，宽唇内斜，斜直颈，鼓肩。器身饰由弦纹间隔的竖线纹地水波纹(图一九四，6)。

H45：1，宽平唇，直颈，溜肩。器身饰由弦纹间隔的竖线纹地纵向波折纹。口径 21、残高 7.6 厘米(图一九四，12)。

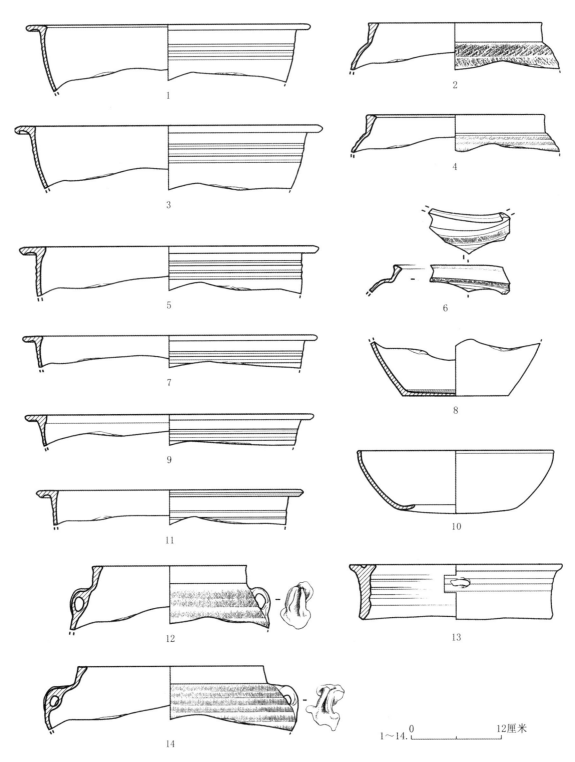

图一九四　H45 出土器物

1、3、5、7、9、11.陶折沿盆(H45：7、8、9、10、11、12)

2、4、6、12、14.陶敛口双竖系罐(H45：4、5、6、1、3)

8.陶罐(H45：2)　10.陶灯(H45：14)　13.陶筒形支烧具(H45：13)

H45：3，宽平唇，斜直颈，鼓肩，上腹扁鼓。器身饰由弦纹间隔的竖线纹地纵向波折纹。口径 25、残高 7 厘米(图一九四，14)。

陶罐　1件。残存下半部。

H45：2，泥质灰陶。斜直腹内收，平底。底径 14.1、残高 7.3 厘米(图一九四，8)。

陶折沿盆　6件。均为泥质灰陶。残存上半部，平折沿，弧腹。

H45：7，平折沿下缘起棱。上腹部饰三周凹弦纹。口径 38.3、残高 7.3 厘米(图一九四，1)。

H45：8，平折沿略下翻，下缘起棱。上腹部饰三周凹弦纹。口径 41.6、残高 8.5 厘米(图一九四，3)。

H45：9，平折沿下缘起棱。上腹部饰三周凹弦纹。口径 40.4，残高 5.8 厘米(图一九四，5)。

H45：10，上腹部饰二周凹弦纹。口径 39.6，残高 4.2 厘米(图一九四，7)。

H45：11，上腹部饰二周凹弦纹。口径 39，残高 4.2 厘米(图一九四，9)。

H45：12，平折沿下缘起棱。上腹部饰两周凹弦纹。口径 36.1，残高 4.7 厘米(图一九四，11)。

陶灯　1件。

H45：14，泥质灰陶。仅存承盘，承柱残缺。承盘为直口，口沿外有一圈凹弦纹，斜弧腹，底残。承盘直径 26.3、残高 8.3 厘米(图一九四，10)。

陶筒形支烧具　1件。

H45：13，泥质红陶。上下通透，托面与器壁的截面呈"T"字形，底外撇，腹壁上部有两个对称的椭圆形穿孔。托面中部有一圈较深的凹槽。托面直径 28.5、高 7.3 厘米(图一九四，13)。

23. H46

H46 位于ⅢT0107 西北部，部分伸入ⅢT0207 内，开口于南发掘区⑤层下，被 H36、H45 打破，打破 Y1、H49、H58、H59，坑口距地表约 0.4 米。H46 平面形状为椭圆形，弧壁，平底。坑壁与坑底均较为粗糙。坑口东西长 2.6、南北宽 1.3、坑底距坑口深 0.4 米(图一九五)。坑内堆积为灰黑色黏土，土质较致密，呈东高西低的缓坡状，包含少量陶片。出土遗物的可辨器形有陶猪。

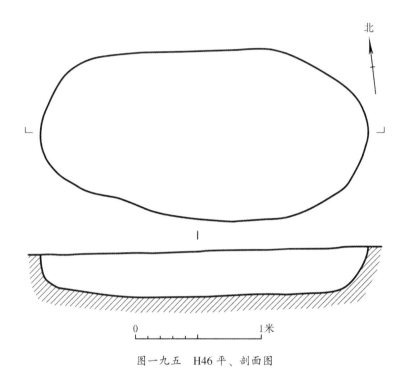

图一九五　H46 平、剖面图

陶猪　1件。

H46：1，泥质黄陶。头残，身躯宽厚、中空，背部拱起，卷尾，四肢直立。残长 13.7、高 7.7 厘米(图一九六；彩版二五，5)。

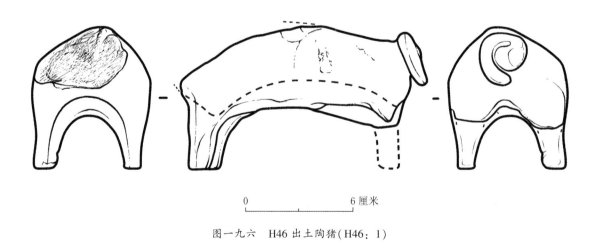

图一九六　H46 出土陶猪(H46：1)

24. H47

H47 位于Ⅲ T0106 西北部，开口于南发掘区⑤层下，被 H32 和 H57 打破，打破生土层，坑口距地表约 0.3 米。H47 平面形状为椭圆形，坑壁北壁较直，南壁呈斜坡状，平底，坑壁与坑底均较为粗糙。坑口南北长 2.3、东西宽 1.7、坑底距坑口最大深度约 0.4 米(图一九七)。坑内堆积为灰黑色，土质较致密，呈南高北低的坡状，包含较多陶瓷片、砖瓦。出土遗物的可辨器形有青瓷直颈无系罐，陶敛口双竖系罐、侈口双竖系罐、敛口盆、筒形支烧具等。

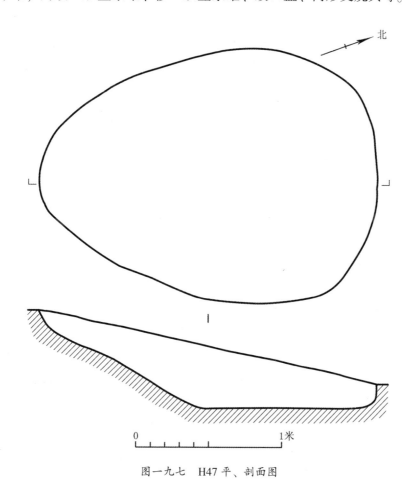

图一九七 H47 平、剖面图

青瓷直颈无系罐 1 件。

H47：1，口沿内外均施青黄釉，釉层较薄，胎釉结合差，大多脱落，红褐胎，胎土细腻，胎体致密。残存口沿。直口，宽唇，唇面有一圈凹槽，直颈，广肩。颈部饰三周凹弦纹。口径30.8、残高 4 厘米(图一九八，11；彩版二五，6；彩版二六，1)。

图一九八　H47 出土陶、瓷器

1~5. 陶筒形支烧具(H47：3、6、8、11、12)　6、7. 陶侈口双竖系罐(H47：4、2)

8、9. 陶敛口双竖系罐(H47：9、10)　10. 陶敛口盆(H47：5)　11. 青瓷直颈无系罐(H47：1)

12. 陶罐(H47：7)

陶敛口双竖系罐　2件。均仅残存口沿。敛口，宽唇内斜，斜直颈，溜肩，肩部双系残缺。

H47：9，泥质红陶。器身饰由弦纹间隔的竖线纹地纵向波折纹。口径21.8、残高5.5厘米（图一九八，8）。

H47：10，泥质灰陶。器身纹饰模糊，仅可见数圈凹弦纹。口径23.3、残高7.4厘米（图一九八，9）。

陶侈口双竖系罐　2件。均为泥质灰陶。仅残存口沿，为侈口，短颈，鼓肩，肩部置对称竖系。

H47：4，肩部置牛鼻状竖系。颈部饰两周凹弦纹，肩部双系上下各饰两周凹弦纹，系面模印叶脉纹。口径25.2、残高6.9厘米（图一九八，6）。

H47：2，肩部置泥条形竖系。肩部饰一圈凹弦纹。口径12、残高3.2厘米（图一九八，7）。

陶罐　1件。仅存下半部。

H47：7，泥质红胎灰皮陶。斜直腹，平底。底径10、残高9.7厘米（图一九八，12）。

陶敛口盆　1件。

H47：5，泥质灰陶。残存上半部。敛口，鼓肩，弧腹。口沿外饰一圈凹弦纹，上腹部饰三周凹弦纹。口径23、残高5.5厘米（图一九八，10）。

陶筒形支烧具　5件。上下通透，托面与器壁的截面呈"T"字形，束腰，底外撇。

H47：3，器表呈灰色，胎呈红褐色，底部一圈呈砖红色。器壁中下部有两个对称的圆形穿孔。托面直径17.8、高11.2厘米（图一九八，1）。

H47：6，泥质红陶。托面内斜，底呈斜削状。托面直径16.1、高4.2厘米（图一九八，2）。

H47：8，器表呈灰色，胎呈红褐色，底部一圈呈砖红色。器壁中部有两个对称的圆形穿孔。托面直径18.8、高6厘米（图一九八，3）。

H47：11，泥质红陶。托面内斜，器壁中部有两个对称的椭圆形穿孔。托面直径17.1、高4.6厘米（图一九八，4）。

H47：12，泥质红陶，局部呈灰色。托面内斜，腹壁较直，底呈斜削状，腹壁中部有四个两两对称的椭圆形穿孔。托面直径21、高9.8厘米（图一九八，5；彩版二六，2）。

25. H48

H48位于ⅢT0206北部，开口于南发掘区⑤层下，打破H50，坑口距地表0.7米。H48平面形状略呈椭圆形，坑壁西壁为斜壁，其余部分为直壁，平底，坑壁和坑底有修整痕迹。坑口东西长 0.86、南北宽 0.6、坑底距坑口深 0.4 米（图一九九）。坑内堆积为黑褐色黏土，土质较致密，呈东高西低的坡状，包含有红烧土和少量陶片。出土陶片中无可辨器形。

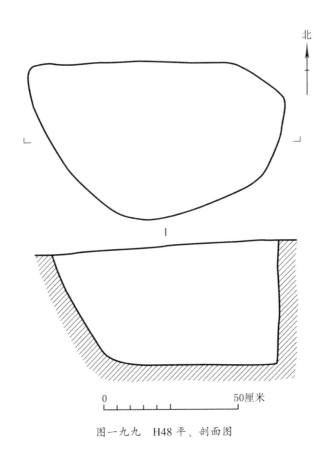

图一九九　H48 平、剖面图

26. H49

H49 位于ⅢT0206 东南部，部分伸入ⅢT0207 内，开口于南发掘区⑤层下，东部被 H46 打破，打破生土层，坑口距地表约 0.3 米。H49 平面形状为椭圆形，弧壁，圜底，坑壁与坑底均较为粗糙。坑口南北长 1.5、东西宽 0.8、坑底距坑口深 0.4 米（图二〇〇）。坑内堆积为灰黑色黏土，土质较致密，呈水平状，包含少量陶片、瓦。出土遗物的可辨器形为陶筒瓦。

陶筒瓦　2 件。均为泥质灰陶。凸面饰叶脉纹，凹面饰布纹。

H49：1，长 27.6、宽 11.5 厘米（图二〇一，1；彩版二六，3）。

H49：2，残存前端。残长 17.1、残宽 4.8 厘米（图二〇一，2）。

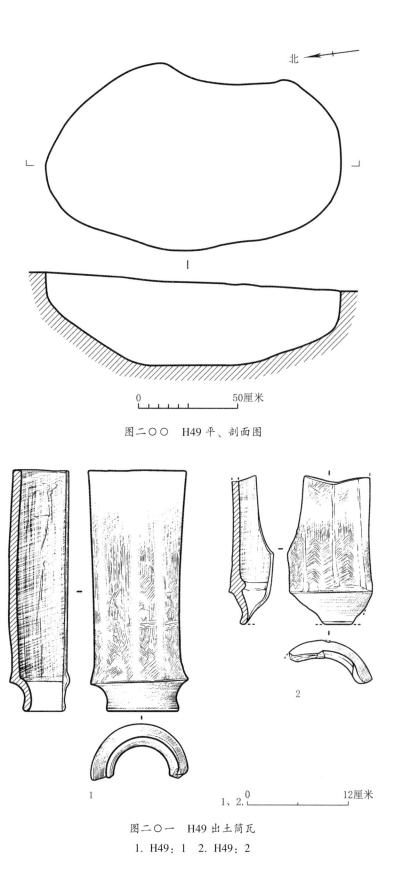

图二〇〇　H49 平、剖面图

图二〇一　H49 出土筒瓦
1. H49：1　2. H49：2

27．H50

　　H50 位于ⅢT0206 北部，开口于南发掘区⑤层下，被 H48 打破，打破生土层，坑口距地表 0.7 米。H50 平面形状为长条形，东部被 H48 完全打破，斜壁，平底，坑壁和坑底有修整痕迹。坑口东西长 1.3、南北宽 0.9、坑底距坑口深 0.24 米(图二〇二)。坑内堆积为黑褐色黏土，土质较致密，呈水平状，包含有红烧土颗粒和少量陶片等。出土遗物的可辨器形有陶敛口双竖系罐、折沿盆等。

　　陶敛口双竖系罐　4件。残存上半部。敛口，宽唇，溜肩，肩部双系残缺。

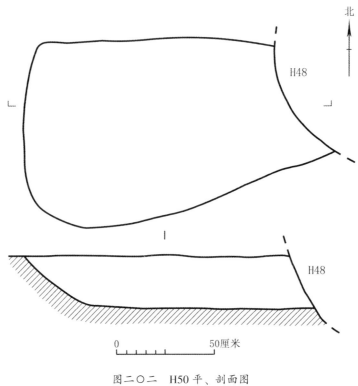

图二〇二　H50 平、剖面图

　　H50：2，泥质红陶。宽平唇，斜直颈。器身饰由弦纹间隔的竖线纹地大网格纹。口径 21.3、残高 5.5 厘米(图二〇三，2)。

　　H50：3，泥质灰陶。宽唇内斜，斜直颈。器身饰由弦纹间隔的竖线纹地纵向波折纹。口径 21.7、残高 6 厘米(图二〇三，3)。

　　H50：4，泥质灰陶。宽平唇，直颈，上腹圆鼓。器身饰由弦纹间隔的竖线纹。口径 24.5、残高 9.5 厘米(图二○三，4)。

H50：5，泥质红陶。宽平唇，直颈。器身饰由弦纹间隔的竖线纹地大网格纹。口径 22.2、残高 6.5 厘米(图二○三，5)。

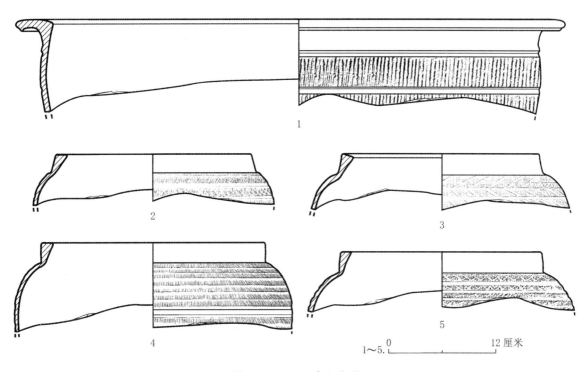

图二○三　H50 出土陶器
1. 陶折沿盆(H50：1)　2~5. 陶敛口双竖系罐(H50：2、3、4、5)

陶折沿盆　1 件。

H50：1，泥质灰陶。残存口沿。折沿略外翻，沿缘起棱，上腹微弧。器身饰由弦纹间隔的竖线纹。口径 61.4、残高 10.2 厘米(图二○三，1)。

28. H52

H52 位于ⅢT0206 中部，开口于南发掘区⑤层下，打破 H53，坑口距地表 0.7 米。H52 平面形状为圆形，弧壁，平底，坑壁和坑底有修整痕迹。坑口南北长 0.86、东西宽 0.8、坑底距坑口深 0.2 米(图二○四)。坑内堆积为黑褐色黏土，土质较致密，呈西高东低的坡状，包含有红烧土颗粒和少量陶片。出土遗物的可辨器形有陶敛口双竖系罐、折沿盆。

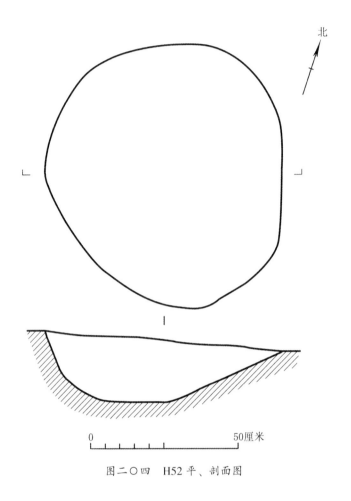

图二〇四　H52 平、剖面图

陶敛口双竖系罐　5件。均只残存上半部。敛口，宽唇多内斜，斜直颈，溜肩，肩部置牛鼻状竖系。

H52：3，泥质红陶。宽平唇。器身饰由弦纹间隔的竖线纹地纵向波折纹。口径20.5、残高8.7厘米(图二〇五，1)。

H52：4，泥质灰陶。肩部双系残缺。器身饰竖线纹地纵向波折纹。口径30.6、残高4.9厘米(图二〇五，3)。

H52：2，泥质灰陶。器身饰由弦纹间隔的竖线纹地短斜线纹。口径17.4、残高8.7厘米(图二〇五，4)。

H52：5，泥质黄陶，局部泛红。宽平唇。肩部饰由弦纹间隔的竖线纹地纵向波折纹，肩部以下纹饰模糊，仅可辨数周凹弦纹。口径22.9、残高12.5厘米(图二〇五，6)。

H52：1，泥质灰陶。器体扭曲变形。器身饰由弦纹间隔的竖线纹地大网格纹(图二〇五，7)。

陶折沿盆　**2件**。均为泥质灰陶。仅残存口沿。平折沿，上腹斜直。上腹部饰三圈凹弦纹。

H52：6，口径 39.8、残高 4.9 厘米(图二〇五，2)。

H52：7，口径 33.6、残高 5.2 厘米(图二〇五，5)。

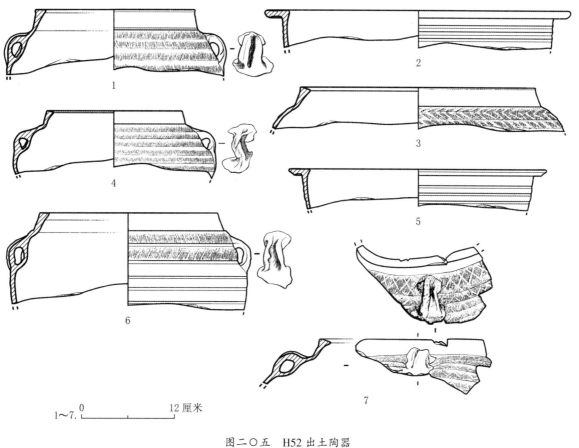

图二〇五　H52 出土陶器

1、3、4、6、7. 陶敛口双竖系罐(H52：3、4、2、5、1)　2、5. 陶折沿盆(H52：6、7)

29. H53

H53 位于ⅢT0206 中部，开口于南发掘区⑤层下，被 H52 打破，打破生土层，坑口距地表 0.7 米。H53 平面形状为椭圆形，东部一角被 H52 完全打破，弧壁，圜底，坑壁和坑底有修整痕迹。坑口南北长 1.1、东西宽 0.8、坑底距坑口深 0.2 米(图二〇六)。坑内堆积为黑褐色黏土，土质较疏松，呈北高南低的缓坡状，包含有少量陶片。出土陶片中无可辨器形。

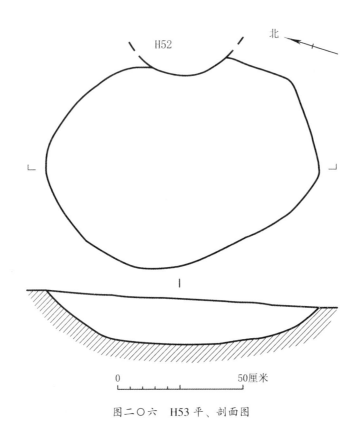

图二〇六　H53 平、剖面图

30. H54

H54 位于ⅢT0107 西北部，部分伸入ⅢT0207 内，开口于南发掘区⑤层下，被 H45 打破，打破 Y1，坑口距地表约 0.5 米。H54 平面形状为椭圆形，弧壁，圜底，坑壁与坑底均较为粗糙。坑口南北长 0.89、东西宽 0.85、坑底距坑口深 0.44 米（图二〇七）。坑内堆积为灰黑色黏土，土质较致密，呈北高南低的缓坡状，包含少量陶片。出土遗物的可辨器形有陶罐、三足炉。

陶罐　1 件。仅存下半部。

H54：1，泥质红胎灰皮陶。弧腹内收，平底内凹。中腹部饰间断竖线纹地纵向波折纹。底径 13.3、残高 19.2 厘米（图二〇八，1）。

陶三足炉　1 件。残存下半部。

H54：2，泥质灰陶。炉身呈盆形，弧壁，平底，下附三个扁矮足。残高 8.4 厘米（图二〇八，2）。

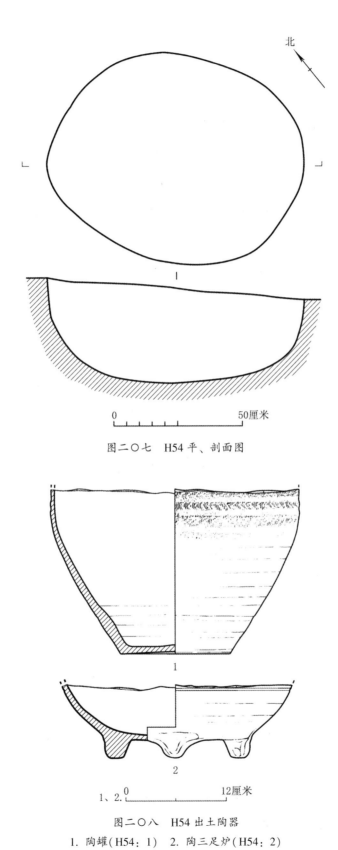

图二〇七　H54 平、剖面图

图二〇八　H54 出土陶器

1. 陶罐(H54：1)　2. 陶三足炉(H54：2)

31. H55

H55 位于 ⅢT0207 北部，开口于南发掘区⑤层下，打破生土层，坑口距地表 0.7 米。H55 平面形状为椭圆形，弧壁，平底，坑壁和坑底有修整痕迹。坑口南北长 0.86、东西宽 0.5、坑底距坑口深 0.4 米 (图二〇九)。坑内堆积为黑褐色黏土，土质较致密，呈南高北低的坡状，包含物为红烧土和陶片。出土遗物的可辨器形有陶敛口双竖系罐、折沿盆、灯。

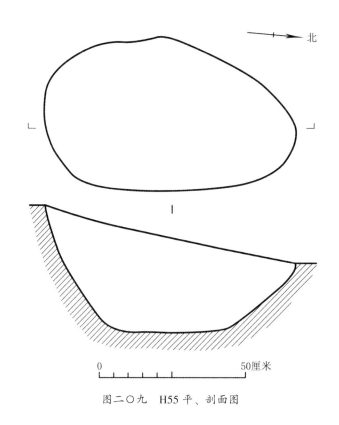

图二〇九　H55 平、剖面图

陶敛口双竖系罐　2件。仅残存上半部。敛口，宽唇，斜直颈，溜肩，肩部置对称牛鼻状竖系。

H55：3，泥质灰陶。宽唇内斜。器身饰由弦纹间隔的竖线纹地纵向波折纹。口径 15.2、残高 7.1 厘米 (图二一〇，2)。

H55：1，泥质红陶。宽平唇，上腹圆鼓，肩部双系残缺。器身饰由弦纹间隔的竖线纹地短斜线纹。口径 11.3、残高 6.5 厘米 (图二一〇，3)。

陶折沿盆　1件。

H55：2，泥质灰陶。残存上半部。平折沿，下缘起棱，弧腹。上腹部饰三周凹弦纹。口径31.8、残高5.8厘米(图二一〇，1)。

陶灯 1件。

H55：4，泥质灰陶。承柱和承盘系一体烧制而成，均残。承盘为弧腹，承柱中空。底径12.7、残高6.6厘米(图二一〇，4)。

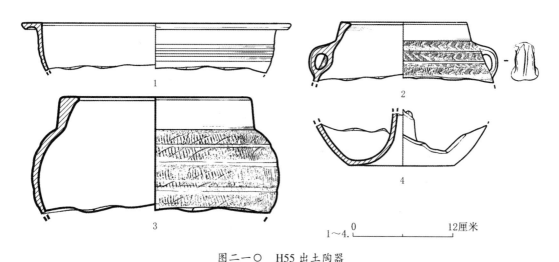

图二一〇 H55 出土陶器
1. 陶折沿盆(H55：2) 2、3. 陶敛口双竖系罐(H55：3、1) 4. 陶灯(H55：4)

32. H57

H57位于ⅢT0106北部，开口于南发掘区⑤层下，打破H47，坑口距地表约0.5米。H57平面形状为椭圆形，弧壁，平底，坑壁与坑底均较为粗糙。坑口南北长1.35、东西宽1.13、坑底距坑口深0.4米(图二一一)。坑内堆积为灰黑色黏土，土质较致密，呈南高北低的缓坡状，包含有陶片、碎砖。出土遗物的可辨器形有陶敛口双竖系罐、折沿盆、筒形支烧具。

陶敛口双竖系罐 1件。

H57：1，泥质灰陶。残存上半部。敛口，宽平唇，直颈，鼓肩，上腹圆腹，肩部双系残缺。器身饰由弦纹间隔的竖线纹地纵向波折纹。口径20.8、残高7.5厘米(图二一二，3)。

陶折沿盆 1件。

H57：2，泥质灰陶。残存口沿。平折沿，上腹斜直。口径32.8、残高4.3厘米(图二一二，1)。

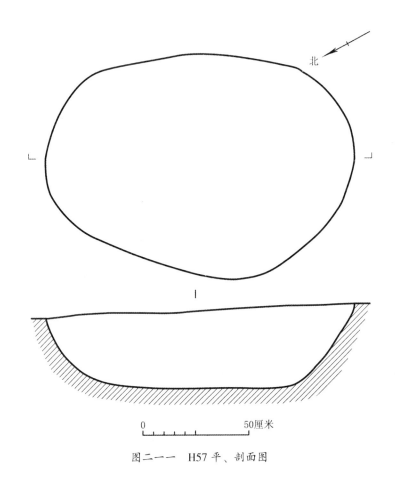

图二一一　H57 平、剖面图

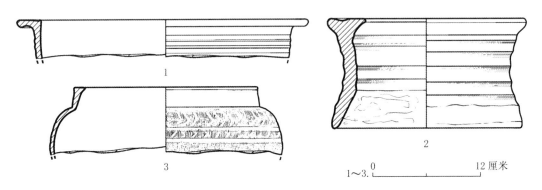

图二一二　H57 出土陶器

1. 陶折沿盆(H57：2)　2. 陶筒形支烧具(H57：3)　3. 陶敛口双竖系罐(H57：1)

陶筒形支烧具　1件。

H57：3，泥质灰陶。托面与器壁的截面呈"T"字形，托面中部有一圈凹槽，束腰，底外撇。托面直径22.1、底径21.2、高12厘米(图二一二，2)。

33．H58

H58 位于Ⅲ T0107 西北部，开口于南发掘区⑤层下，被 H18、H46 打破，打破 Y1、G4，坑口距地表约 0.5 米。H58 平面形状为不规则的椭圆形，弧壁，平底，坑壁与坑底均较为粗糙。坑口东西长 2.13、南北宽 0.85、坑底距坑口深 0.3 米(图二一三)。坑内堆积为灰黑色黏土，土质较致密，呈西高东低的缓坡状，包含少量陶片。出土遗物中无可辨器形。

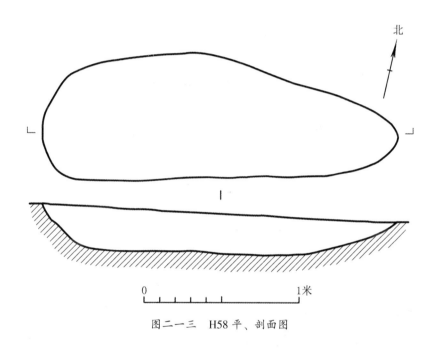

图二一三　H58 平、剖面图

34．H59

H59 位于Ⅲ T0107 西北部，开口于南发掘区⑤层下，被 H36、H46 打破，打破生土层，坑口距地表约 0.5 米。H59 平面形状为不规则的椭圆形，弧壁，圜底，坑壁与坑底均较为粗糙。坑口南北长 1、东西宽 0.8、坑底距坑口深 0.5 米(图二一四)。坑内堆积为灰黑色黏土，土质较致密，呈北高南低的缓坡状，包含较多陶片。出土遗物的可辨器形有陶敛口双竖系罐、侈口双竖系罐、折沿盆、筒瓦、筒形支烧具。

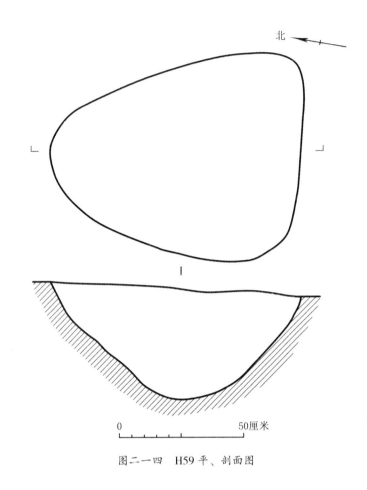

图二一四 H59 平、剖面图

陶敛口双竖系罐 2件。仅残存口沿。敛口，宽平唇，直颈，鼓肩，肩部双系残缺。

H59：2，泥质红陶。器身饰由弦纹间隔的竖线纹地纵向波折纹。口径17.9、残高4.4厘米（图二一五，3）。

H59：3，泥质黄陶。器身饰由弦纹间隔的竖线纹地大网格纹。口径23.2、残高5.8厘米（图二一五，4）。

陶侈口双竖系罐 1件。

H59：1，泥质红胎灰皮陶。残存口沿。侈口，短束颈，鼓肩，肩部双系残缺。肩部饰一周凹弦纹。口径19.2、残高2.9厘米（图二一五，1）。

陶折沿盆 2件。均为泥质灰陶。仅残存上半部。平折沿，下缘起棱，弧腹。上腹部饰三周凹弦纹。

H59：6，腹较浅。口径34.9、残高5.2厘米（图二一五，2）。

H59：4，腹较深。口径30.4、残高5厘米（图二一五，5）。

陶筒瓦 1件。

H59：5，泥质灰陶。残存瓦头前部。凸面饰竖线纹，凹面饰布纹。残长12.7、宽12.9厘米（图二一五，7）。

陶筒形支烧具 1件。

H59：7，泥质灰陶，底部一圈呈砖红色。上下通透，托面与器壁的截面呈"T"字形，托面中部有一圈凹槽，腹壁较直，底呈斜削状。托面直径15.7、高6厘米（图二一五，6）。

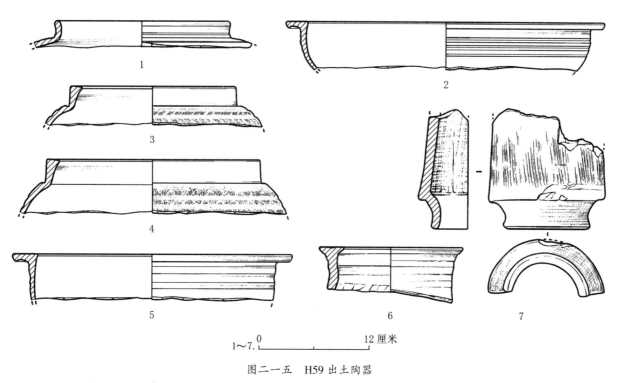

图二一五 H59出土陶器

1. 陶侈口双竖系罐（H59：1） 2、5. 陶折沿盆（H59：6、4） 3、4. 陶敛口双竖系罐（H59：2、3）
6. 陶筒形支烧具（H59：7） 7. 陶筒瓦（H59：5）

35. H60

H60位于ⅢT0106西南部，开口于南发掘区⑤层下，被H36、H38打破，打破H61，坑口距地表约0.5米。H60平面形状不甚规则，弧壁，圜底，坑壁与坑底均较为粗糙。坑口直径1.5、坑底距坑口深0.45米（图二一六）。坑内堆积为灰黑色黏土，土质较致密，呈北低南高的坡状，无出土物。

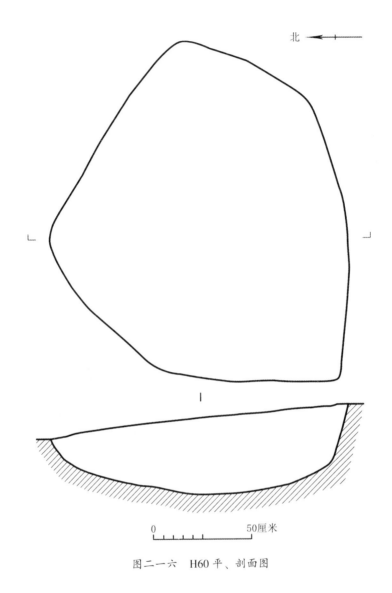

图二一六 H60 平、剖面图

36. H61

H61 位于ⅢT0106 西南部，开口于南发掘区⑤层下，被 H60 打破，打破生土层，坑口距地表约 0.5 米。H61 平面形状略呈长方形，东西两壁较直，南北两壁外弧，坑壁为弧壁，底部较平，坑壁与坑底均较为粗糙。坑口南北长 1.04、东西宽 0.84、坑底距坑口深 0.15 米（图二一七）。坑内堆积为灰黑色黏土，土质较致密，呈水平状，包含少量陶片。出土遗物中无可辨器形。

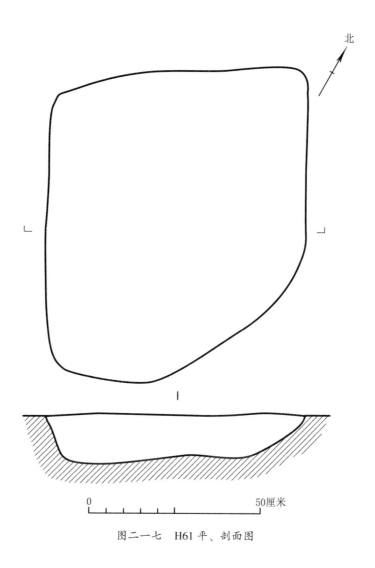

图二一七 H61 平、剖面图

37. H62

H62 位于ⅢT0106 北部，开口于南发掘区⑤层下，打破生土层，坑口距地表约 0.5 米。H62 平面形状为椭圆形，弧壁，圜底，坑壁与坑底均较为粗糙。坑口东西长 1.7、南北宽 1.25、坑底距坑口深 0.4 米(图二一八)。坑内堆积为灰黑色黏土，包含较多陶片。出土遗物的可辨器形有陶敛口双竖系罐、折沿盆、筒形支烧具等。

陶敛口双竖系罐 2 件。

H62：1，泥质灰陶。敛口，宽唇内斜，斜直颈，溜肩，肩部置对称牛鼻状竖系，上腹圆鼓，下半部残。器身饰竖线纹地纵向波折纹，肩部纹饰被三周凹弦纹隔断。口径 17.4、残高 10.6 厘米(图二一九，1)。

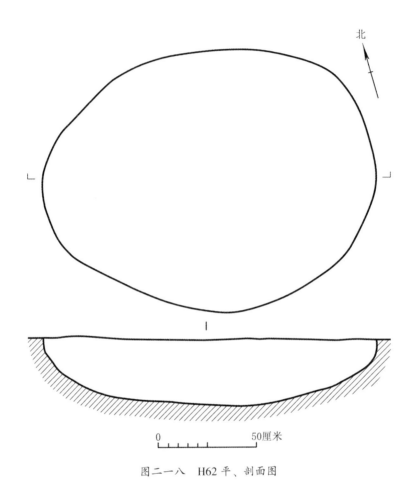

北

0   50厘米

图二一八　H62 平、剖面图

　　H62：4，泥质红陶。残存口沿。敛口，宽唇内斜，直颈，溜肩，肩部双系残缺。器身饰由弦纹间隔的竖线纹。口径27、残高5厘米(图二一九，2)。

　　陶壶　1件。 残存下半部。

　　H62：3，泥质红胎灰皮陶。弧腹内收，平底。底径10.1、残高12.6厘米(图二一九，4)。

　　陶折沿盆　2件。 均仅残存上半部。平折沿，弧腹。

　　H62：5，泥质红陶。平折沿下缘起棱。上腹部饰三圈凹弦纹。口径39.6、残高7.7厘米(图二一九，3)。

　　H62：2，泥质灰陶。口径24.4、残高6.8厘米(图二一九，5)。

　　陶筒形支烧具　6件。 器表呈深灰色，胎呈红褐色，胎体致密。上下通透，托面与器壁的截面呈"T"字形，底部有一圈手指按压的痕迹。

　　H62：6，托面内侧略高于外侧，束腰，底外撇，腹壁中部有四个两两对称的椭圆形穿孔。托面直径18.5、高9.4厘米(图二一九，6)。

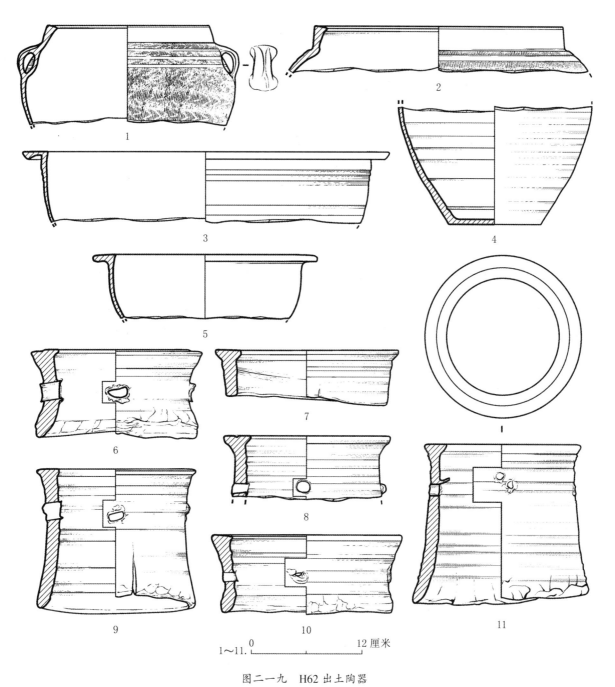

图二一九 H62 出土陶器

1、2. 陶敛口双竖系罐(H62：1、4)　3、5. 陶折沿盆(H62：5、2)　4. 陶壶(H62：3)

6~11. 陶筒形支烧具(H62：6、11、7、8、9、10)

H62：11，腹壁略内斜，底呈斜削状。托面直径 19.8、高 6 厘米(图二一九，7)。

H62：7，残存上半部。托面中部有一圈凹槽，腹壁较直，腹壁上有四个两两对称的圆形穿孔。托面直径 18、残高 7 厘米(图二一九，8)。

H62：8，器表局部附有黑褐色窑汗。束腰，底外撇，腹壁上部有四个两两对称的椭圆形穿孔，底呈斜削状。托面直径17.2、高15.3厘米(图二一九，9)。

H62：9，托面内斜，束腰，底外撇，腹壁中部有四个两两对称的椭圆形穿孔。托面直径20.6、高8.4厘米(图二一九，10)。

H62：10，器体较高，托面中部有一圈较浅的凹槽，底外撇、呈斜削状，上腹部有穿孔。托面直径17、高17.2厘米(图二一九，11)。

38. H64

H64位于ⅣT0106中部偏南，Y5西侧，开口于南发掘区⑤层下，被H29打破，打破Y5和H65，坑口距地表约0.2米。H64平面形状近似椭圆形，弧壁，圜底，北部略浅，南部略深，坑壁与坑底均较为粗糙。坑口南北长3.9、东西宽1.7、坑底距坑口最深处0.95米(图二二〇)。坑内填土呈灰黑色，包含大量陶瓷片，以及少量炭粒、红烧土与砖块。出土陶瓷片的可辨器形包括青瓷直颈横系罐、盘口壶、碗、陶敛口双竖系罐、侈口双竖系罐、釜形罐、直颈无系罐、折沿盆、敛口盆、瓿、灯、盏、鸟形塑、筒瓦、板瓦、筒形支烧具等。

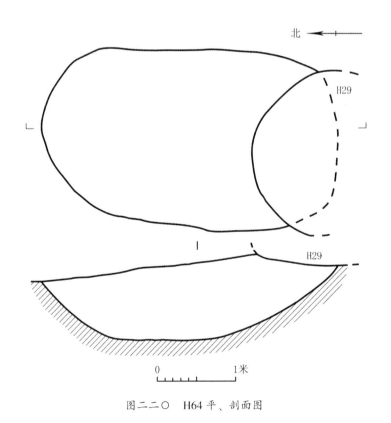

图二二〇　H64平、剖面图

青瓷直颈横系罐　3件。直口，圆唇，唇外内凹，短直颈，溜肩，肩部置对称四横系。

H64：73，外壁和内壁近口沿处施青黄釉，釉层较薄，胎釉结合差，大部分釉已经脱落，胎呈红褐色，胎质致密。肩部内壁有密集的手指按压痕迹。肩部饰凹弦纹，弦纹以下满饰席纹。口径21.4、残高9厘米（图二二一，1；彩版二六，4）。

H64：72，釉已全部脱落，红褐胎，胎体致密。肩部横系残缺。肩部饰三圈凹弦纹，其下饰席纹。口径19.6、残高9.6厘米（图二二一，4）。

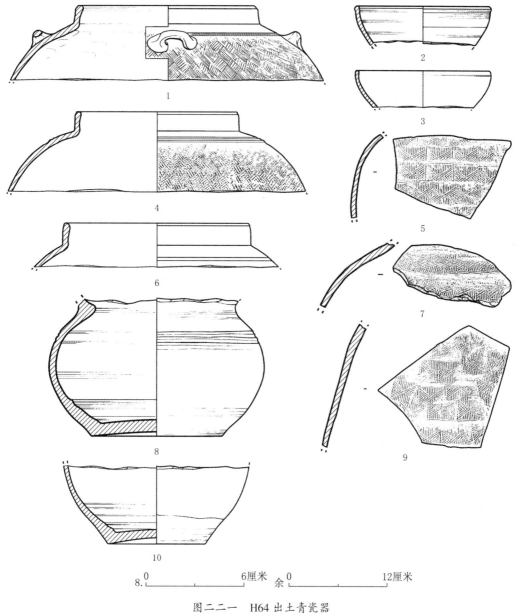

图二二一　H64 出土青瓷器

1、4、6. 青瓷直颈横系罐（H64：73、72、64）　2、3. 青瓷碗（H64：78、45）

5、7、8、9. 青瓷罐（H64：42、44、62、43）　10. 青瓷盘口壶（H64：69）

H64：64，口沿内外均施釉，青黄釉，积釉处颜色较深，红褐胎，胎体致密，胎釉结合差，多已脱落。肩部横系残缺。肩部饰凹弦纹。口径22.6、残高5.4厘米(图二二一，6；彩版二六，5)。

青瓷罐 7件。仅剩残片。

H64：42，青黄釉，胎釉结合差，脱釉严重，红褐胎，胎质致密。器表拍印竖线纹地重圈菱形纹(图二二一，5)。

H64：44，釉已完全脱落，红褐胎，胎质致密。器表拍印竖线纹地重圈菱形纹，纹饰重叠严重(图二二一，7)。

H64：62，釉已全部脱落，灰色胎，胎体致密。口沿残，束颈，扁鼓腹，平底内凹。上腹部饰数圈凹弦纹。底径8、残高8.2厘米(图二二一，8)。

H64：43，釉已完全脱落，红褐胎，胎质致密。器表拍印竖线纹地重圈菱形纹，局部纹饰重叠(图二二一，9)。

H64：102，青黄釉，釉层分布不匀，积釉处颜色较深。器表拍印席纹(彩版二六，6)。

H64：103，两块瓷片粘连在一起。内外壁均施青黄釉，积釉处颜色较深，红褐胎，胎体较致密(彩版二七，1、2)。

H64：104，两块瓷片粘连在一起。内外壁均施青黄釉，红褐胎。器表拍印竖线纹地重圈菱形纹(彩版二七，3、4)。

青瓷盘口壶 1件。残存下半部。

H64：69，酱褐色釉，红褐胎，胎质致密，胎釉结合较差。弧腹内收，平底内凹。底径11.8、残高9.4厘米(图二二一，10)。

青瓷碗 2件。

H64：78，青黄釉，浅灰胎，胎釉结合差。敞口，斜弧腹，底残。口径16.9、残高4.7厘米(图二二一，2)。

H64：45，釉已脱落，红褐胎，胎体致密。口微敛，弧腹，底残。口径16.6、残高4.4厘米(图二二一，3)。

陶敛口双竖系罐 17件。敛口，宽唇，唇面多内斜，一般为斜直颈，溜肩，肩部置对称牛鼻状竖系，上腹圆鼓，下腹弧收，平底。

H64：6，泥质红陶。宽唇内斜，斜直颈，溜肩，平底内凹。上腹饰由弦纹间隔的竖线纹地纵向波折纹。口径22.1、底径14.8、高24.1厘米(图二二二，1；彩版二七，5)。

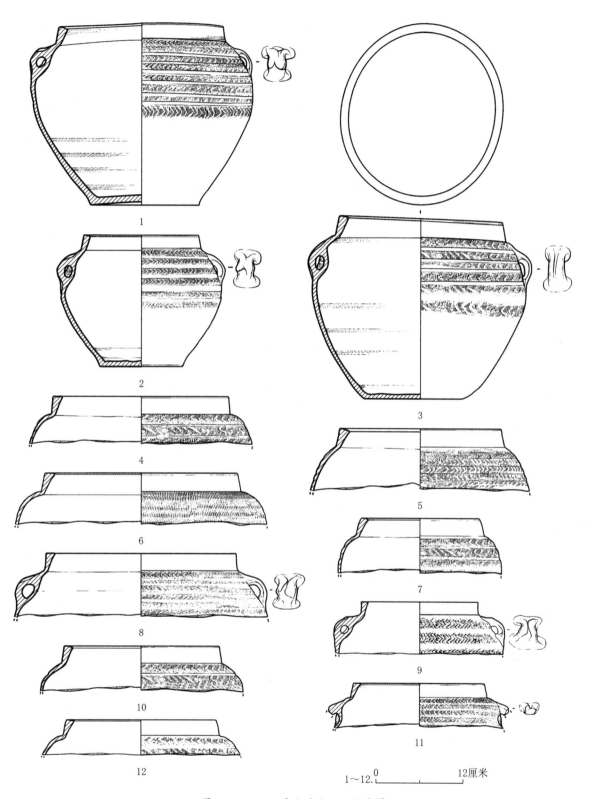

图二二二　H64 出土陶敛口双竖系罐

1. H64：6　2. H64：3　3. H64：4　4. H64：18　5. H64：14　6. H64：33　7. H64：60

8. H64：34　9. H64：94　10. H64：36　11. H64：38　12. H64：97

H64：3，泥质黄陶。宽唇稍内斜，斜直颈，溜肩。上腹饰由弦纹间隔的竖线纹地纵向波折纹。口径15.3、底径11.4、高17.3厘米(图二二二，2；彩版二七，6)。

H64：4，泥质红陶。器体略扭曲变形。宽唇稍内斜，斜直颈，溜肩。上腹饰由弦纹间隔的竖线纹地纵向波折纹。口径22.2、底径13.5、高24.6厘米(图二二二，3；彩版二八，1)。

H64：18，泥质黄陶。宽平唇，直颈，鼓肩，肩部双系残缺。器身饰由弦纹间隔的竖线纹地纵向波折纹。口径23.7、残高6.6厘米(图二二二，4)。

H64：14，泥质红陶。宽唇内斜，斜直颈，溜肩，肩部双系残缺。器身饰由弦纹间隔的竖线纹地纵向波折纹。口径22、残高8.5厘米(图二二二，5)。

H64：33，泥质红陶。宽唇稍内斜，斜直颈，鼓肩，肩部双系残缺。器身饰间断竖线纹。口径26、残高7厘米(图二二二，6)。

H64：60，泥质灰陶。宽唇内斜，斜直颈，溜肩，肩部双系残缺。器身饰由弦纹间隔的竖线纹地纵向波折纹。口径16.2、残高7.4厘米(图二二二，7)。

H64：34，泥质灰陶。宽平唇，直颈，溜肩。器身饰由弦纹间隔的竖线纹地纵向波折纹。口径25.6、残高8.7厘米(图二二二，8)。

H64：94，泥质灰陶。宽平唇，直颈，溜肩。器身饰竖线纹地纵向波折纹。口径16、残高7.1厘米(图二二二，9)。

H64：36，泥质灰陶。宽唇内斜，斜直颈，溜肩，肩部双系残缺。器身饰由弦纹间隔的竖线纹地纵向波折纹。口径21、残高6.2厘米(图二二二，10)。

H64：38，泥质灰陶。宽平唇，斜直颈，溜肩，肩部双系残。器身饰由弦纹间隔的竖线纹地纵向波折纹。口径17.9、残高6厘米(图二二二，11)。

H64：97，泥质灰陶。宽唇稍内斜，斜直颈，鼓肩，肩部双系残缺。器身饰竖线纹地纵向波折纹。口径20.2、残高4.8厘米(图二二二，12)。

H64：58，泥质黄陶。宽唇稍内斜，斜直颈，溜肩，肩部双系残缺。纹饰磨损不清。口径32.4、残高8.7厘米(图二二三，1)。

H64：59，泥质黄陶。宽唇内斜，斜直颈，溜肩，肩部双系残缺。肩部饰竖线纹地网格纹。口径39.2、残高9.3厘米(图二二三，2)。

H64：61，泥质黄陶。宽唇稍内斜，斜直颈，溜肩，肩部双系残缺。肩部饰竖线纹地网格纹。口径37.8、残高9.9厘米(图二二三，3)。

H64：40，泥质灰陶。宽唇稍内斜，唇面内凹，斜直颈，溜肩，胖鼓腹，肩部双系残缺。器身饰由弦纹间隔的竖线纹。口径30、残高15.6厘米(图二二三，4)。

H64：41，泥质灰陶。宽平唇，直颈，溜肩，圆鼓腹。器身饰由弦纹间隔的竖线纹地纵向波折纹。口径26.8、残高18.7厘米(图二二三，5)。

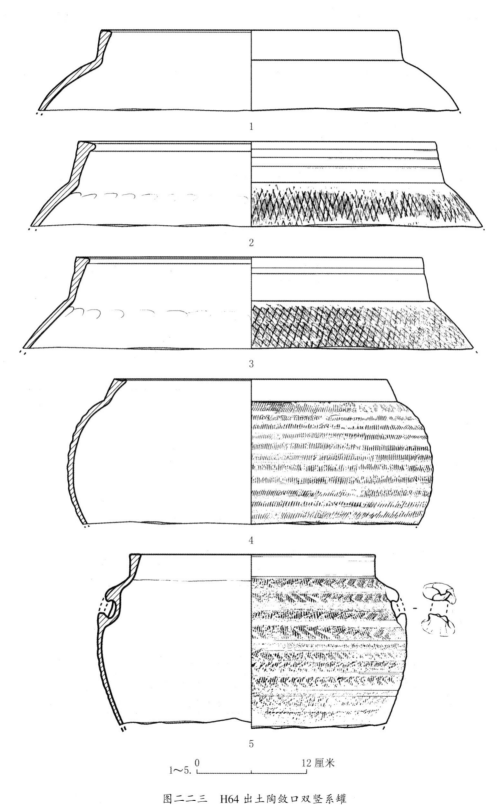

图二二三 H64 出土陶敛口双竖系罐

1. H64：58 2. H64：59 3. H64：61 4. H64：40 5. H64：41

陶侈口双竖系罐　2件。均为泥质灰陶。仅残存上半部。侈口，束颈，鼓肩，肩部置对称双竖系。

H64：75，肩部双系残。肩部上下分别饰两圈、一圈凹弦纹。口径17.7、残高6.1厘米（图二二四，4）。

H64：66，颈肩交界处饰两圈凹弦纹。口径18.8、残高3.9厘米（图二二四，5）。

陶釜形罐　3件。均为泥质红陶。仰折沿，束颈，溜肩，扁鼓腹，圜底。

H64：1，沿面微凹。器身上半部饰方格纹。口径13.6、高9厘米（图二二四，1；彩版二八，2）。

H64：37，仰折沿略下翻。器身饰网格纹。口径15.6、高9.8厘米（图二二四，2）。

H64：39，底残。器身饰网格纹。口径16.8、残高7.8厘米（图二二四，3）。

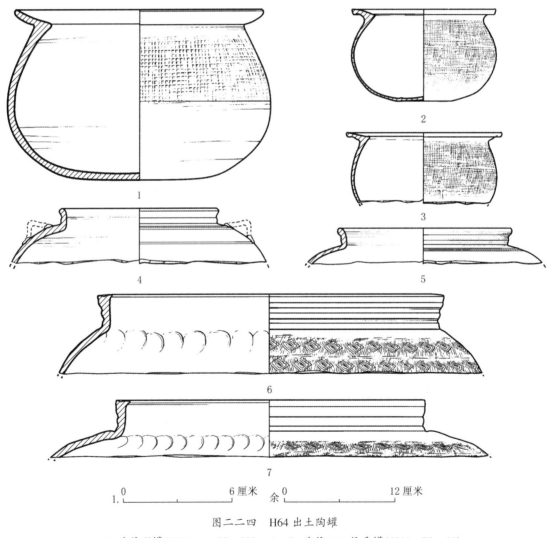

图二二四　H64出土陶罐

1~3. 陶釜形罐（H64：1、37、39）　4、5. 陶侈口双竖系罐（H64：75、66）

6、7. 陶直颈无系罐（H64：46、70）

陶直颈无系罐 **2件**。直口，直颈，宽唇，唇面有一圈凹槽，肩部内壁有指窝痕。颈部饰两圈凹弦纹，肩部饰竖线纹地重圈菱形纹。

H64：46，泥质红陶。溜肩。口径38、残高8.6厘米(图二二四，6)。

H64：70，泥质灰陶。鼓肩。口径33.8、残高6.1厘米(图二二四，7)。

陶罐 **7件**。仅存下半部。均为平底或平底微凹。

H64：56，泥质灰陶。弧腹内收，平底。底径9.5、残高9.4厘米(图二二五，1)。

H64：55，泥质灰陶。弧腹内收，平底微凹。底径14.8、残高11.4厘米(图二二五，2)。

H64：57，泥质黄陶。弧腹内收，平底微凹。底径12.5、残高8.7厘米(图二二五，3)。

H64：91，泥质灰陶。弧腹内收，平底。底径14.4、残高14.4厘米(图二二五，4)。

H64：90，泥质灰陶。弧腹内收，平底。底径11、残高10.2厘米(图二二五，5)。

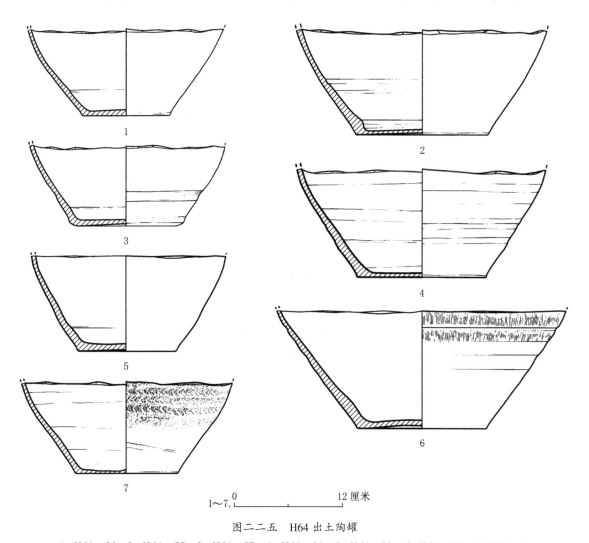

图二二五　H64 出土陶罐

1. H64：56　2. H64：55　3. H64：57　4. H64：91　5. H64：90　6. H64：88　7. H64：92

H64：88，泥质灰陶。斜直腹内收，平底内凹。中腹部饰由弦纹间隔的竖线纹。底径14.8、残高12.9厘米(图二二五，6)。

H64：92，泥质灰陶。弧腹内收，平底。中腹饰竖线纹地纵向波折纹。底径11.3、残高10.1厘米(图二二五，7)。

陶折沿盆 36件。大多为平折沿、下缘起棱，也有少量仰折沿的，弧腹内收，平底。

H64：7，泥质灰陶。平折沿，下缘起棱，深腹。上腹饰一圈凹弦纹，口沿面饰一圈网格纹。口径42.5、高18.7厘米(图二二六；彩版二八，3)。

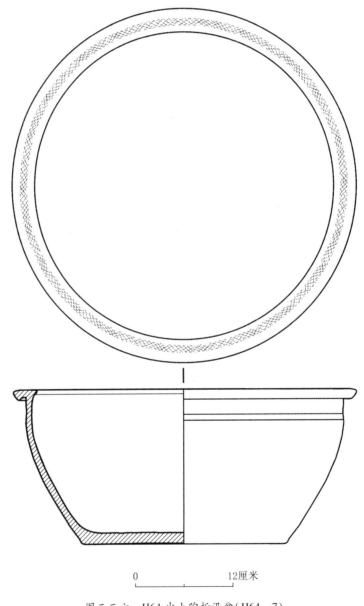

0　　　　　12厘米

图二二六　H64出土陶折沿盆(H64：7)

　　H64：35，泥质黄陶。平折沿下翻，下缘起棱，平底内凹。上腹部饰两周凹弦纹。口径34.6、底径20、高14.4厘米（图二二七，1）。

　　H64：5，泥质灰陶。器体略扭曲变形。平折沿，下缘起棱，平底内凹。口径41.1、底径20.9、高20.4厘米（图二二七，2；彩版二八，4）。

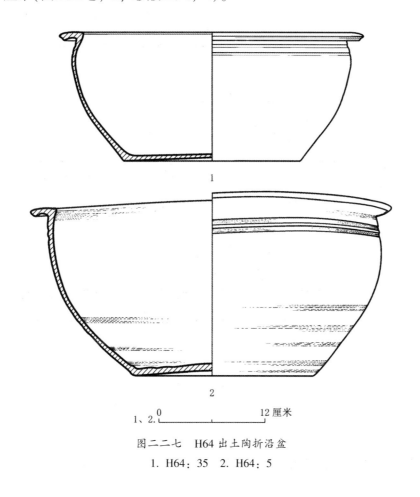

图二二七　H64出土陶折沿盆
1. H64：35　2. H64：5

　　H64：9，泥质灰陶。残存口沿。平折沿，下缘起棱。口径38.2、残高3.8厘米（图二二八，1）。

　　H64：13，泥质灰陶。平折沿，下缘起棱。上腹部饰两周凹弦纹。口径44.5、残高6厘米（图二二八，2）。

　　H64：8，泥质黄陶。残存口沿。平折沿，下缘起棱，上腹较直。上腹部饰两圈凹弦纹，口沿面饰一圈竖线纹地网格纹。口径41.6、残高4.6厘米（图二二八，3）。

　　H64：17，泥质黄陶。残存口沿。平折沿略下翻，下缘起棱。上腹部饰凹弦纹，口沿面饰一周竖线纹地网格纹。口径52.4、残高3.6厘米（图二二八，4）。

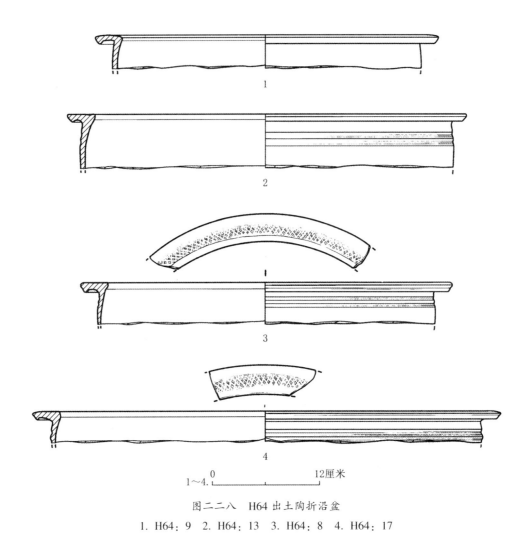

图二二八 H64 出土陶折沿盆

1. H64：9　2. H64：13　3. H64：8　4. H64：17

H64：10，泥质灰陶。平折沿略下翻，下缘起棱。上腹部饰三周凹弦纹。口径 36、残高 6.5厘米(图二二九，1)。

H64：11，泥质灰陶。平折沿略下翻，下缘起棱。上腹部饰一周凹弦纹。口径 39、残高 6.5厘米(图二二九，2)。

H64：12，泥质灰陶。平折沿，下缘起棱。上腹部饰两周凹弦纹。口径 40.4、残高 6.7厘米(图二二九，3)。

H64：15，泥质灰陶。平折沿，下缘起棱。上腹部饰两周凹弦纹。口径 34.4、残高 13.7厘米(图二二九，4)。

H64：19，泥质灰陶。残存口沿。平折沿略下翻，下缘起棱，沿面内侧有一圈凹槽。上腹部饰两周凹弦纹。口径 44.5、残高 6.3厘米(图二二九，5)。

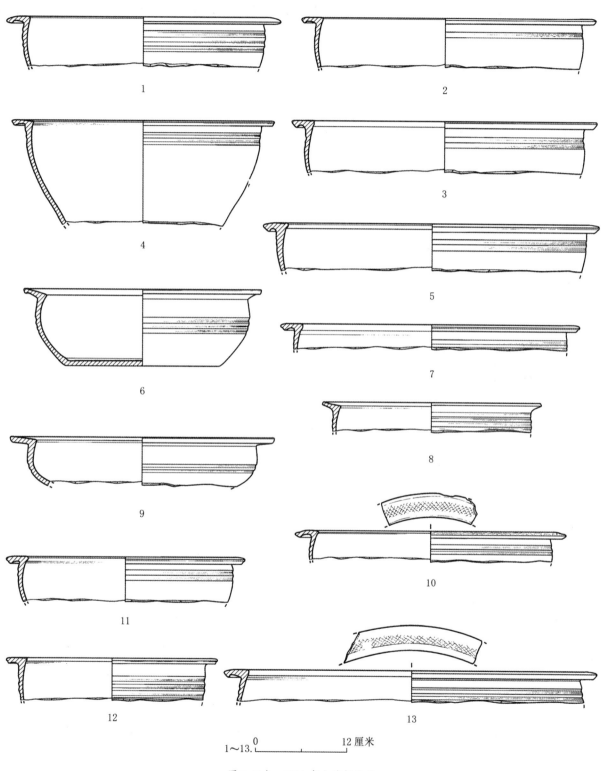

图二二九　H64 出土陶折沿盆

1. H64：10　2. H64：11　3. H64：12　4. H64：15　5. H64：19　6. H64：63　7. H64：22
8. H64：21　9. H64：24　10. H64：28　11. H64：16　12. H64：25　13. H64：23

H64：63，泥质黄陶。仰折沿，尖唇，下缘起棱，浅腹。中腹部饰三圈凹弦纹。口径31.2、底径20.6、高9.9厘米(图二二九，6；彩版二八，5)。

H64：22，泥质黄陶。平折沿，下缘起棱。上腹部饰凹弦纹。口径39.7、残高3.3厘米(图二二九，7)。

H64：21，泥质黄陶。残存口沿。仰折沿，腹略弧。上腹部饰三周凹弦纹。口径29.1、残高4厘米(图二二九，8)。

H64：24，泥质灰陶。仰折沿，弧腹。上腹部饰二周凹弦纹。口径34.8、残高6.4厘米(图二二九，9)。

H64：28，泥质灰陶。平折沿下翻，下缘起棱。口沿面饰一圈网格纹，上腹部饰两周凹弦纹。口径36、残高4.2厘米(图二二九，10)。

H64：16，泥质灰陶。平折沿略下翻，下缘起棱。上腹部饰两周凹弦纹。口径31.5、残高5.9厘米(图二二九，11)。

H64：25，泥质灰陶。平折沿，腹略弧。上腹部饰三周凹弦纹。口径27.8、残高5.7厘米(图二二九，12)。

H64：23，泥质灰陶。平折沿略下翻，下缘起棱，上腹斜直。口沿面饰一圈网格纹，上腹部饰凹弦纹。口径49.4、残高4.2厘米(图二二九，13)。

H64：31，泥质黄陶。仰折沿，下缘起棱。上腹部饰间断竖线纹地纵向波折纹。口径51.2、残高6.9厘米(图二三〇，1)。

H64：26，泥质灰陶。平折沿，下缘起棱。上腹部饰两周凹弦纹。口径41.6、残高4.7厘米(图二三〇，2)。

H64：27，泥质黄色软陶。平折沿略下翻，下缘起棱。上腹部饰两周凹弦纹。口径40.2、残高5.8厘米(图二三〇，3)。

H64：29，泥质黄陶。平折沿，下缘起棱。上腹部饰三周凹弦纹。口径39.1、残高4.2厘米(图二三〇，4)。

H64：30，泥质黄陶。平折沿略下翻，下缘起棱。上腹部饰凹弦纹。口径42.2、残高4.1厘米(图二三〇，5)。

H64：95，泥质黄陶。折沿下翻，下缘起棱。上腹部饰两周凹弦纹。口径41.6、残高4.8厘米(图二三〇，6)。

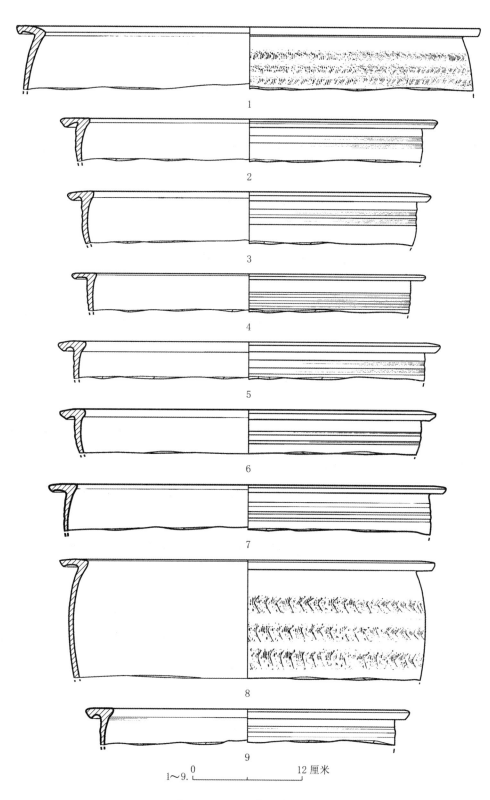

图二三〇　H64 出土陶折沿盆

1. H64：31　2. H64：26　3. H64：27　4. H64：29　5. H64：30　6. H64：95　7. H64：99
8. H64：98　9. H64：65

　　H64：99，泥质黄陶。平折沿，下缘起棱。上腹部饰三周凹弦纹。口径44、残高5.4厘米（图二三〇，7）。

　　H64：98，泥质黄陶。平折沿，深弧腹。器身饰间断竖线纹地纵向波折纹。口径41.6、残高13厘米（图二三〇，8）。

　　H64：65，泥质灰陶。平折沿，下缘起棱。上腹部饰凹弦纹。口径35.8、残高3.9厘米（图二三〇，9）。

　　H64：67，泥质灰陶。平折沿，下缘起棱。上腹部饰三周凹弦纹。口径36.4、残高6.5厘米（图二三一，1）。

　　H64：100，泥质灰陶。平折沿，下缘起棱。上腹部饰三周凹弦纹。口径38、残高8.7厘米（图二三一，2）。

　　H64：32，泥质灰陶。仰折沿，弧腹。上腹部饰凹弦纹。口径36、残高4.3厘米（图二三一，3）。

　　H64：101，泥质灰陶。平折沿略下翻，下缘起棱。沿面饰一周网格纹，上腹部饰两周凹弦纹。口径44、残高4.9厘米（图二三一，4）。

　　H64：68，泥质灰陶。平折沿，下缘起棱。沿面饰一周竖线纹地短斜线纹，上腹部饰三周凹弦纹。口径38.6、残高4.8厘米（图二三一，5）。

　　H64：71，泥质灰陶。平折沿，下缘起棱，上腹较直。沿面饰一周网格纹，上腹部饰两周凹弦纹。口径41、残高4.7厘米（图二三一，6）。

　　H64：74，泥质灰陶。平折沿，下缘起棱。沿面饰一周网格纹，上腹部饰两周凹弦纹。口径38.8、残高10.3厘米（图二三一，7）。

　　陶敛口盆　1件。

　　H64：20，泥质红陶。残存口沿。敛口，鼓肩。口沿外饰一周竖线纹地网格纹，其下再饰两周凹弦纹。口径18.8、残高4.3厘米（图二三一，8）。

　　陶甑　1件。

　　H64：93，泥质灰陶。仅存下半部。下腹斜直，平底，底部有圆形箅孔。腹部饰间断竖线纹地纵向波折纹。底径24.8、残高15.7厘米（图二三二，1）。

　　陶灯　1件。

　　H64：89，泥质灰陶。由灯柱、承盘等部分构成。承盘为敞口，斜直腹，底中空，承盘口沿外有一周凹弦纹。承柱残，高于承盘，中空。承盘直径17.3、残高5.8厘米（图二三二，3）。

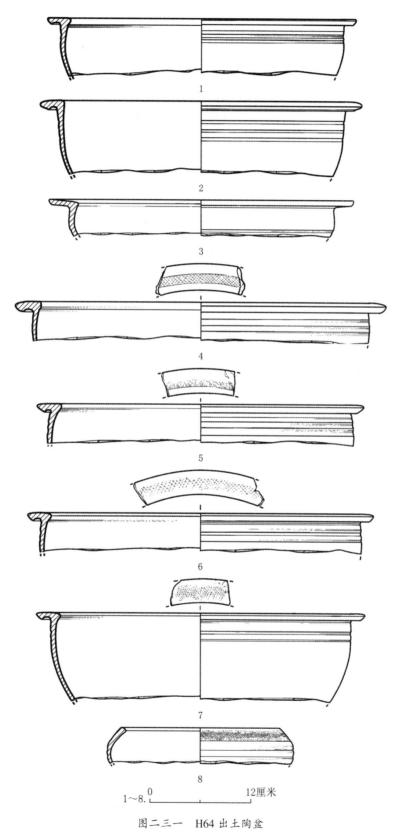

图二三一　H64 出土陶盆

1~7. 陶折沿盆(H64：67、100、32、101、68、71、74)　8. 陶敛口盆(H64：20)

陶盏 1 件。

H64：2，泥质灰陶。敛口，弧腹，平底。口径 7、底径 4.1、高 2.7 厘米(图二三二，4)。

陶鸟形塑 1 件。

H64：87，泥质灰陶。形似鸟，长颈，身躯和尾部宽扁，下有中空圆柱状座，残，背部上方亦残留一圆柱状座。鸟形身躯上布满大小相同的圆圈纹，下方支座上有三圈水波纹。残高 17.7 厘米(图二三二，2)。

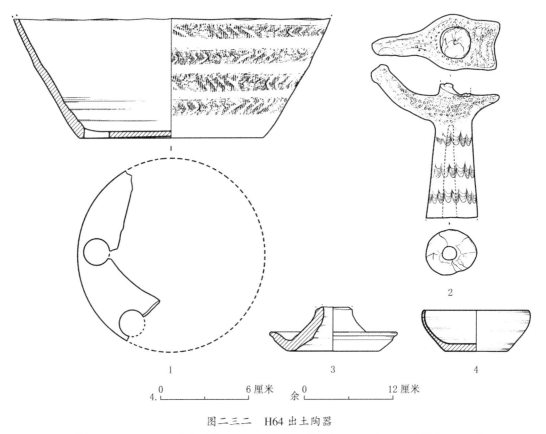

图二三二 H64 出土陶器

1. 陶甑(H64：93) 2. 陶鸟形塑(H64：87) 3. 陶灯(H64：89) 4. 陶盏(H64：2)

陶筒瓦 1 件。

H64：76，泥质灰陶。凸面饰竖线纹地"X"纹，凹面饰布纹。长 28、宽 12.5 厘米(图二三三，2；彩版二八，6)。

陶板瓦 1 件。

H64：96，泥质灰陶。凸面饰网格纹，凹面饰布纹，纹饰保存较差。长 36.8、宽 29.6 厘米(图二三三，1；彩版二九，1)。

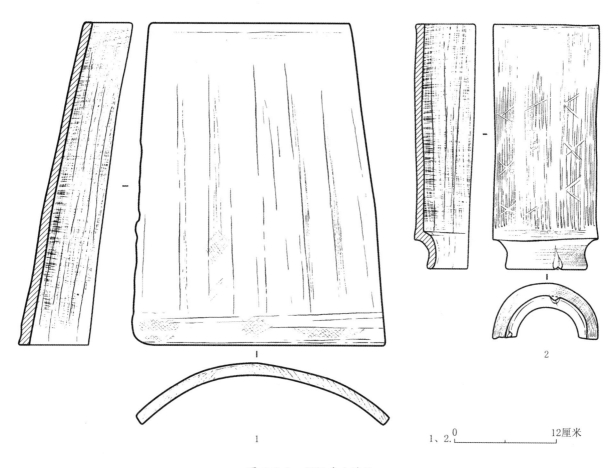

图二三三　H64 出土陶瓦
1. 陶板瓦(H64：96)　2. 陶筒瓦(H64：76)

陶筒形支烧具　**16 件**。上下通透，托面与器壁的截面呈"T"字形。

H64：47，器表呈灰色，胎呈红褐色，底部一圈呈砖红色，胎体坚硬。束腰，底外撇，器壁上部有两个对称的圆形穿孔。托面有一圈凹弦纹。托面直径 16、高 9.8 厘米(图二三四，1)。

H64：50，器表呈灰色，胎呈红褐色，胎体坚硬。束腰，底外撇，底呈斜削状，腹中部有两个对称的圆形穿孔。托面直径 18.4、高 7.8 厘米(图二三四，2)。

H64：48，器表呈灰色，胎呈红褐色，胎体坚硬。腹壁由上到下略内收，腹壁中部有两个对称的椭圆形穿孔，底呈斜削状。托面直径 18.4、高 6.4 厘米(图二三四，3)。

H64：52，器表呈灰色，胎呈红褐色，胎体坚硬。腹壁较直，腹中部有四个两两对称的圆形穿孔，底呈斜削状。托面靠外侧有一圈连弧纹。托面直径 17.8、高 5 厘米(图二三四，4)。

H64：51，器表呈灰色，胎呈红褐色，胎体坚硬。腹壁较直、略外扩。腹壁中上部有两个对称的不规则的椭圆形穿孔。托面直径 18.8、高 8 厘米(图二三四，5)。

H64：53，器表呈灰色，胎呈红褐色，胎体坚硬。腰微束，底外撇、呈斜削状，中腹偏下有两个对称的椭圆形穿孔。托面直径 19.6、高 5.5 厘米(图二三四，6)。

图二三四　H64 出土陶筒形支烧具

1. H64：47　2. H64：50　3. H64：48　4. H64：52　5. H64：51　6. H64：53　7. H64：49　8. H64：54
9. H64：80　10. H64：79　11. H64：81　12. H64：82　13. H64：83　14. H64：84　15. H64：85　16. H64：86

H64：49，器表呈灰色，胎呈红褐色，胎体坚硬。腹壁较直，底呈斜削状，上腹部有两个对称的椭圆形穿孔。托面直径 18、高 17 厘米(图二三四，7)。

H64：54，器表呈灰色，胎呈红褐色，胎体坚硬。束腰，底外撇、呈斜削状，中腹偏下有两个对称的椭圆形穿孔。托面直径 17.4、高 8.6 厘米(图二三四，8)。

H64：80，泥质灰陶。托面稍内斜，腰微束，中腹部有两个对称的圆形穿孔，底呈斜削状。托面直径 18.8、高 8.8 厘米(图二三四，9)。

H64：79，器表呈灰色，胎呈红褐色，胎体坚硬。托面较平，腰微束，上腹部有两个对称的长方形穿孔。托面直径 17.8、高 10.2 厘米(图二三四，10)。

H64：81，器表呈灰色，胎呈红褐色，胎体坚硬。腰微束，上腹部有两个对称的椭圆形穿孔。托面直径 18.8、高 10.8 厘米(图二三四，11)。

H64：82，器表呈灰色，底部呈砖红色，胎呈红褐色，胎体坚硬。腰微束，中腹部有两个对称的圆形穿孔，底呈斜削状。托面中部有一圈凹槽。托面直径 17、高 9.6 厘米(图二三四，12)。

H64：83，器表呈灰色，底部呈砖红色，胎呈红褐色，胎体坚硬。腰微束，上腹部有两个对称的椭圆形穿孔，底呈斜削状。托面直径 19.6、高 5.4 厘米(图二三四，13)。

H64：84，器表呈灰色，胎呈红褐色，胎体坚硬。托面内斜，中腹部有两个对称的椭圆形穿孔。托面直径 21、高 6.6 厘米(图二三四，14)。

H64：85，泥质灰陶，胎体坚硬。托面中部有一周凹槽，腹壁中部有两个对称的椭圆形穿孔，底部粘有窑渣。托面直径 19.2、高 9.9 厘米(图二三四，15)。

H64：86，器表呈灰色，胎呈红褐色，胎体坚硬。腹壁上部有两个对称的椭圆形穿孔。托面直径 19.6、高 11.4 厘米(图二三四，16)。

39. H65

H65 位于Ⅳ T0106 北部，Y5 西北侧，开口于南发掘区⑤层下，被 Y5 和 H64 打破，打破生土层，坑口距地表约 0.2 米。H65 平面形状近似椭圆形，弧壁，底较平，坑壁与坑底均较为粗糙。坑口东西长 2.95、南北宽 2.2、坑底距坑口最大深度为 0.43 米(图二三五)。坑内填土呈灰黑色，包含大量陶瓷片，以及少量炭粒、红烧土与砖块。出土遗物的可辨器形包括青瓷直颈横系罐、敛口无系罐，陶敛口双竖系罐、侈口双竖系罐、直颈无系罐、折沿盆、板瓦、筒形支烧具等。

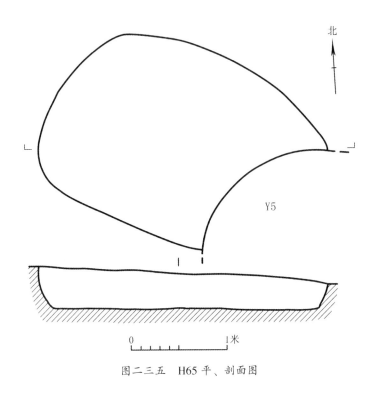

图二三五　H65 平、剖面图

青瓷直颈横系罐　1件。

H65：5，青黄釉，胎釉结合差，大部分釉已脱落，红褐胎，胎质致密。直口，直颈，鼓肩，肩部置对称四横系。肩部饰两周凹弦纹，其下再饰席纹。口径23.6、残高7.1厘米(图二三六，1)。

青瓷敛口无系罐　1件。

H65：4，外壁施青黄色釉，釉层不均匀，积釉处颜色较深，内壁无釉，红褐色胎，胎土较细腻，胎质致密。敛口，宽厚唇，溜肩，上腹圆鼓。肩部以下拍印席纹，肩部内壁有密集的手指

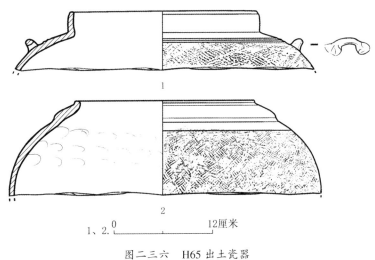

图二三六　H65 出土瓷器

1. 青瓷直颈横系罐(H65：5)　2. 青瓷敛口无系罐(H65：4)

按压痕迹。口径 21.9、残高 11.3 厘米(图二三六，2；彩版二九，2)。

青瓷罐　1件。仅剩残片。

H65：6，内外壁均施青黄釉，积釉处颜色较深，外壁施釉不及底，红褐胎，胎体较致密。器表拍印席纹(彩版二九，3、4)。

陶敛口双竖系罐　4件。敛口，宽唇，溜肩，肩部置对称牛鼻状竖系。

H65：2，泥质红陶。宽平唇，斜直颈。器身饰由弦纹间隔的竖线纹地纵向波折纹。口径 23.6、残高 8.6 厘米(图二三七，1)。

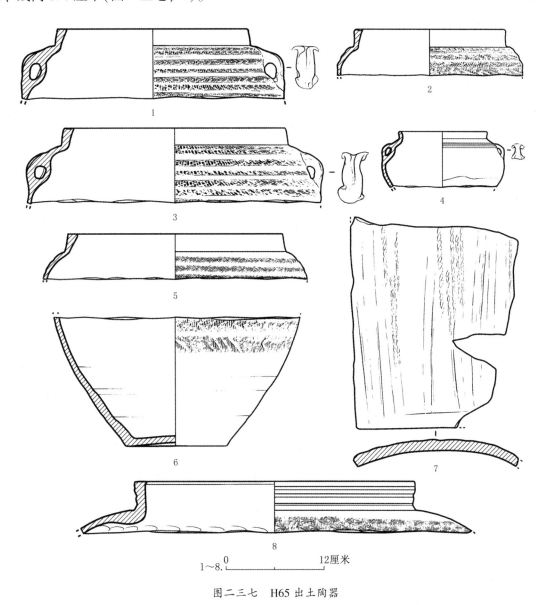

图二三七　H65 出土陶器

1~3、5. 陶敛口双竖系罐(H65：2、21、27、20)　4. 陶侈口双竖系罐(H65：1)　6. 陶罐(H65：13)

7. 陶板瓦(H65：25)　8. 陶直颈无系罐(H65：7)

H65：21，泥质黄陶。宽唇微凹，直颈，肩部双系残缺。器身饰由弦纹间隔的竖线纹地纵向波折纹。口径18.8、残高5.6厘米(图二三七，2)。

H65：27，泥质黄陶。宽平唇，斜直颈。器身饰由弦纹间隔的竖线纹地纵向波折纹。口径27.2、残高9.1厘米(图二三七，3)。

H65：20，泥质黄陶。斜直颈，肩部双系残缺。器身饰由弦纹间隔的网格纹。口径26.4、残高5.6厘米(图二三七，5)。

陶侈口双竖系罐 **1件。**

H65：1，泥质红胎黑皮陶。侈口，溜肩，圆鼓腹，底残，肩部置对称牛鼻状竖系。肩部饰两圈凹弦纹。口径11.2、残高6.8厘米(图二三七，4)。

陶直颈无系罐 **1件。**

H65：7，泥质红褐陶。直口，直颈，广肩，肩部内壁有密集的手指按压的痕迹，肩部以下残。颈部饰三周凹弦纹，肩部饰竖线纹地重圈菱形纹。口径34.8、残高6.4厘米(图二三七，8)。

陶罐 **1件。** 仅存底部。

H65：13，泥质灰陶。弧腹内收，平底内凹。腹部饰竖线纹地纵向波折纹。底径12.8、残高15.6厘米(图二三七，6)。

陶板瓦 **1件。**

H65：25，泥质黄陶。凸面局部饰绳纹，凹面饰布纹。残长25.5、宽20.8厘米(图二三七，7)。

陶折沿盆 **9件。** 平折沿，下缘起棱，上腹微弧，下腹内收。大多仅残存口沿。肩部多饰两圈凹弦纹。

H65：8，泥质黄陶。口径36.8、残高6.2厘米(图二三八，1)。

H65：9，泥质黄陶。弧腹内收，底残。口径34、残高15.1厘米(图二三八，2)。

H65：10，泥质黄陶。平折沿略下翻。口径37.6、残高7.3厘米(图二三八，3)。

H65：14，泥质黄陶。口径38.8、残高5.8厘米(图二三八，4)。

H65：12，泥质灰陶。口径30.8、残高8.4厘米(图二三八，5)。

H65：16，泥质灰陶。口径38.6、残高4厘米(图二三八，6)。

H65：17，泥质灰陶。沿面饰一周水波纹。口径44.8、残高4.8厘米(图二三八，7)。

H65：18，泥质灰陶。口径45、残高2.7厘米(图二三八，9)。

H65：15，泥质黄陶。肩部饰一周凹弦纹。口径49.6、残高7厘米(图二三八，11)。

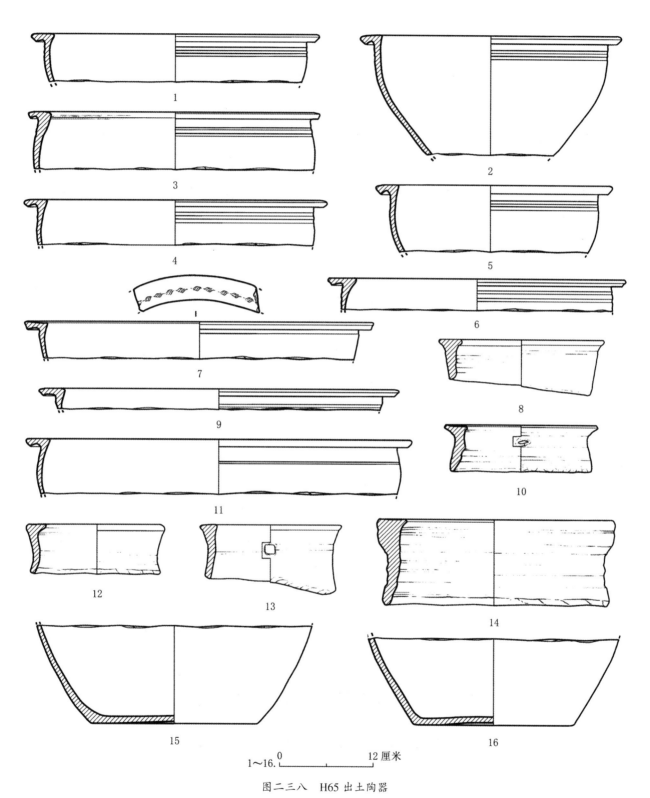

图二三八 H65 出土陶器

1~7、9、11. 陶折沿盆(H65：8、9、10、14、12、16、17、18、15)

8、10、12~14. 陶筒形支烧具(H65：19、26、22、23、24) 15、16. 陶盆(H65：11、3)

陶盆　2件。仅剩下半部。

H65：11，泥质黄陶。弧腹内收，平底微凹。底径21.6、残高12.4厘米(图二三八，15)。

H65：3，泥质灰陶。下腹斜直，平底内凹。底径21、残高10.9厘米(图二三八，16)。

陶筒形支烧具　5件。上下通透，托面与器壁的截面呈"T"字形。

H65：19，器表呈青灰色，底部一圈呈砖红色，胎呈红褐色，胎体致密。腹壁斜直内收，底呈斜削状。托面直径21.6、高7厘米(图二三八，8)。

H65：26，器表呈深灰色，胎呈红褐色，器底和内壁呈砖红色，胎体致密。束腰，腹壁中部有两个对称的椭圆形穿孔，底外撇。托面直径20、高6厘米(图二三八，10)。

H65：22，器表呈青灰色，底部一圈呈砖红色，胎呈红褐色，胎体致密。束腰，底外撇。托面直径18、高6.4厘米(图二三八，12)。

H65：23，器表呈深灰色，局部附有黑褐色窑汗，胎呈红褐色，胎体致密。束腰，腹中部有四个对称的方形穿孔，底外撇、呈斜削状。托面直径18、高8.8厘米(图二三八，13)。

H65：24，泥质红陶。束腰，底外撇。托面直径30.8、高10.8厘米(图二三八，14)。

三、灰沟

1条，即G4。

G4位于ⅢT0107和ⅢT0106内，开口于中发掘区⑤层下，被H17、H18、H29、H58、Y1、Y6操作坑打破，打破生土。G4平面呈曲尺形，斜直壁，平底，现存东西部分长11.2、南北部分长2.8米，宽0.3米，沟底距沟口深0.2~0.3米(图二三九)。G4内填土呈灰黑色，包含少量陶瓷片、砖瓦。可辨器形有青瓷盘口壶、敛口无系罐，陶侈口双竖系罐、折沿盆等。

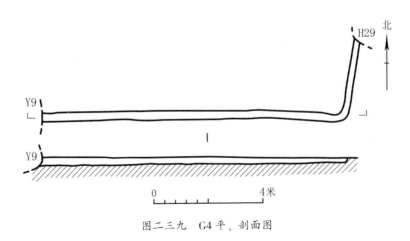

图二三九　G4平、剖面图

青瓷盘口壶　1件。

G4：2，酱黑色釉，红褐胎，胎釉结合差，大部分釉已脱落，胎体较致密。残存肩部。肩部饰两周凹弦纹，其下饰水波纹和密集的凹弦纹(图二四〇，1)。

青瓷敛口无系罐　1件。

G4：4，青黄釉，红褐胎，胎釉结合较差，局部脱釉，胎质较致密。敛口，宽厚唇，溜肩，肩部以下残缺。器身饰席纹。口径18.6、残高4.2厘米(图二四〇，2)。

陶侈口双竖系罐　1件。

G4：1，泥质灰陶。侈口，束颈，溜肩，肩部置对称牛鼻形竖系，弧腹。颈肩交界处饰两圈凹弦纹。口径18.9、残高8.2厘米(图二四〇，3)。

陶折沿盆　1件。

G4：3，泥质灰陶。平折沿，下缘起棱，上腹微弧。上腹部饰三周凹弦纹。口径41.7、残高5.5厘米(图二四〇，4)。

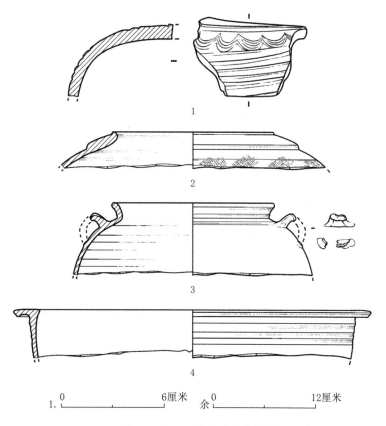

图二四〇　G4出土陶、瓷器

1. 青瓷盘口壶(G4：2)　2. 青瓷敛口无系罐(G4：4)　3. 陶侈口双竖系罐(G4：1)　4. 陶折沿盆(G4：3)

第五章 结 语

第一节 窑址的年代

瓦窑咀窑址的三个发掘区中，以南发掘区的遗迹、遗物数量最多，共发现遗迹42个。其中，Y6、Y7、H11、H17、H20、H34开口于南发掘区第②层下，H18、H19、H41、H43开口于南发掘区第④层下，这些遗迹大多直接打破生土，少数遗迹打破开口于南发掘区第⑤层下的灰坑或灰沟，没有直接打破文化层的现象。其余遗迹均开口于南发掘区第⑤层下，它们是Y1、Y5、Y8、G4、H14、H15、H16、H23、H27、H29、H31、H32、H36、H38、H39、H40、H45、H46、H47、H48、H49、H50、H52、H53、H54、H55、H57、H58、H59、H62、H64、H65。

南发掘区第①至④层为唐宋以来的晚期堆积，第⑤层为早期文化层。第⑤层出土遗物包括陶敛口双竖系罐、直口横系罐、敛口无系罐、直颈无系罐、折沿盆、筒形支烧具，青瓷直颈横系罐、盘口壶、碗等，这些器物亦常见于南发掘区第⑤层下的遗迹中，并且同类型器物的形态十分接近。

尽管南发掘区部分遗迹单位存在叠压或打破关系，但不同遗迹之间出土相同器物组合或相似形制器物的现象十分普遍。如Y1、Y5、Y6、Y7、Y8、H11、H19、H20、H27、H29、H31、H32、H39、H40、H41、H50、H52、H55、H56、H57、H59、H62、H64、H65等单位的出土遗物以陶敛口双竖系罐、折沿盆为主，并且形制相似。Y5、Y6、H11、H14、H16、H18、H20、H27、H29、H34、H38、H41、H42、H47、H57、H59、H62、H64、H65 出土了形制相似的陶筒形支烧具。Y5、H11、H19、H27、H31、H36、H40、H47、H64 出土了形制相似的陶敛口盆。Y5、G4、H32、H38、H65 出土了形制相似的陶或瓷敛口无系罐。H20、H29、H64、H65 出土了形制相似的陶或瓷直口横系罐。H20、H47、H64、H65 出土了形制相似的陶直颈无系罐。Y6、G4、H18、H20、H27、H31、H47、H64 出土了形制相似的陶侈口双竖系罐。H11、H19、H20、H31、H42 出土了形制相似的陶灯。H19、H27 出土了形制相似的陶井。Y1、H49、H38、H34、H64 出土了形制相似的陶筒瓦。此外，H14、H17、H34、H36、H38、H47 出土的陶敛口双竖系罐，G4、H23 出土的陶盆，都能在上述单位中找到与之形制相同或相似的器物。

而 H15、H46、H54 等出土遗物较少的单位，从其层位关系来看，它们的年代亦应与南发掘区第⑤层及其下的其他遗迹接近。

基于上述关于器物组合、形制、共存关系、层位关系的分析，我们可以将南发掘区发现的 42 个遗迹和第⑤层视为同一时期。

南发掘区出土的遗物大多能在长江中下游地区年代相对明确的墓葬或遗址中找到与之形制相同或相似的器物，这为南发掘区遗迹的断代提供了参考。如 H27 等单位出土的陶敛口双竖系罐与鄂城六朝墓 M1002、M1004、M1005 等出土的 I 型 1 式陶罐相似（图二四一，1、2），M1002、M1004 分别出土了"黄龙二年"（230 年）、"嘉禾二年"（233 年）纪年铭文重列神兽纹铜镜，M1002 还出土了孙吴赤乌年间铸造的大泉当千铜钱①，M1002、M1004 应属于孙吴早中期。相同形制的陶敛口双竖系罐还见于 1993 年在鄂州市区发现的编号为 J1 和 J2 的两座古砖井中②（图二四一，3），其中 J1 出土的铜双耳罐和 J2 出土的直口深腹四系罐、敞口深腹双系罐与 1977 年鄂钢古井出土的同类器形制相同③，而鄂钢古井出土的铜双耳罐上有"黄武元年"（222 年）铭文，J1、J2 的年代应该为孙吴早期。H38 等出土的敛口无系罐与鄂城六朝墓 M2215、安徽南陵县麻桥东吴墓出土的同类器均较为相似（图二四一，4~6），鄂城六朝墓 M2215 为孙吴前期④，安徽南陵县麻桥东吴墓出土有孙吴赤乌八年（245 年）买地券⑤。H64 等单位出土的陶釜形罐与鄂城

① 南京大学历史系考古专业、湖北省文物考古研究所、鄂州市博物馆：《鄂城六朝墓》，科学出版社，2007 年，第 123、417 页。
② 鄂州市博物馆：《鄂州市古砖井发掘简报》，《江汉考古》1994 年第 4 期。
③ 鄂钢基建指挥部文物小组、鄂城县博物馆：《湖北鄂城发现古井》，《考古》1978 年第 5 期。
④ 南京大学历史系考古专业、湖北省文物考古研究所、鄂州市博物馆：《鄂城六朝墓》，科学出版社，2007 年，第 129 页。
⑤ 安徽省文物工作队：《安徽南陵县麻桥东吴墓》，《考古》1984 年第 11 期。

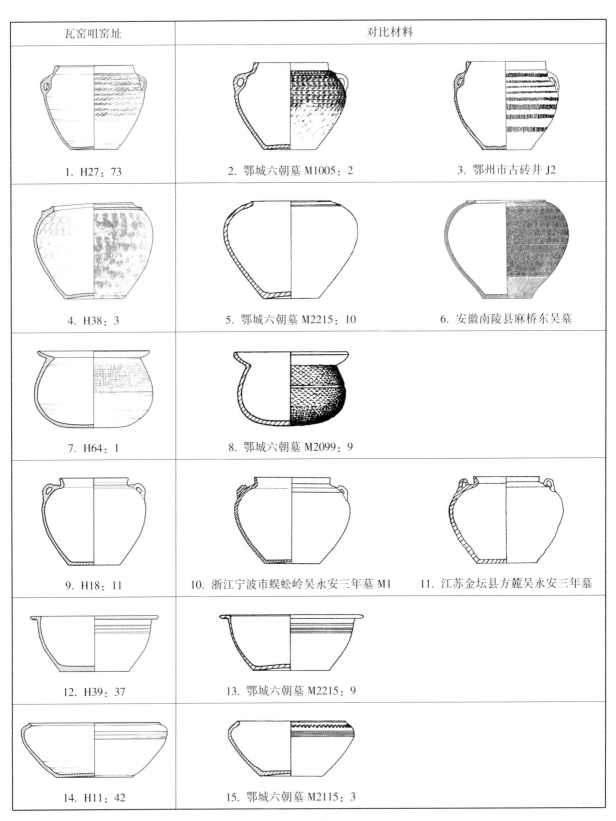

图二四一　瓦窑咀出土器物与相关材料对比图

六朝墓 M2099 出土的同类陶罐相似(图二四一，7、8)，鄂城六朝墓 M2099 为孙吴前期①。H18 出土的陶侈口双竖系罐与浙江宁波市蜈蚣岭吴永安三年墓(M1)、江苏金坛县方麓吴永安三年 (260 年)墓出土的同类器形制相似②(图二四一，9~11)。H39 等出土的陶折沿盆、H11 等单位出土的陶敛口盆分别与鄂城六朝墓 M2115 出土的同类陶盆相似(图二四一，12~15)，鄂城六朝墓 M2115 为孙吴中期③。Y6 操作坑出土的青瓷壶(Y6 操作坑：1)仅存肩腹部，其造型特征不仅与江苏南京幕府山 M1、M2 出土的青瓷盘口壶相似(图二四二，1~3)，腹部装饰密集的凹弦纹、系上模印叶脉纹的装饰风格也相同④，类似造型和装饰风格的盘口壶还见于鄂城六朝墓 M2148⑤。Y6 操作坑出土的另一件青瓷壶(Y6 操作坑：5)亦与鄂城六朝墓 M2140 出土的釉陶壶的造型和装饰特征相似⑥(图二四二，4、5)。江苏南京幕府山 M1、M2 均出土有孙吴五凤元年 (254 年)买地券，鄂城六朝墓 M2140、M2148 的年代均为孙吴中期。Y7 操作坑出土的青瓷碗与浙江嵊州市吴永安二年(259 年)墓、江苏金坛县方麓吴永安三年(260 年)墓出土的同类青瓷碗在造型和装饰上均较相似⑦(图二四二，6~8)。

　　因此，瓦窑咀窑址南发掘区遗迹遗物的年代应为孙吴早中期，年代范围从孙权建都武昌 (221 年)开始，至吴永安三年(260 年)。

　　瓦窑咀窑址中发掘区地层堆积分为十二层，共发现遗迹 17 个。其中，第①至⑩层为晚期堆积，⑪层、⑫层、Y3、F1、G2、H1、H5、H7、H8、H9、H22、H30、H35 等单位出土遗物的类型和形制与南发掘区出土遗物均相似。J1 出土的青瓷双横系罐与前引属于孙吴早期的鄂州市古砖井 J1 出土的同类器形制相似(图二四二，9、10)。H33 出土的青瓷盘口壶仅存口沿，其形制特征与鄂城六朝墓 M2148 出土的青瓷盘口壶相似(图二四二，11、12)，鄂城六朝墓 M2148 为孙吴

① 南京大学历史系考古专业、湖北省文物考古研究所、鄂州市博物馆：《鄂城六朝墓》，科学出版社，2007 年，第 131 页。

② 宁波市文物考古研究所、宁波市鄞州区文物管理委员会办公室：《浙江宁波市蜈蚣岭吴晋纪年墓葬》，《考古》2008 年第 11 期。

③ 南京大学历史系考古专业、湖北省文物考古研究所、鄂州市博物馆：《鄂城六朝墓》，科学出版社，2007 年，第 135 页。

④ 南京市博物馆：《南京郊县四座吴墓发掘简报》，《文物资料丛刊》第 8 辑，文物出版社，1983 年。

⑤ 南京大学历史系考古专业、湖北省文物考古研究所、鄂州市博物馆：《鄂城六朝墓》，科学出版社，2007 年，第 162 页。

⑥ 南京大学历史系考古专业、湖北省文物考古研究所、鄂州市博物馆：《鄂城六朝墓》，科学出版社，2007 年，第 133 页。

⑦ 浙江省文物考古研究所：《浙江纪年墓与纪年瓷·绍兴卷》，文物出版社，2019 年，第 106 页。常州市博物馆、金坛县文管会：《江苏金坛县方麓东吴墓》，《文物》1989 年第 8 期。

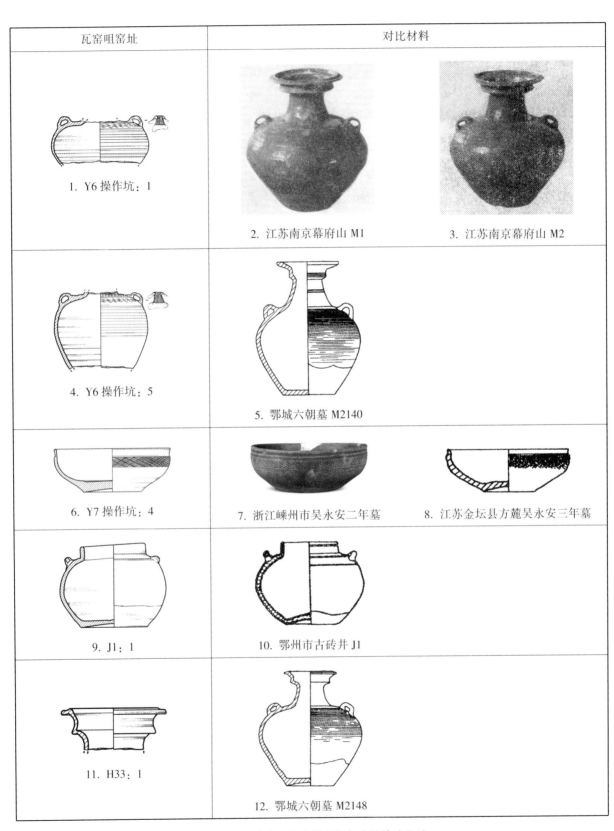

瓦窑咀窑址	对比材料
1. Y6 操作坑：1	2. 江苏南京幕府山 M1　　3. 江苏南京幕府山 M2
4. Y6 操作坑：5	5. 鄂城六朝墓 M2140
6. Y7 操作坑：4	7. 浙江嵊州市吴永安二年墓　　8. 江苏金坛县方麓吴永安三年墓
9. J1：1	10. 鄂州市古砖井 J1
11. H33：1	12. 鄂城六朝墓 M2148

图二四二　瓦窑咀出土器物与相关材料对比图

中期①。Y2、H2、H13、H24 等单位未出土可辨器形的遗物，但从遗迹的层位关系看，应该与其他遗迹年代相近。因此，中发掘区的年代亦为孙吴早中期。

瓦窑咀窑址北发掘区共发现遗迹 5 个。其中，Y4、G1、H25、H26 等单位出土遗物的类型与形制大多与南发掘区和中发掘区出土的器物相似。H6 从层位关系看，应该与北发掘区其他遗迹单位属于同一时期。因此，北发掘区的年代也应为孙吴早中期。

综上所述，瓦窑咀窑址三个发掘区的年代较为一致，均为孙吴早中期，年代范围为公元 221—260 年。

第二节　瓦窑咀窑址青瓷初步研究②

瓦窑咀窑址是湖北地区目前发现的最早烧造青瓷器的窑址，其发现对研究早期青瓷技术的交流与传播具有重要意义。本节将主要探讨瓦窑咀青瓷的特点及其与同时期相关窑口的关系问题。

一、瓦窑咀青瓷的特征

瓦窑咀青瓷的器类并不丰富，主要包括罐、壶、碗等。罐可分为横系罐、竖系罐、无系罐和双唇罐四型。横系罐均为直口、短直颈、圆鼓腹，肩部置四个或两个对称的桥形横系（图二四三，1）。竖系罐为直颈、广肩，肩部残留有两个并列的牛鼻形竖系，推测原当为对称的双复系（图二四三，2）。无系罐为敛口、宽厚唇、溜肩、鼓腹（图二四三，3），或直颈、宽唇、广肩。双唇罐的外唇敞，内唇上部残缺、下部外扩，溜肩、弧腹（图二四三，4）。壶为细长颈、广肩、鼓腹，肩部置对称牛鼻形竖系（图二四三，5、6）。部分壶的标本变形严重，系过烧所致。碗为弧腹、平底（图二四三，7）。

青瓷器的胎质较为致密、细腻。罐和壶的胎多呈红褐色，碗的胎一般呈灰色或灰白色。釉多呈青黄色，也有部分呈青绿色，部分罐和壶有缩釉现象，积釉处颜色较深，呈酱褐色或黑色。

---

① 南京大学历史系考古专业、湖北省文物考古研究所、鄂州市博物馆：《鄂城六朝墓》，科学出版社，2007 年，第 162 页。

② 本节曾以"鄂州瓦窑咀窑址青瓷初步研究"为题刊于《江汉考古》2022 年第 3 期，收入本书时略作修改，并补入胎釉化学成分表。

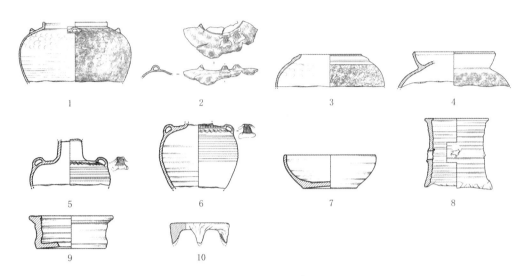

图二四三　瓦窑咀窑址出土青瓷器与窑具

1. 四横系罐(H41：4)　2. 竖系罐(Y3 操作坑：1)　3. 无系罐(H65：4)　4. 双唇罐(H20：1)

5、6. 壶(Y6 操作坑：4、5)　7. 碗(H18：10)　8. 筒形支烧具(H5：54)

9. 盂形支烧具(H18：2)　10. 三足间隔具(H39：36)

釉层大多较薄，胎釉结合差，大部分釉已经脱落，说明烧成温度不高。我们运用能量色散 X 射线荧光光谱仪对部分青瓷器的检测结果表明，瓦窑咀青瓷的胎中，SiO_2 的含量为 67%～72%，Al_2O_3 的含量为 16%～22%，Fe_2O_3 的含量为 3.8%～5.2%，K_2O 的含量为 1.2%～2.4%。釉中 SiO_2 的含量为 53%～63%，Al_2O_3 的含量为 12%～15%，CaO 的含量为 14%～19%，Fe_2O_3 的含量为 2.2%～4.3%，MgO 的含量为 2.8%～4.4%，P_2O_5 的含量为 1.5%～2.5%，K_2O 的含量为 1%～2.5%（表一）。由分析结果推测，瓦窑咀青瓷胎所用原料可能系杂质含量较高特别是铁矿物较多的瓷石类黏土，瓷釉则为以 CaO 为主要助熔剂的钙釉。

表一　瓦窑咀窑址青瓷器胎釉化学组成（wt%）

样品编号	对象	SiO_2	Al_2O_3	CaO	Fe_2O_3	Na_2O	MgO	K_2O	P_2O_5	TiO_2	MnO
Y5：1	胎	72.12	16.17	0.47	4.47	2.14	2.1	1.52	0.19	0.76	0.04
	釉	56.15	13.5	16.85	3.17	1.35	3.97	1.81	2.45	0.54	0.19
Y6 操作坑：4	胎	67.58	20.07	0.51	4.75	2.3	2.35	1.51	0.12	0.79	0.02
	釉	55.92	14.06	18.27	3.01	1.11	3.89	1.18	1.79	0.51	0.27
G2：5	胎	68.1	20.21	0.47	4.75	1.41	2.49	1.62	0.15	0.79	0.02
	釉	58.64	14.86	14.27	3.43	1.38	3.86	1.16	1.66	0.54	0.2
G4：2	胎	67.19	20.93	0.46	5.09	1.39	2.52	1.42	0.11	0.86	0.03
	釉	56	12.52	19.27	2.55	1.75	4.06	1.21	1.89	0.48	0.27

续表

样品编号	对象	SiO$_2$	Al$_2$O$_3$	CaO	Fe$_2$O$_3$	Na$_2$O	MgO	K$_2$O	P$_2$O$_5$	TiO$_2$	MnO
H20：12	胎	70.82	17.13	0.5	3.97	2.78	2.34	1.64	0.12	0.67	0.03
	釉	57.87	13.36	16.06	3.03	1.71	3.99	1.01	2.27	0.52	0.17
H20：58	胎	70.23	18.7	0.48	4.34	1.69	2.21	1.52	0.14	0.67	0.03
	釉	57.18	14.94	16.09	2.56	1.58	3.55	1.49	1.97	0.47	0.18
H41：4	胎	67.9	20.13	0.36	5.16	1.51	2.54	1.5	0.12	0.78	0.01
	釉	53.44	14.54	17.83	2.97	1.33	4.35	2.47	2.32	0.54	0.23
H47：1	胎	68.24	19.6	0.52	3.96	2.74	2.36	1.61	0.21	0.73	0.03
	釉	63.34	11.96	14.17	2.26	1.62	2.88	1.38	1.69	0.49	0.24
H64：73	胎	72.08	17.04	0.46	3.87	2.07	2.03	1.54	0.2	0.68	0.03
	釉	57.98	13.81	14.24	3.13	2.01	3.94	2.07	2.13	0.52	0.18
H64：78	胎	70.68	22.15	0.12	1.09	1.34	1.83	2.08	0.12	0.57	0.01
	釉	63.18	14.74	12.1	0.83	1.31	3.39	1.39	2.51	0.45	0.11
I T0101⑫：1	胎	70.42	22.01	0.11	1.79	1.23	1.27	2.33	0.18	0.66	0.01
	釉	52.93	13.59	18.14	2.93	2.05	4.27	1.65	3.76	0.5	0.18
III T0106⑤：18	胎	70.49	18.18	0.36	4.21	1.88	2.3	1.64	0.25	0.68	0.03
	釉	57.41	13.13	16.66	4.3	1.79	3.15	1.2	1.59	0.6	0.16
III T0107⑤：19	胎	68.26	20.02	0.42	5.08	1.86	1.95	1.29	0.15	0.94	0.03
	釉	57.95	14.36	15.05	3.18	1.46	3.95	1.1	2.27	0.54	0.15

器物装饰方面，瓦窑咀青瓷的常见纹饰有席纹、水波纹、叶脉纹、弦纹等，另有菱形纹、方格纹、同心圆纹等。其中，罐的外壁流行拍印席纹，也有部分拍印菱形纹或细密的方格纹，部分罐的口沿外或上腹部还刻划一至二圈凹弦纹。壶的肩部流行刻划水波纹，腹部多刻划密集的凹弦纹。竖系罐和壶的系钮上均模印对称的叶脉纹。碗的外口沿下流行刻划一圈凹弦纹，有的还在内底心饰同心圆纹或几何纹。

瓦窑咀青瓷胎质细腻、纯净，表明所用原料经过了较为精细的淘洗工序，考古发掘亦证实了这一点。中发掘区发现的H7平面形状呈椭圆形，东西最大径12.3、南北最大径9、残深0.4米，坑内堆积土质细腻、纯净，在湿润状态下呈黑褐色，晒干后呈白色。我们运用能量色散X射线荧光光谱仪对H7内填土成分进行了检测，发现其与遗址中大量出土的红褐胎瓷器的胎的化学成分十分相似。这一结果表明瓦窑咀青瓷胎体的原料当有部分直接来自H7，H7当属于练泥池之类的遗迹。

瓦窑咀窑址共发现 8 座窑炉，其中 7 座为馒头窑，仅 1 座为龙窑。而青瓷器主要出土于馒头窑的操作坑及其附近的灰坑中，也有少量出土于龙窑附近的灰坑中，表明瓦窑咀青瓷应该主要为馒头窑烧造，也有部分可能为龙窑烧造。馒头窑根据其平面形状，可分为椭圆形和马蹄形两型。龙窑保存较差，残长 5、宽 1.2 米，坡度为 5°。瓦窑咀窑址出土窑具以支烧具最为常见，间隔具较少。支烧具中又以筒形支烧具的数量最多，盂形支烧具较少。筒形支烧具上下通透，托面与器壁截面多呈"T"字形，腹壁较直或微束，底外撇，部分呈斜削状，腹中部多挖有 2 个或 4 个不等的不规则圆孔(图二四三，8)。盂形支烧具的托面特征与筒形支烧具相同，直壁，平底，底部正中有一圆孔(图二四三，9)。间隔具仅见三足间隔具一种，其托面呈圆形，下装三个锥状足(图二四三，10)。

二、与相关窑口的比较

我国成熟青瓷器诞生于东汉中晚期。瓦窑咀窑址的年代为孙吴早中期，距成熟青瓷起源的时间不远。目前所见早于或与瓦窑咀年代相当的青瓷窑址均发现于南方地区，代表性的有长江下游的越窑、长江中游的洪州窑和岳州窑。这三个窑口最早见于唐代陆羽所著的《茶经》一书，其曰："碗，越州上，鼎州次，婺州次，岳州次，寿州、洪州次。"[1]然而，从考古发现来看，它们的始烧年代却早得多。将瓦窑咀窑址与上述窑口进行比较研究，对认识瓦窑咀青瓷的技术来源具有重要意义。

1. 与越窑的比较

越窑是对我国浙江省东北部宁绍平原一带东汉至唐宋时期青瓷窑址的统称[2]。经过多年的考古调查，目前在宁绍平原地区发现了大量东汉中晚期至三国时期的越窑青瓷窑址，代表性的有上虞小仙坛窑址[3]、大园坪窑址[4]、帐子山窑址、鞍山窑址[5]、禁山窑址[6]，慈溪上林湖黄鳝山

---

① 陆羽：《茶经》，沈冬梅评注，中华书局，2015 年，第 64 页。
② 中国硅酸盐学会：《中国陶瓷史》，文物出版社，1982 年，第 137 页。
③ 浙江省文物考古所、上虞县文化馆：《浙江上虞县发现的东汉瓷窑址》，《文物》1981 年第 10 期。喻芝琴：《浙江上虞小仙坛古窑址》，《南方文物》1995 年第 3 期。
④ 沈岳明：《上虞大园坪东汉窑址》，浙江省文物考古研究所编：《浙江考古新纪元》，科学出版社，2009 年，第 219~220 页。
⑤ 朱伯谦：《试论我国古代的龙窑》，《文物》1984 年第 3 期。
⑥ 郑建民：《浙江上虞禁山早期越窑遗址考古发掘》，《大众考古》2015 年第 7 期。

窑址、桃园山窑址、周家岙窑址①，宁波郭塘岙窑址、鸡步山窑址、玉缸山窑址②，绍兴外潮山窑址③等。其中，鞍山、帐子山、大园坪、禁山等窑址先后经过正式的考古发掘，但均未公布详细的发掘资料。尽管如此，从已经发表的调查资料、发掘概况以及部分研究者的相关论述中，我们也可以大致管窥东汉中晚期至三国时期越窑青瓷的基本特征。这一阶段，越窑青瓷的器类主要有罐、壶、虎子、砚、盆、盘、钵、碗等。其中，又以罐的形态最为丰富，有四横系罐、双竖系罐、无系罐、双唇罐等。四横系罐多为直口，直颈，肩部凸起，圆鼓腹，平底，凸起的肩部下置对称四横系(图二四四，1)。双竖系罐多为直口或侈口，直颈，溜肩，弧腹，肩部置对称牛鼻形竖系(图二四四，2)。无系罐多为敛口，近口沿处增厚，溜肩，弧腹(图二三四，3)；也有敛口或直口，直颈，广肩的(图二四四，4)。双唇罐的内唇上部较直、下部外扩，外唇外敞，内唇高于外唇，肩部置对称竖系(图二四四，5)。壶为盘口，束颈较长，椭圆形腹或圆鼓腹，平底或有高圈足，肩部置对称牛鼻形竖系(图二四四，6)。碗多为敛口，也有直口或侈口的，弧腹，平底或平底内凹。

胎釉方面，东汉中晚期至三国时期，越窑青瓷的釉以青色、青黄色为主，也有酱褐色的。上虞小仙坛、大园坪等窑址代表了这一阶段越窑青瓷的最高水平，其产品釉色多呈青色或青黄色，釉层分布均匀，玻璃质感强，胎釉结合紧密，少见剥釉现象。宁波郭塘岙、绍兴外潮山等窑址的产品则相对较差，釉色以青黄色为主，也有部分呈酱褐色，釉层多厚薄不均，常见聚釉、流釉现象，部分器物的胎釉结合较差，釉容易剥落。这一阶段，越窑青瓷的胎一般呈灰白色或浅灰色，胎质致密。多数青釉或青黄釉瓷器的胎体细腻，表明胎土经过精细淘洗，仅有少部分酱褐色釉瓷器的胎体较粗糙，肉眼可见杂质或小气孔。对小仙坛、桃园山、周家岙等窑址东汉至三国时期青瓷标本的检测结果表明，胎中 SiO_2 的含量为 75%~79%，Al_2O_3 的含量为 15%~18%，Fe_2O_3 的含量为 1.6%~2.5%，K_2O 的含量为 2.2%~3%。釉中 SiO_2 的含量为 58%~63%，Al_2O_3 的含量为 12%~14%，CaO 的含量为 14%~20%，Fe_2O_3 的含量为 1.5%~3.3%，MgO 的含量为 1%~2.6%，P_2O_5 的含量为 0.44%~0.9%，K_2O 的含量为 1.8%~3.2%④。

器物装饰方面，这一阶段，越窑青瓷常见的纹饰有弦纹、水波纹、麻布纹、方格纹、席纹、多线菱形纹、蝶形纹、叶脉纹、窗棂纹、旋涡纹等。其中，罐的肩部多刻划一组弦纹和水波纹，腹部流行拍印麻布纹、方格纹、席纹(图二四四，4)、多线菱形纹、蝶形纹或方格叶脉纹等。壶

① 慈溪市博物馆：《上林湖越窑》，科学出版社，2002 年。
② 林士民：《浙江宁波汉代瓷窑调查》，《考古》1980 年第 4 期。林士民：《浙江宁波汉代窑址的勘察》，《考古》1986 年第 9 期。
③ 绍兴县文物保护管理所：《浙江绍兴外潮山、馒头山古窑址》，《江汉考古》1994 年第 4 期。
④ 李家治主编：《中国科学技术史·陶瓷卷》，科学出版社，1998 年，第 117~121 页。

的肩、腹部常见刻划水波纹和多道弦纹(图二四四，7)。双竖系罐和壶的双系上常见模印对称的叶脉纹。碗多为素面，部分碗的口沿外有一道凹弦纹或在内底装饰旋涡纹。

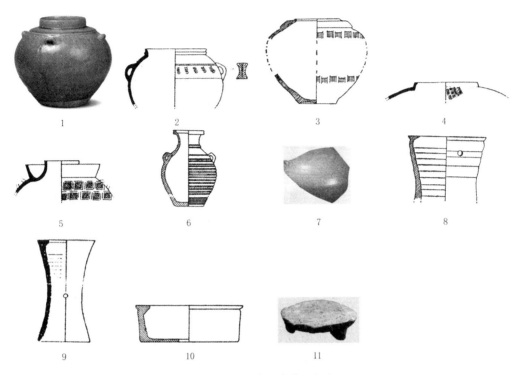

图二四四　越窑出土青瓷器与窑具

1. 四横系罐(上虞百官镇①)　2. 竖系罐(外潮山窑址)　3. 无系罐(郭塘岙 Y2：10)
4. 无系罐(外潮山窑址)　5. 双唇罐(外潮山窑址)　6. 盘口壶(郭塘岙 Y1)
7. 壶(帐子山窑址②)　8. 筒状支烧具(郭塘岙 Y2：20)　9. 筒状支烧具(外潮山窑址)
10. 盂形支烧具(郭塘岙 Y1)　11. 三足间隔具(大园坪窑址)

越窑青瓷为龙窑烧造。鞍山三国龙窑是目前发现的这一阶段保存最为完整的越窑青瓷窑炉③。此窑全长 13.32 米，宽 2.1~2.4 米，火膛、窑床、排烟室等部分保存较完整。火膛呈半圆形，进深 0.8 米，后壁高 0.42 米。窑床长 10.29 米，窑床前段坡度为 13°，后段为 23°，底部铺砂一层。东汉中晚期至三国时期，越窑常用的窑具包括支烧具和间隔具两类。支烧具中最常见的是筒形支烧具(图二四四，8、9)，其次是盂形支烧具(图二四四，10)和双足窑床座等。为了适应窑床的坡度，筒形支烧具的底部多呈斜削状。间隔具主要包括泥点和三足间隔具两种(图二四四，11)。三足间隔具的上面为一圆形平台，下面是三足，这种间隔具在大园坪、帐子山、禁

①　曹锦炎主编：《中国出土瓷器全集·浙江卷》，科学出版社，2008 年，第 25 页。
②　浙江省文物考古所、上虞县文化馆：《浙江上虞县发现的东汉瓷窑址》，《文物》1981 年第 10 期。
③　朱伯谦：《试论我国古代的龙窑》，《文物》1984 年第 3 期。

山、玉缸山等东汉中晚期窑址中已经出现，三国以后更为常见。

　　与越窑相比，瓦窑咀窑址青瓷产品的胎釉特征、窑炉形态等存在较大差异，但在部分器物的造型、装饰，以及窑具上存在较多相似之处。瓦窑咀窑址出土的无系敛口罐与郭塘岙 Y2：10、慈溪上林湖 Y102：12、Y48：8 等均较相似①，出土的双唇罐与郭塘岙、外潮山窑址出土的同类器相似。瓦窑咀窑址出土的青瓷壶，肩部均置模印叶脉纹的双竖系，这也是东汉中晚期至三国时期越窑青瓷壶的典型特征。瓦窑咀窑址出土罐类器物上十分流行的席纹是越窑东汉中晚期较常见的纹饰，并且此类纹饰不见于同时期其他窑址。瓦窑咀窑址出土青瓷壶的肩、腹部流行装饰水波纹与弦纹组合纹饰，这种做法在越窑同类器中也较常见。瓦窑咀窑址使用的筒形支烧具、盂形支烧具、三足间隔具亦最先见于越窑，形态上亦与越窑出土的同类窑具相似。由此可见，瓦窑咀窑址应与长江下游的越窑存在较密切的联系，其应该受到了越窑较重要的影响。

2. 与洪州窑的比较

　　洪州窑是我国东汉晚期至五代时期的著名青瓷窑址，分布在今江西省丰城市境内的赣江或与赣江相通的清丰山溪、药湖岸畔的山坡和丘陵岗阜地带②。目前已知的东汉晚期至三国时期的洪州窑遗址点主要分布在石滩镇清丰山溪东岸的港塘村及其周边地区，有清丰河窑址、陈家山窑址、新村窑址、小学前窑址、寺背窑址等。其中，清丰河窑址和陈家山窑址经过正式的考古发掘③。

　　经过多次考古调查及对清丰河窑址和陈家山窑址的正式考古发掘，目前已大致弄清了东汉晚期至三国时期洪州窑青瓷的基本特征。此阶段，洪州窑出土青瓷器的类型丰富，有罐、缸、壶、盆、碗、钵、乌龟、牛等。其中，罐的形态最为丰富，有仰折沿罐、侈口罐、直口罐、双唇罐等。仰折沿罐为大口，短束颈，圆鼓腹，肩部置对称双环形竖系（图二四五，1）。侈口罐为小口，短直颈，广肩，肩部置环形竖系或横系（图二四五，2）。直口罐为小口，直颈，溜肩，肩部置环形竖系或横系（图二四五，3）。双唇罐为小口，内唇较直，外唇外敞，内唇高于外唇，胖鼓腹，平底，肩部置对称单或双环形竖系（图二四五，4）。壶为盘口，短束颈，深鼓腹，平底，

　　① 慈溪市博物馆：《上林湖越窑》，科学出版社，2002 年，第 16、20 页。
　　② 北京大学中国考古学研究中心等：《丰城洪州窑址》，文物出版社，2018 年，第 1 页。
　　③ 北京大学中国考古学研究中心等：《丰城洪州窑址》，文物出版社，2018 年，第 5～12 页。张文江、李育远、余江安：《江西丰城陈家山洪州窑遗址考古发掘的主要收获》，《中国古陶瓷研究》第十二辑，紫禁城出版社，2006 年，第 350～370 页。

肩部置对称单或双环形竖系(图二四五，5)。碗为侈口，斜弧腹，平底。

胎釉方面，东汉晚期至三国时期，洪州窑青瓷的釉以青黄色或青褐色为主，釉层分布不均匀，积釉处颜色较深、有的呈黑色，胎釉结合度较差，脱釉现象比较严重。胎色较深，多呈深灰色或灰色，也有部分呈灰褐色或砖红色，胎质致密，含杂质较少，胎泥应经过淘洗、陈腐。对港塘村部分瓷器标本的检测结果表明，胎中 SiO_2 的含量为 62%~73%，Al_2O_3 的含量为 18%~22%，Fe_2O_3 的含量为 3.1%~5.8%，K_2O 的含量为 1.9%~2.2%。釉中 SiO_2 的含量为 58%~67%，Al_2O_3 的含量为 9.2%~13.6%，CaO 的含量为 5.3%~17.7%，Fe_2O_3 的含量为 4.2%~5.7%，MgO 的含量为 1.1%~2%，P_2O_5 的含量为 0.4%~1.4%，K_2O 的含量为 1.8%~3%。

器物装饰以拍印的细方格纹、绳纹和刻划的弦纹最为流行，也有部分器物拍印叶脉纹、钱纹或刻划水波纹等。其中，罐的肩腹部多装饰弦纹、细方格纹、绳纹，也有部分罐的口沿刻划水波纹，肩腹部拍印钱纹或叶脉纹。壶的肩部一般饰一道凹弦纹，腹部拍印细方格纹、绳纹。碗多为素面，部分口沿外有一道凹弦纹。

洪州窑青瓷器亦为龙窑烧造。陈家山洪州窑遗址清理了 2 条龙窑遗迹，其中，Y2 为东汉末至三国时期。Y2 除窑尾和烟室被破坏外，整体保存较完整，窑体残长 23.8 米，规模为同时期窑址所未见。其中，窑床平面呈长条形，残长 22.4、室内宽 2.4、残高 0.3 米，坡度 10°，窑床东壁中部另开有一个宽约 0.8 米的"八"字形窑门。考古发现这一阶段洪州窑使用的窑具均为支烧具，支烧具均呈圆筒形，有的腰部内束(图二四五，6、7)。

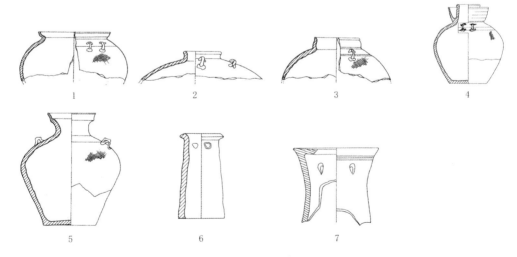

图二四五　洪州窑出土青瓷器与窑具

1. 仰折沿罐(陈家山 T11④：29)　2. 侈口罐(陈家山龙：1)　3. 直口罐(陈家山 T7④：34)

4. 双唇罐(陈家山 T7④：12)　5. 盘口壶(陈家山 T7④：25)　6、7. 筒形支烧具(清丰河 T1②：24、23)

　　通过将瓦窑咀窑址与洪州窑进行比较，我们发现两者之间存在较明显的差异。器类器型方面，瓦窑咀窑址常见的无系敛口罐不见于洪州窑，洪州窑常见的折沿罐、侈口罐等亦不见于瓦窑咀窑址。瓦窑咀窑址出土双唇罐的内唇下部较斜，而洪州窑出土双唇罐的内唇较直。瓦窑咀窑址与洪州窑均出土直口四横系罐，此类罐亦见于越窑、岳州窑，而瓦窑咀出土的此类罐的形制与上述窑口出土的均存在差异。瓦窑咀窑址出土青瓷壶的肩部置对称牛鼻形竖系，而洪州窑青瓷壶的肩部则置环形竖系。胎釉方面，瓦窑咀窑址出土青瓷器的常见胎釉颜色和化学成分与洪州窑产品亦存在较明显的差异。装饰方面，瓦窑咀窑址出土的青瓷罐流行装饰席纹，洪州窑的青瓷罐则流行装饰细方格纹，不见席纹。瓦窑咀窑址青瓷壶的肩腹部多装饰水波纹与弦纹，双系上模印叶脉纹，这些装饰纹样均不见于洪州窑的同类产品中。窑炉形态方面，瓦窑咀窑址主要使用馒头窑烧造青瓷器，而洪州窑则使用龙窑。从使用的窑具来看，洪州窑主要使用筒形支烧具，瓦窑咀窑址除了使用筒形支烧具外，还使用盂形支烧具和三足间隔具。洪州窑使用筒形支烧具应受越窑的影响，综合考虑器物造型、装饰等方面因素，瓦窑咀使用筒形支烧具的技术工艺也应该直接来自越窑，而与洪州窑无关。

3. 与岳州窑的比较

　　岳州窑的始烧年代至少可以早至东汉中晚期①。周世荣先生将东汉至三国时期定为岳州窑的创烧期②。岳州窑东汉中晚期至三国时期的代表性窑址有青竹寺窑和洋沙湖窑，两者均位于今湖南省岳阳市湘阴县的湘江东岸。1988 年和 2017 年，湖南省文物考古研究所等单位先后两次发掘了青竹寺窑址，基本弄清了岳州窑早期阶段的青瓷特征③。

　　东汉中晚期至三国时期，岳州窑产品类型丰富，包括罐、壶、洗、碗、耳杯、仓等。其中，罐的形制最为丰富，大体可分为带系罐和无系罐两类。带系罐多为横系，也有少量竖系的。横系罐多为直口，直颈，肩部或上腹部置双横系或四横系，有的还在双横系之间置对称双环形竖系，此类罐腹部形态多样，有筒形腹、胖鼓腹、椭圆形腹、扁圆腹等（图二四六，1～4）。无系罐有釜形罐、敛口深腹罐等。壶为盘口，扁鼓腹或胖鼓腹，高圈足或平底，肩部多置双横系或四横系，也有部分置双环形竖系（图二四六，5）。碗为敞口或敛口，

　　① 杨宁波：《湖南湘阴青竹寺窑址》，《大众考古》2018 年第 6 期。
　　② 周世荣、周晓赤：《岳州窑》，湖南美术出版社，2011 年，第 9 页。
　　③ 周世荣、周晓赤：《岳州窑》，湖南美术出版社，2011 年。杨宁波：《湖南湘阴青竹寺窑址》，《大众考古》2018 年第 6 期。

弧腹，平底。

此阶段，岳州窑青瓷的釉以青绿、青黄或酱黑色为主，胎多呈浅灰色或灰白色。对青竹寺窑址部分瓷器标本的检测结果表明，胎中 SiO_2 的含量为 73%~77%，Al_2O_3 的含量为 18%~21%，Fe_2O_3 的含量为 1.4%~1.7%，K_2O 的含量为 2.6%~3.2%。釉中 SiO_2 的含量为 59% 左右，Al_2O_3 的含量为 13%~14.5%，CaO 的含量为 17.8%~19%，Fe_2O_3 的含量为 1.5%~2.2%，P_2O_5 的含量为 1%~1.6%，K_2O 的含量为 2.1%~3%。

器物装饰以方格纹和水波纹为主，同时还有菱形纹、弦纹、"X"形纹、粟点纹、鱼眼纹、双鱼纹等。具体而言，罐、壶等类器的肩部流行装饰水波纹、弦纹，腹部常见方格纹，罐钮上一般饰菱形纹、"X"形纹、粟点纹等。碗、洗等类器的内底心装饰水波纹、弦纹、同心圆纹、双鱼纹等。

岳州窑青瓷器均为龙窑烧造。从青竹寺窑址揭露的两条龙窑来看，龙窑宽度达到 2.7 米，由于均遭到破坏，长度不详，保存较好的残长 7.5 米。窑壁的下部用黏土抹壁，上部用土坯砖砌成，窑床的坡度为 20° 左右。装烧工艺方面，目前发现的东汉中晚期至三国时期的岳州窑窑具已有 200 余件，均为间隔具，有玉璧形垫圈和圆饼状垫饼两种（图二四六，6、7），不见支烧具。

图二四六 岳州窑青竹寺窑址出土青瓷器与窑具

1~4. 横系罐 5. 壶 6. 玉璧形垫圈 7. 圆饼状垫饼

通过比较瓦窑咀窑址与同时期的岳州窑，我们发现，两者之间存在明显的不同。器类器型方面，瓦窑咀窑址较常见的无系敛口罐不见于岳州窑。瓦窑咀窑址常见的青瓷壶均为牛鼻形双竖系，而岳州窑的青瓷壶多为双横系或环形竖系，从壶的整体形态看，两窑的此类产品亦存在较大差异。胎釉方面，瓦窑咀以红褐胎青瓷为主，岳州窑的胎却多呈浅灰色或灰白色，两者在胎釉的化学构成上也差异明显。装饰方面，瓦窑咀青瓷罐上最常见的席纹不见于岳州窑。瓦窑咀青瓷壶的双系上均模印叶脉纹，这种做法亦不见于岳州窑的同类器。窑炉形态方面，瓦窑咀窑址与岳州窑也不相同。此外，两者的窑具亦存在巨大差异，瓦窑咀窑址最常见的窑具是筒形支烧具，亦有盂形支烧具和三足间隔具；而岳州窑出土的窑具则均为间隔具，有玉璧形垫圈和圆饼状垫饼两种，不见支烧具。

综上所述，与越窑、洪州窑、岳州窑等比较，瓦窑咀窑址的窑炉形态与青瓷器的胎釉特征存在明显的差异。从青瓷器的造型、装饰、使用的窑具等方面观察，瓦窑咀窑址与越窑存在较多相似之处，而与洪州窑、岳州窑的差异较大。这表明，瓦窑咀窑址烧造青瓷器主要受到越窑的影响。

三、小结

瓦窑咀青瓷的产品类型并不丰富，主要包括罐、壶、碗等。釉多呈青黄色，也有部分呈青绿色，部分罐和壶有缩釉现象，积釉处颜色较深，呈酱褐色或黑色。胎质较为致密，胎土细腻、纯净，胎色多呈红褐色，也有少部分呈灰色或灰白色。器物装饰以拍印的席纹，刻划的弦纹、水波纹，模印的叶脉纹等最为常见。青瓷器应主要为馒头窑烧造而成，也有部分可能为龙窑烧造。窑具以筒形支烧具最为常见，也有少量盂形支烧具和三足间隔具。瓦窑咀窑址以烧造日用陶器为主，同时兼烧青瓷器，出土青瓷器的数量不多，这表明瓦窑咀窑址烧造青瓷器尚处于尝试与探索阶段。

从青瓷器的造型、装饰、使用的窑具等方面来看，瓦窑咀窑址与长江下游的越窑存在较多相似之处，而与长江中游的洪州窑、岳州窑等差异较大，表明瓦窑咀窑址烧造青瓷器主要受到越窑的影响。

瓦窑咀窑址位于长江中游的鄂州，在地理位置上与同属长江中游的洪州窑、岳州窑更为接近，然而从其产品特征与烧造工艺上看，瓦窑咀窑址主要受来自长江下游的越窑的影响，而与洪州窑、岳州窑的关联不大，这有其特殊的历史背景。魏黄初二年(221年)，孙权接受魏文帝曹丕的册封，称吴王，并建都武昌(今鄂州)。吴黄龙元年(229年)，孙权在武昌称帝，同年，迁都建业，以太子登留守，"征上大将军陆逊辅太子登，掌武昌留事"①。此后直到孙吴灭亡，除末帝孙皓曾短暂迁都武昌外，武昌城一直为孙吴陪都。据唐长孺先生研究，孙吴建国是以孙氏为首的若干宗部集团对其他宗部集团的胜利，所谓宗部，即以宗族、乡里为核心的武装组织②。而孙吴宗部集团部分便来自越窑产区或其附近。如孙氏皇室为吴郡富春人，富春县治在今浙江省杭州市富阳区，此地离越窑核心区绍兴上虞不远。孙吴集团的虞翻更是会稽余姚大族③，余姚即位于越窑核心区上虞、慈溪之间。辅佐太子登、领武昌事、掌握孙吴军政大权的陆逊曾讨伐会稽山贼大帅潘临，收编部曲二千余人④。孙权在武昌建都，客观上促进了包括越窑核心产区在内的长江下游人群向武昌地区的迁徙，也促进了越窑青瓷技术在武昌地区的传播。瓦窑咀窑址中的越窑因素便是在这样的背景下出现的。

第三节　瓦窑咀窑址陶器初步研究

一、陶器的类型与特征

瓦窑咀窑址烧造的陶器中日用器占绝大多数，只有极少量的模型明器，另有部分砖瓦。

日用陶器以泥质灰陶为主，也有部分泥质黄陶和泥质红陶。器形包括陶敛口双竖系罐、侈口双竖系罐、敛口无系罐、直颈无系罐、釜形罐、折沿盆、敛口盆、甑、灯、砚等，其中，又以敛口双竖系罐和折沿盆最为常见。敛口双竖系罐，宽唇内斜，斜直颈，溜肩，肩部置对称牛鼻状竖系，上腹圆鼓，下腹弧收，平底或平底内凹。侈口双竖系罐，短颈，鼓肩，肩部置对称牛鼻状竖系，圆鼓腹，平底或平底内凹。敛口无系罐，宽厚唇，唇外起一圈凸棱。直颈无系罐多为直口，宽唇，直颈，广肩或溜肩。釜形罐多为宽仰折沿，束颈，溜肩，扁鼓腹，平底或圜底。折沿盆一般为宽平折沿，斜弧腹，平底。敛口盆，鼓肩，斜弧腹内收，平底。器物装饰方面，敛口双竖系罐流行装饰由弦纹间隔的竖线纹地纵向波折纹、网格纹或单纯的竖线纹。侈口双竖系罐的肩部饰凹弦纹，部分器物的双系上模印叶脉纹。敛口无系罐和直颈无系罐一般装饰

① 《三国志·吴书》卷四十七《吴主传》，中华书局，1982年，第1135页。
② 唐长孺：《孙吴建国及汉末江南的宗部与山越》，氏著《魏晋南北朝史论丛》，商务印书馆，2010年，第24~25页。
③ 《三国志·吴书》卷五十七《虞翻传》，中华书局，1982年，第1317页。
④ 《三国志·吴书》卷五十八《陆逊传》，中华书局，1982年，第1343页。

竖线纹地重圈菱形纹。釜形罐流行装饰网格纹、弦纹。折沿盆的上腹部流行装饰二至三圈凹弦纹，部分陶盆的沿面饰一圈竖线纹地网格纹。敛口盆的口沿外一般装饰竖线纹地网格纹或间断竖线纹。甑的外壁饰间断竖线纹或间断竖线纹地纵向波折纹。

日用陶器中最常见的敛口双竖系罐、折沿盆，以及侈口双竖系罐、直颈无系罐、釜形罐、甑、灯、砚等多数器物都是在汉代传统形制的基础上发展而来。如瓦窑咀窑址大量烧造的敛口双竖系罐与东汉中晚期的襄樊高庄 M2、房县松嘴 M32 出土的陶双耳罐都有一定的相似性①（图二四七，1、2）。与瓦窑咀窑址形制相似的折沿盆在东汉时期的居址和墓葬中也十分常见。侈口双竖系罐、直颈无系罐则分别与蕲春枫树林东汉墓陈家大地 M3、对面山 M5 出土的釉陶罐和釉陶瓮相似②（图二四七，3、4）。瓦窑咀窑址出土的釜形罐可分为平底和圜底两型，平底罐与蕲春枫树林东汉墓陈家大地 M7 出土的釉陶盂相似③（图二四七，5）；圜底罐与襄樊高庄东汉 M2 出土的陶釜相似④（图二四七，6），类似形制的器物还见于湘阴青竹寺窑址，后者的年代被定为东汉时期⑤。此外，也有部分器物的形制与瓦窑咀窑址出土的瓷器相同，如陶敛口无系罐，其形制应是模仿瓷器，上文已指出此类瓷器应受到了越窑的影响。

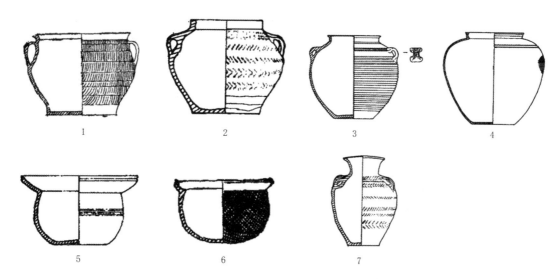

图二四七 周边地区东汉墓出土陶器

1. 襄樊高庄 M2：2 2. 房县松嘴 M32：2 3. 蕲春枫树林陈家大地 M3：1 4. 蕲春枫树林对面山 M5：3
5. 蕲春枫树林陈家大地 M7：8 6. 襄樊高庄 M2：3 7. 房县松嘴 M14：2

① 冯瑞臻：《湖北地区东汉墓葬分期研究》，吉林大学硕士学位论文，2007 年，第 36 页。
② 湖北京九铁路考古队、黄冈市博物馆：《湖北蕲春枫树林东汉墓》，《考古学报》1999 年第 2 期。
③ 湖北京九铁路考古队、黄冈市博物馆：《湖北蕲春枫树林东汉墓》，《考古学报》1999 年第 2 期。
④ 襄樊市博物馆：《湖北襄樊市两座东汉墓发掘》，《考古》1993 年第 5 期。
⑤ 周世荣、周晓赤：《岳州窑》，湖南美术出版社，2011 年，第 80 页。

器物装饰方面，弦纹、网格纹、菱形纹等是本地区东汉时期的常见纹饰，纵向波折纹在东汉时期的周边地区亦能见到，如房县松嘴东汉晚期的 M14、M32 出土的陶双耳罐上均装饰有此类纹饰①（图二四七，7、2）。但瓦窑咀常见的以竖线纹为地纹，其上再装饰纵向波折纹、网格纹或菱形纹的做法却不见于东汉时期，应属于瓦窑咀窑址在吸收汉代纹饰基础上的新创造。

总之，从器物形制和装饰来看，瓦窑咀窑址烧造的陶器在继承本地传统的同时，又创造了一些新元素，呈现出新的时代特征，与瓷器主要受域外影响形成鲜明对比。

二、陶器的制作工艺

瓦窑咀窑址的陶器以轮制为主，模制为辅。器物的主体一般为轮制，器耳等附件则用模制。器物的装饰主要使用模印和刻划。模印可分为滚印、拍印、压印等三种。陶敛口双竖系罐、折沿盆、敛口盆、甑等器物上装饰的竖线纹地纵向波折纹、网格纹或单纯的竖线纹系用印模滚印而成。陶敛口无系罐和直颈无系罐装饰的竖线纹地重圈菱形纹，陶釜形罐装饰的网格纹，则是拍印而成。部分器耳上装饰的叶脉纹为压印而成。多数器物上都有的弦纹，则主要使用刻划的方式制作而成。

长江下游的镇江铁瓮城遗址出土的孙吴时期陶器中，亦有与瓦窑咀窑址装饰类似的器物。如铁瓮城遗址出土 C 型灰陶罐的肩腹部装饰由弦纹间隔的竖线纹地纵向波折纹（图二四八，1），A 型灰陶罐的肩部装饰一圈竖线纹地网格纹②（图二四八，2），其装饰内容与瓦窑咀窑址如出一辙，应该也是用滚印的方式制作而成。铁瓮城遗址出土的此类器物显然与瓦窑咀窑址存在密切的联系。鉴于目前在铁瓮城遗址发现的此类器物较少，并且与其共出的青瓷碗的口沿外有一圈网格纹装饰，一般认为此类青瓷碗的年代不早于孙吴中期，因此，铁瓮城出现的此类装饰内容与技术很可能由瓦窑咀传播而来。

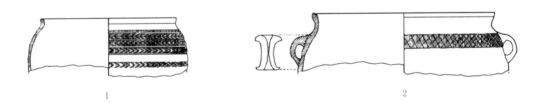

图二四八　镇江铁瓮城遗址出土陶罐
1. 98YDJ2⑨F：2　2. 98YDJ1：4

---

① 湖北省文物考古研究所、郧阳地区博物馆、房县博物馆：《1986—1987 年湖北房县松嘴战国两汉墓发掘报告》，《考古学报》1992 年第 2 期。
② 铁瓮城考古队：《江苏镇江市铁瓮城遗址发掘简报》，《考古》2010 年第 5 期。

三、产品的流通与消费

从产品流通的角度看，瓦窑咀窑址生产的陶器目前主要见于吴王城内外的水井和周边的墓葬中。如吴王城南城壕外的鄂州科技大楼 J1、J2 出土的多件陶敛口双竖系罐是瓦窑咀窑址最常见的产品①，与瓦窑咀窑址同类器的造型与装饰均相同。吴王城南城墙内古井中出土的多件陶卷沿双竖系罐与瓦窑咀 H31 出土的同类器相似，出土的陶敛口双竖系罐与瓦窑咀出土的同类器相同②，这些都应该属于瓦窑咀的产品。吴王城周边的孙吴早中期墓葬中也出土了大量瓦窑咀窑址的产品，瓦窑咀窑址出土的各类型陶器在这些墓葬中都能找到相同或相似的③。可见，瓦窑咀窑址生产的陶器主要供城内外居民日常生活和丧葬使用。

墓葬资料为我们认识瓦窑咀产品的消费人群提供了较为可靠的参考。瓦窑咀窑址生产的陶器既见于高等级墓葬，如墓主身份被推断为将军孙邻的鄂钢饮料厂一号墓出土的陶盆和釜形罐④。但更多的是出土于低等级墓葬中，吴王城周边随葬瓦窑咀陶器的墓葬大多为墓室长度 3 米左右的长方形砖室墓，墓主身份应该是普通平民。这表明，瓦窑咀窑址陶器的消费人群多为普通平民。

四、余论

唐长孺先生认为，魏晋时期，官营手工业生产的主要目的，一是为了保证"统治者从事战争的武器与屯田农民、工匠从事生产的工具获得供应"，二是为了满足"皇帝、贵族、官僚的奢侈享受"⑤。

瓦窑咀窑址以生产陶器为主，瓷器为辅，陶器的使用对象多为普通百姓，其生产目的与官营手工业不符。但据我们初步勘探，整个瓦窑湾的沿湖地带都有窑址分布，如此大规模的集中生产，显然不是家庭手工业所为。孙权定都武昌后，鄂州人口迅速增加。而彼时，陶器还是大多人的生活必需品。普通的家庭手工业生产很难满足大量人口的日常需求，因此，不排除瓦窑

① 鄂州市博物馆：《鄂州市古砖井发掘简报》，《江汉考古》1994 年第 4 期。
② 湖北省文物考古研究所、鄂州市博物馆：《六朝武昌城试掘简报》，《江汉考古》2003 年第 4 期。
③ 南京大学历史系考古专业、湖北省文物考古研究所、鄂州市博物馆：《鄂城六朝墓》，科学出版社，2007 年。
④ 鄂州博物馆、湖北省文物考古研究所：《湖北鄂州鄂钢饮料厂一号墓发掘报告》，《考古学报》1998 年第 1 期。
⑤ 唐长孺：《魏、晋至唐官府作场及官府工程的工匠》，《唐长孺文集·魏晋南北朝史论丛续编》，中华书局，2011 年，第 39 页。

咀窑址生产有官府组织和经营的可能。

第四节　瓦窑咀窑址发掘的意义

瓦窑咀窑址的实际发掘面积为 942 平方米，本次发掘清理了包括 8 座窑炉在内的 67 个遗迹，收获了大量陶瓷器遗物和窑具标本。发掘表明，瓦窑咀窑址是吴王城外一处以烧造陶器为主，兼烧瓷器的手工业作坊遗址，窑址的年代为孙吴早中期。瓦窑咀窑址的发掘具有重要的学术价值，主要体现在如下几个方面：

第一，填补湖北地区六朝陶瓷手工业的空白。湖北地区此前还没有发掘过六朝时期的陶瓷窑址，以至于学界对我省早期陶瓷手工业的发展状况缺乏认识。而长江中游的湖南、江西等省份均早已对各自境内的同时期陶瓷窑址展开了系统的考古发掘与研究工作。

第二，为探索鄂州地区孙吴墓葬或遗址出土陶瓷器的产地提供了新资料。鄂州地区孙吴墓葬或遗址出土的部分陶器与瓦窑咀窑址出土的同类器十分相似，它们应该就是瓦窑咀窑址烧造的。而关于鄂州六朝墓出土大量瓷器的窑口问题，长期以来，学界语焉不详，甚至有研究者认为，湖北境内六朝墓出土的瓷器均为外来品。瓦窑咀窑址的发掘为这一问题的探索提供了新资料。

第三，为研究早期青瓷技术的交流与传播提供了新资料。成熟青瓷起源于东汉中晚期，三国西晋时期迎来了发展的第一个高峰。瓦窑咀窑址的年代为孙吴早中期，与成熟瓷器的诞生时间相距不远，这为探索湖北地区的陶瓷史，以及早期青瓷技术的交流与传播提供了重要物证。

第四，为研究吴王城的规划布局提供了新资料。吴王城遗址是孙吴的早期都城，是秦汉以来，湖北地区唯一的都城遗址。瓦窑咀窑址是吴王城外的一处大型手工业作坊遗址，是吴王城城市功能的重要组成部分。瓦窑咀窑址的发掘，为探索窑址的性质、窑址与都城的关系以及都城的布局提供了新资料。

图

版

1. Y4(东南—西北)

2. Y2(西—东)

彩版一　Y4、Y2

1. Y3 全景(西—东)

2. Y3 火膛内的堆积(南—北)

彩版二　Y3

1. Y3 窑门(东—西)

2. Y3 窑室(西—东)

彩版三　Y3

1. Y5(北—南)

2. Y5 烟道(北—南)

彩版六　Y5

1. Y6 窑室与操作坑(北—南)

2. Y7 火膛与操作坑(北—南)

彩版七　Y6、Y7

1. Y7 窑室（西—东）

2. Y8 窑室（北—南）

彩版八　Y7、Y8

1. H11(北—南)

2. H16(南—北)

彩版九　H11、H16

1. H18(东—西)

2. H27(南—北)

彩版一〇　H18、H27

1. 陶折沿盆（G1：3）

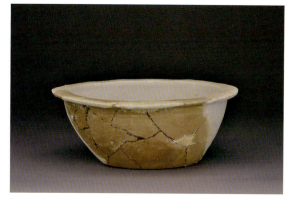
2. 陶折沿盆（G1：4）

3. 青瓷直颈横系罐（ⅠT0101⑫：1）

4. 青瓷罐（Y3：37）

5. 陶灯（Y3：16）

6. 陶筒形支烧具（Y3：28）

彩版一一　出土陶、瓷器

1. 陶筒形支烧具(Y3：29)

2. 陶筒形支烧具(Y3：35)

3. 陶筒形支烧具(Y3：17)

4. 陶筒形支烧具(Y3：20)

5. 陶筒形支烧具(Y3：22)

6. 陶筒形支烧具(F1：7)

彩版一二　出土窑具

1. 陶灯(H1：10)

2. 陶敛口双竖系罐(H5：3)

3. 陶敛口双竖系罐(H5：4)

4. 陶敛口双竖系罐(H5：7)

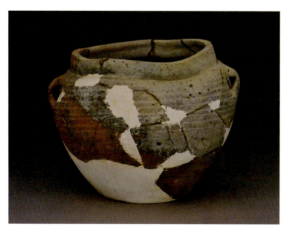

5. 陶敛口双竖系罐(H5：15)

6. 陶敛口双竖系罐(H5：16)

彩版一三　出土陶器

1. 陶釜形罐(H5：27)

2. 陶折沿盆(H5：38)

3. 陶敛口盆(H5：35)

4. 陶敛口盆(H5：36)

5. 陶筒瓦(H5：40)

6. 陶筒瓦(H5：43)

彩版一四　出土陶器

1. 陶筒形支烧具（H5：54）

2. 青瓷碗（H7：2）

3. 陶筒形支烧具（H8：1）

4. 青瓷罐（G2：10）

5. 陶筒形支烧具（G2：7）

6. 陶筒形支烧具（G2：9）

彩版一五　出土陶、瓷器

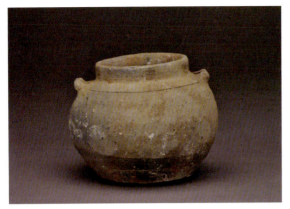

1. 青瓷双横系罐(J1: 1)

2. 青瓷直颈无系罐(ⅢT0106⑤: 18)

3. 青瓷罐(ⅢT0107⑤: 46)

4. 青瓷壶(ⅢT0107⑤: 19)

5. 青瓷壶(ⅢT0107⑤: 45)

6. 青瓷残片(ⅢT0107⑤: 47)

彩版一六　出土青瓷器

1. 青瓷残片（ⅢT0107⑤：47）

2. 青瓷残片（ⅢT0107⑤：48）

3. 陶筒形支烧具（ⅢT0106⑤：4）

4. 陶筒形支烧具（ⅢT0106⑤：7）

5. 陶筒形支烧具（ⅢT0107⑤：6）

6. 陶筒形支烧具（ⅢT0107⑤：8）

彩版一七　出土陶、瓷器

1. 青瓷敛口无系罐（Y5：1）

2. 青瓷敛口无系罐（Y5：1）

3. 青瓷残片（Y5：18）

4. 陶筒形支烧具（Y5：16）

5. 青瓷碗（Y7操作坑：4）

6. 陶砚（Y7：1）

彩版一八　出土陶、瓷器

1. 青瓷碗(Y8 操作坑：5)

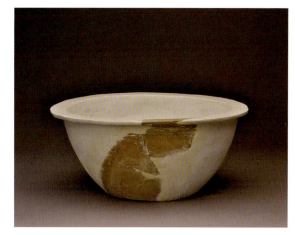

2. 陶折沿盆(H11：6)

3. 陶敛口盆(II11：42)

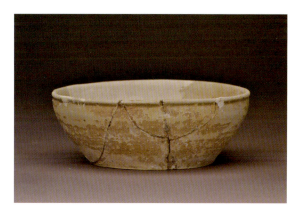

4. 青瓷碗(H15：1)

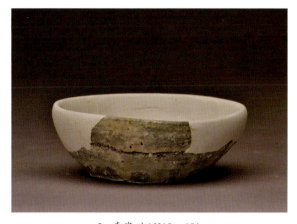

5. 青瓷碗(H18：10)

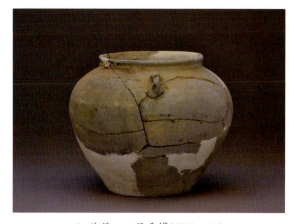

6. 陶侈口双竖系罐(H18：11)

彩版一九　出土陶、瓷器

1. 陶盂形支烧具(H18：2)

2. 陶盂形支烧具(H18：2)

3. 陶折沿盆(H19：3)

4. 陶筒瓦(H19：4)

5. 青瓷盘口壶(H20：58)

6. 青瓷残片(H20：59)

彩版二〇　出土陶、瓷器

1. 陶筒形支烧具(H20：40)

2. 青瓷残片(H27：224)

3. 陶敛口双竖系罐(H27：3)

4. 陶敛口双竖系罐(H27：73)

5. 陶折沿盆(H27：128)

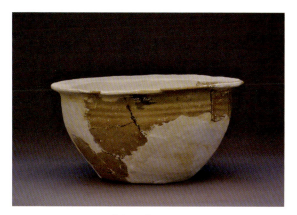
6. 陶折沿盆(H27：2)

彩版二一　出土陶、瓷器

1. 陶折沿盆(H27：223)

2. 陶折沿盆(H27：148)

3. 陶直口盆(H27：222)

4. 陶盏(H29：13)

5. 陶筒形支烧具(H29：16)

6. 陶敛口双竖系罐(H31：2)

彩版二二　出土陶器

1. 陶敛口双竖系罐(H31：7)

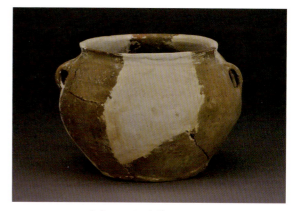

2. 陶卷沿双竖系罐(H31：102)

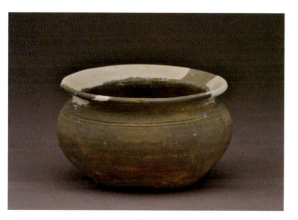

3. 陶釜形罐(H31：105)

4. 陶折沿盆(H31：123)

5. 陶敛口盆(H31：190)

6. 陶盘(H31：193)

彩版二三　出土陶器

1. 陶狗（H31：197）

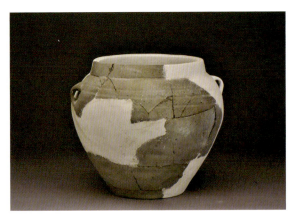

2. 陶敛口双竖系罐（H32：3）

3. 陶敛口双竖系罐（H32：4）

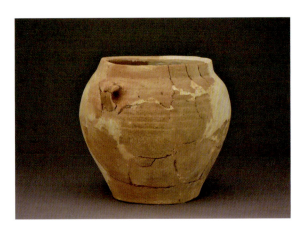

4. 陶敛口双竖系罐（H38：5）

5. 陶敛口无系罐（H38：3）

6. 陶鸭（H38：6）

彩版二四　出土陶器

1. 陶筒瓦（H38：4）

2. 陶筒形支烧具（H38：8）

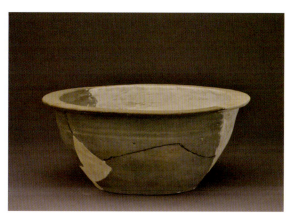

3. 陶折沿盆（H39：37）

4. 陶甑（H40：1）

5. 陶猪（H46：1）

6. 青瓷直颈无系罐（H47：1）

彩版二五　出土陶、瓷器

1. 青瓷直颈无系罐（H47：1）

2. 陶筒形支烧具（H47：12）

3. 陶筒瓦（H49：1）

4. 青瓷直颈横系罐（H64：73）

5. 青瓷直颈横系罐（H64：64）

6. 青瓷罐（H64：102）

彩版二六　出土陶、瓷器

1. 青瓷罐（H64：103）

2. 青瓷罐（H64：103）

3. 青瓷罐（H64：104）

4. 青瓷罐（H64：104）

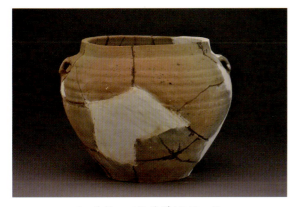

5. 陶敛口双竖系罐（H64：6）

6. 陶敛口双竖系罐（H64：3）

彩版二七　出土陶、瓷器

1. 陶敛口双竖系罐(H64：4)

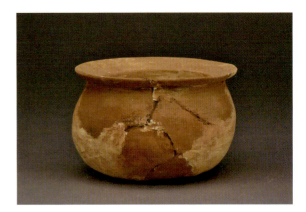

2. 陶釜形罐(H64：1)

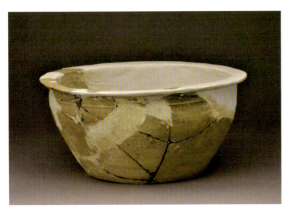

3. 陶折沿盆(H64：7)

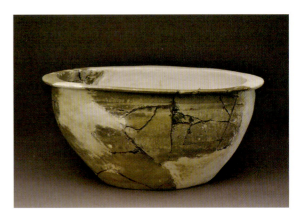

4. 陶折沿盆(H64：5)

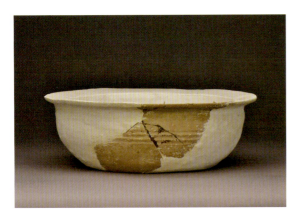

5. 陶折沿盆(H64：63)

6. 陶筒瓦(H64：76)

彩版二八　出土陶器

1. 陶板瓦（H64：96）

2. 青瓷敛口无系罐（H65：4）

3. 青瓷罐（H65：6）

4. 青瓷罐（H65：6）

彩版二九　出土陶、瓷器